알수록 맛있는
음식 이야기
❶

알수록 맛있는 음식 이야기 1

발행일	2021년 8월 20일		
지은이	차가성		
펴낸이	손형국		
펴낸곳	(주)북랩		
편집인	선일영	편집	정두철, 배진용, 김현아, 박준, 장하영
디자인	이현수, 한수희, 김윤주, 허지혜	제작	박기성, 황동현, 구성우, 권태련
마케팅	김회란, 박진관		
출판등록	2004. 12. 1(제2012-000051호)		
주소	서울특별시 금천구 가산디지털 1로 168, 우림라이온스밸리 B동 B113~114호, C동 B101호		
홈페이지	www.book.co.kr		
전화번호	(02)2026-5777	팩스	(02)2026-5747

ISBN	979-11-6539-922-1 04300 (종이책)	979-11-6539-945-0 04300 (세트)
	979-11-6539-923-8 05300 (전자책)	

(주)북랩 성공출판의 파트너

북랩 홈페이지와 패밀리 사이트에서 다양한 출판 솔루션을 만나 보세요!

홈페이지 book.co.kr   • **블로그** blog.naver.com/essaybook   • **출판문의** book@book.co.kr

작가 연락처 문의 ▸ ask.book.co.kr

작가의 연락처는 개인정보이므로 북랩에서 알려드릴 수가 없습니다.

알수록 맛있는

으식 이야기

/입맛 도는 밥상 인문학 /

1

차가성 지음

북랩 book Lab

오늘날 우리는 수많은 종류의 음식을 먹으면서 생활하고 있으며, 음식을 먹는다는 것은 단순히 영양소를 섭취하는 것 이상의 의미를 지닌다. 같은 라면이라도 분식점에서 끼니를 때우기 위해 사 먹는 것과 여자친구가 끓여주는 라면의 맛이 같을 수 없듯이 음식의 맛은 함께하는 사람이나 분위기에 영향을 받으며, 그 음식에 대해 얼마나 알고 있는지에 따라서도 크게 차이가 나게 된다.

저자가 식품기업의 연구원으로 근무하면서 가장 어려웠던 점은 누구나 식품의 전문가라도 되는 양 저자가 개발한 제품에 대해 쉽게 평가하여 기를 꺾었던 일이었다. 그러나 그들과 조금만 더 이야기하면 그들이 알고 있는 지식이 매우 얕다는 것을 느낄 수 있었다. 때로는 잘못된 사실을 진실인 것처럼 믿고 있어 자신의 주장을 전혀 바꾸려고 하지 않았다.

우리는 주로 주변의 사람들에게 식품에 대한 정보를 얻고 서로 공유하며, 매스컴이나 SNS를 통하여 식품에 관한 이야기를 접하고 있기 때문에 식품에 대하여 상당히 많이 알고 있는 듯한 착각에 빠지기 쉽다. 그러나 식품에 대한 정보를 제공하고 있는 친지나 매스컴 등의 주장이 사실과 다를 수도 있다는 생각은 별로 하지 않는 것 같다.

일찍이 카(E. H. Carr) 교수는 그의 저서 『역사란 무엇인가』에서 "역사가란 자기가 원하는 종류의 사실을 손에 넣게 된다"라고 하였다. 이와 비슷한 일은 TV나 신문 등의 매스컴에서도 쉽게 일어난다. 대개의 기획물은 미리 방향과 결론을 결정지어 놓고 그에 맞추어 취재 및 편집을 하게 된다. 따라서 여러 가지 사실 중에서 자신들이 원하는 사실만을 취하거나 강조하게 된다.

자신들의 주장에 권위를 부여하기 위해 유명한 인사를 인터뷰에 등장시키기도 하고, 관련된 논문을 인용하기도 한다. 이 과정에서 왜곡이 발생하기 쉽다. 특히 식품 분야의 경우 똑같은 현상에 대해 다르게 해석하는 주장이 공존하는 경우가 많은데 어느 한쪽의 주장만을 인터뷰하거나 인용하면 시청자나 독자들에게 잘못된 인식을 심어주게 된다.

개인이 운영하는 페이스북, 유튜브 등의 SNS에서는 이런 현상이 더욱 두드러지게 된다. 조직이 움직이는 매스컴에 비해 개인이라는 한계 때문에 기본 자료를 확보하기도 쉽지 않으며, 개인의 관심과 취향을 견제할 장치도 없기 때문이다. 때로는 상업적 목적으로 사실과 다르다는 것을 알면서도 구독률을 높이기 위해 무리수를 두기도 한다. SNS에서는 유명한 음식이나 식당을 소개하는 내용을 흔히 접할 수 있으며, 그렇게 소개된 음식은 먹어보고 싶은 욕구를 느끼게 된다.

　음식의 경우 그 음식에 대해 알고 먹을 때는 그 의미가 달라지고 맛도 다르게 느껴지게 된다. 음식점에 들어가면 메뉴판에 있는 음식에 대한 유래나 어떤 좋은 효능이 있는지를 설명해 놓은 글을 흔히 볼 수 있다. 왠지 그런 설명이 있는 글을 보면 그 음식이 더 귀해 보이고 값어치 있게 보인다. 음식점 주인은 이런 효과를 노리고 그런 글들을 붙여놓은 것이다.

　그러나 음식점 벽에 있는 글이나 SNS, 인터넷 등에서 소개되고 있는 글을 보면 사실과 맞지 않는 내용도 상당히 많이 있다. 음식점의 경우야 홍보를 하여 매상을 올리기 위한 것이 목적이므로 다소의 과장이나 왜곡이 있다 하여도 이해할 수 있는 면이 있으나, 인터넷 등에 소개하여 사람들에게 널리 알리는 글이 사실과 다르다면 이는 전혀 다른 문제이다. 인터넷 등의 속성상 그 내용이 틀린 것이라도 여러 사람이 인용하고 널리 알려지게 되면 상식처럼 굳어지게 된다.

이 책에서는 인터넷 등에 소개된 여러 음식의 유래에 대한 글들이 어디까지가 사실인지 살펴보고, 여러 문헌이나 주장들을 참고하여 진실을 규명해보고자 노력하였다. 또한 몇몇 음식에 대하여는 독자의 이해를 돕기 위하여 그 종류 및 제조 방법을 소개하였다. 그리고 여러 음식이 시간이 지남에 따라 어떻게 변천되었는지 알아보고, 음식에 얽힌 이야기도 살펴보았다. 이 책이 독자들에게 음식에 대한 이해를 넓히고, 보다 풍요로운 식생활을 누리는 데 도움이 되었으면 한다.

차가성

차례

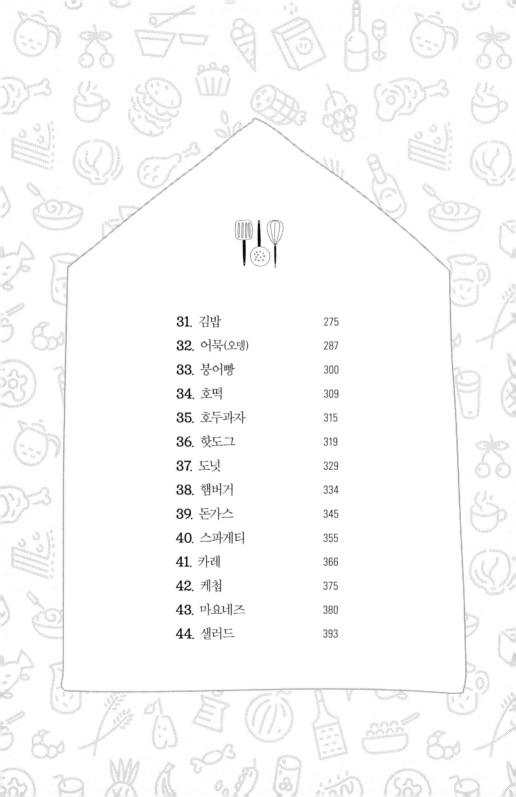

알수록 맛있는
음식 이야기
❶

1.
떡국

　조선시대까지만 해도 떡국은 특별한 날에나 먹는 귀한 음식이었으나, 지금은 먹고 싶으면 아무 때나 먹는 일상적인 음식이 되었다. 재료만 미리 준비해 놓으면 조리에 걸리는 시간이 그리 길지 않고, 한 끼 식사로 충분한 칼로리와 포만감을 줄 수 있기 때문에 일반식당이나 분식집에서도 취급하는 대중적인 음식이기도 하다. 서양의 수프처럼 국물이 걸쭉하고, 일반적으로 빨갛고 매운 다른 국이나 찌개와는 달리 하얗고 맵지 않기 때문에 외국인들도 부담 없이 먹을 수 있다.

　한 해가 시작되는 설날에는 당연히 떡국을 먹는 것으로 알고 있지만 예전에는 지방에 따라 달랐다. 남쪽의 충청도, 경상도, 전라도 등에서는 떡국을 먹었고, 북쪽의 황해도, 평안도, 함경도 등에서는 만둣국을 먹었으며, 경기도와 강원도에서는 떡국 또는 만둣국을 먹거나 아예 떡만둣국을 먹었다고 한다.

떡국은 가래떡을 어슷썰기로 얇게 썰어 육수에 넣고 끓인 음식을 말하며, 계란지단이나 대파를 고명으로 얹기도 한다. 예전에는 꿩고기나 닭고기로 육수를 내었으나 요즘에는 소고기나 사골로 육수를 내는 것이 일반적이며, 멸치 육수나 북어 육수를 사용하기도 한다.

우리 속담에 "꿩 대신 닭"이란 말이 있다. 이는 꼭 필요한 것이 없을 때 그와 비슷한 것으로 대신하는 경우를 비유적으로 이르는 말이다. 예전에는 매사냥이 귀족들의 사치스러운 놀이로 자리를 잡으면서 매가 잡은 꿩의 고기로 국물을 만들거나 만두의 속을 채우기도 하였다. 하지만 일반 서민은 꿩고기 대신 맛은 덜해도 구하기 쉬운 닭고기로 국물을 내어 떡국을 끓여 먹은 데서 이런 속담이 생겼다고 한다.

떡국의 주재료인 가래떡은 멥쌀을 찐 다음 찰기가 생기도록 쳐서 원통형으로 길게 뽑은 흰떡을 말한다. 예전에는 떡메로 친 다음 일정한 덩어리로 떼어내 손으로 비벼서 길게 뽑았으나 요즘은 기계로 뽑아낸다. 우리 민족이 떡국을 처음 먹기 시작한 시기는 확실하지 않다.

최남선(崔南善)의 『조선상식문답(朝鮮常識問答)』에 따르면 우리 민족이 설날에 떡국을 먹는 풍속은 상고시대 이래 신년 제사 때 먹던 음복(飮福) 음식에서 유래된 것이라고 하였으나 고

중되지는 않았다. 다만『삼국사기(三國史記)』나『삼국유사(三國遺事)』의 기록으로 미루어 삼국시대에는 새해에 떡국을 먹었을 것으로 추정된다.

교과서에도 실려 잘 알려진 불을 끄고 떡을 썰어 명필 한석봉을 기른 어머니에 대한 일화에서 가난한 집안에서 떡 장사를 하여 생계를 꾸릴 만큼 조선시대에는 가래떡이 일반화되었음을 알 수 있다. 석봉(石峯/石峰)은 조선의 대표적 서예가인 한호(韓濩)의 호이며, 이름보다는 한석봉으로 더 알려져 있다. 그는 1567년에 진사시(進士試)에 합격하였으므로 이 일화는 이보다 몇 년 앞의 일이며, 조선 중기에 해당한다.

떡국에 관한 문헌 기록은 1609년에 작성된『영접도감의궤(迎接都監儀軌)』에서 '병갱(餅羹)'이라는 명칭으로 처음 나온다.『영접도감의궤』는 명(明)나라 사신을 접대할 때의 각종 의식, 물품 조달, 인력 동원에 관한 제반 사항을 기록한 책이다. 이 책에 기록된 병갱이 지금의 떡국과 같은 것인지는 확실하지 않고, 중국 사신과 관련된 음식이므로 국수나 수제비와 같이 밀가루로 만든 요리였을 수도 있다.

지금 우리가 먹는 떡국에 관한 확실한 기록은 조선 후기의 문헌인『경도잡지(京都雜志)』,『열양세시기(洌陽歲時記)』,『동국세시기(東國歲時記)』 등의 책에서 발견된다.『경도잡지』는 실학자

유득공(柳得恭)이 서울의 문물제도와 세시 풍속에 대해 쓴 책으로 완성 연대는 확실하지 않으나 1801년에서 1807년 사이에 쓰인 것으로 보인다. 『열양세시기』는 김매순(金邁淳)이 1819년에 지은 책으로 서울의 연중행사에 대해 적었다. 열양(洌陽)은 서울을 달리 부르던 말이었다. 『동국세시기』는 홍석모(洪錫謨)가 1849년에 편찬하였으며, 우리나라 세시 풍속에 대해 12달로 나누어 해설하였다.

『열양세시기』에는 "흰떡을 조금씩 떼어 손으로 비벼 둥글고 길게 문어발 같이 늘리는데 권모(拳摸)라 한다. (중략) 권모를 엽전 모양으로 잘게 썰어 넣은 뒤 (중략) 식구대로 한 그릇씩 먹으니 이것을 병탕(餠湯)이라 한다"고 하였다. 또 "떡국을 첨세병(添歲餠)이라 하여, 나이를 한 살 더 먹는 것을 떡국 먹는 그릇 수에 비유하기도 한다"고 하였다.

『경도잡지』에는 떡국에 대하여 "멥쌀로 떡을 만들어 치고 비벼 한 가닥으로 만든 다음 굳기를 기다려 가로 자르는데 모양이 돈과 같다"고 설명하였다. 『동국세시기』에서는 가래떡을 백병(白餠)이라 적고, 세찬(歲饌)에 없어서는 안 되는 것이라고 하였다.

떡국의 주재료인 가래떡은 길쭉하여 무병장수(無病長壽)를 의미하며, 떡의 하얀 색깔에는 지난해 안 좋았던 일을 깨끗하게 잊고 새롭게 새해를 시작하자는 의미가 있다고 한다. 요즘은 모양이 예쁘게 어슷썰기를 하여 타원형이나 옛날에는 동그랗게 썰었으며, 이는 옛날 돈인 엽전과 닮아 부자가 되고 싶은 바람을 담은 것이라고 한다.

그러나 모든 떡국이 엽전 모양은 아니었으며 개성지역에서는 '조롱이떡(조랭이떡)'이라 하여 땅콩 모양으로 허리가 잘록한 떡으로 떡국을 끓인다. 조롱이떡은 흰떡을 가늘게 빚어 3㎝ 정도로 끊고 가운데를 대나무 칼로 잘록하게 만든 것으로서 모양이 조롱박 같다고 해서 조롱이떡이라고 한다.

개성 지방에서 조롱이떡으로 떡국을 먹게 된 데는 두 가지 설이 있다. 하나는 고려의 수도였던 개성 사람들이 고려를 멸망시킨 이성계(李成桂)에 대한 원망을 담아 이런 모양으로 만들게 되었으며, 대나무 칼로 떡을 누르는 것은 조선의 태조(太祖) 이성계의 목을 조르는 것을 상징한다고 한다. 다른 하나는 누에가 길(吉)한 것을 상징하므로, 한 해 운수가 길하기를 기원하며 누에고치 모양으로 빚었다고 한다.

2.
팥죽

죽(粥)은 곡식에 물을 6~7배 정도 붓고, 오래 끓여 무르익게 만든 유동상태의 음식이다. 죽은 곡물로 만든 음식 가운데 가장 오래된 음식으로서 우리나라에서도 한반도에 인류가 정착한 초기 농경시대부터 토기(土器)에 물과 곡물을 넣고 가열한 죽을 먹어왔다. 죽의 가장 기본이 되는 것은 흰죽이며, 흰죽은 쌀에 물만 넣어 쑤기도 하고, 불린 쌀을 곱게 갈아서 쑤기도 한다.

우리 민족은 오랜 옛날부터 죽을 먹어왔으나 문헌상으로는 고려 말 학자인 목은(牧隱) 이색(李穡)의 시문집인 『목은집(牧隱集)』, 익재(益齋) 이제현(李齊賢)의 시문집인 『익재집(益齋集)』 등에서 처음으로 기록이 보인다. 조선시대에는 여러 문헌이나 조리서에 죽에 대한 기록이 있으며, 그 종류는 40여 종에 이른다.

죽은 밥보다 소화가 잘 되어 출산 직후의 산모나 병자 등 몸이 허약한 사람에게 제공되는 경우가 많으며, 아이들의 이유식으로 먹이기도 한다. 예전에는 밥 1공기분의 쌀로 죽을 쑤면 3~4인이 먹을 수 있기 때문에 가난한 사람들이 양을 불리고 배를 채우기 위해 먹기도 하였다. 오늘날에는 아침식사를 할 시간이 부족하거나 간단한 식사를 즐기는 사람들을 위한 간편식으로 이용되기도 하며, 옛날과는 달리 흰죽 외에 다양한 죽이 나오고 있다.

　팥(red bean)은 콩과(科)의 작물로서 동북아시아가 원산지로 추정된다. 대두(大豆)라고도 하는 콩(soy bean)에 비하여 크기가 작기 때문에 소두(小豆)라고 부르기도 하고, 색깔이 붉기 때문에 적두(赤豆)라고도 한다. 우리나라를 비롯하여 중국, 일본 등 동아시아에서는 오래전부터 재배한 작물이다. 팥죽, 팥국수, 떡고물 등으로 이용되기도 하며, 제과•제빵 및 빙과류 등 식품가공의 원료로 사용되기도 한다.

　요즘은 계절을 가리지 않고 먹고 있으나 팥죽은 원래 겨울을 대표하던 음식이었으며, 우리 민족은 오랜 옛날부터 동지에 팥죽을 먹는 풍습이 있었다. 팥죽은 팥을 푹 삶아서 체에 으깨어 껍질을 제거하고 남은 앙금에 쌀을 넣고 쑨 죽이며, 동지에 먹는 팥죽에는 '새알심' 또는 '옹심이'라고 부르는 찹쌀로 만든 경단을 나이 수대로 넣어 먹기도 하였다.

　동지(冬至)는 24절기의 하나로 1년 중 밤이 가장 길고 낮이 가장 짧은 날이다. 동지가 지나면 낮이 점점 길어지기 때문에 중국의 고대 역법(曆法)에서는 동지를 새해의 첫날로 하였다. 우리나라는 예로부터 중국의 역법을 따라 그 영향을 받았으며, 따라서 동지를 '작은 설'이란 의미로 '아세(亞歲)'라고 했다. 그리고 설에 떡국을 끓여 먹듯이 동지에는 팥죽을 쑤어 먹었다.

중국의 역법은 달이 지구 주위를 한 바퀴 도는 것을 기준으로 한 것으로 지구의 공전 주기를 기준으로 한 서양의 양력(陽曆)에 대비하여 음력(陰曆)이라고 한다. 그런데 음력의 12달을 합하여도 양력의 1년보다 짧으므로 계절의 변화와 맞지 않는 단점이 있다.

이를 보완한 것이 윤달과 24절기이다. 대략 보름 간격으로 되어있는 24절기는 해가 바뀌어도 양력의 날짜와 거의 일치한다. "철이 든다"라는 말에서 '철'은 24절기를 의미하며, 철든다는 것은 농사가 중요하던 시절에 각 절기에 해야 할 일을 깨우치고 스스로 행하여 한 사람의 몫을 해낸다는 데에서 온 것이다.

동지에 팥죽을 먹는 데에는 악귀를 쫓아 잔병을 없앤다는 주술적인 의미도 있었다. 옛날 우리의 민간신앙에서 빨간색은 귀신들이 두려워하는 색깔이라고 믿었으며, 팥죽이 붉은색이므로 귀신을 쫓는다고 여겼다. 마찬가지로 장례식장에서 붉은색의 육개장을 내놓는 것은 문상객들을 주변의 잡귀로부터 보호

하려는 의도가 담긴 것이라 한다. 동지에는 팥죽을 먹을 뿐만 아니라 집안의 사당이나 부엌, 창고, 대문, 마당 등 집안 곳곳에 뿌리기도 하였다.

동지에 팥죽을 먹게 된 것은 중국의 고사(故事)에서 유래된 것이라고도 한다. 이는 7세기 초 수(隋)나라의 두공섬(杜公瞻)이 양자강(揚子江) 중류 유역인 형초(荊楚) 지방의 세시 풍습을 기록한 『형초세시기(荊楚歲時記)』를 근거로 하고 있다. 이에 의하면 옛날 공공(共工)이라는 사람에게 성격이 고약한 아들이 있었는데, 그 아들이 동짓날에 죽어 전염병을 옮기는 귀신인 역귀(疫鬼)가 되었다. 이에 그 아들이 생전에 팥을 두려워했으므로 동지에 팥죽을 쑤어 역귀를 물리쳤다는 것이다. 이 내용은 홍석모가 지은 『동국세시기』에 인용되어 있다.

요즘은 팥죽하면 흔히 단팥죽을 떠올리지만 팥죽과 단팥죽은 만드는 방법부터 다르다. 팥죽은 껍질을 제거하여 묽게 만드는 데 비하여 단팥죽은 삶은 팥을 그대로 사용해 팥의 씹히는 맛을 최대한 살린 음식이다. 또한 단팥죽은 설탕을 많이 넣어 단맛을 강조하였다. 전통적인 팥죽은 달지 않게 쑤어 소금으로 간을 하여 먹는 것이 일반적이었다.

팥에 설탕을 첨가한 팥앙금이 팥빙수나 팥빵 등의 원료로 사용되기 때문에 팥을 매우 단 것으로 여기는 사람이 많은데 실제로는 단맛이 그리 강하지 않다. 팥의 주성분은 약 70%의 탄수화물과 약 20%의 단백질이며, 그 외에 각종 비타민과 무기질을 함유하고 있다. 단팥죽은 일제강점기를 겪으며 단맛을 좋아하는 일본인이 즐기던 일본식 팥죽의 영향을 받은 것이다. 요즘은 단맛을 좋아하는 젊은 세대의 입맛에도 맞아 전통 팥죽보다는 단팥죽이 대세이다.

3.
국밥

　국에 밥을 말아 제공되는 국밥은 우리 민족 특유의 음식으로서 여기에 깍두기나 김치 하나만 곁들이면 훌륭한 한 끼 식사가 된다. 서양에는 수프가 있으며, 중국이나 일본에도 다양한 국(湯)이 있고, 면(麵)을 국물과 함께 제공하는 경우는 있으나 우리처럼 밥을 말아서 함께 제공하지는 않는다. 국밥은 젓가락도 사용하나 주로 숟가락을 사용하는 우리의 식습관과 무관하지 않다.

　우리 민족이 언제부터 국밥을 먹기 시작하였는지는 알 수 없으나, 식사로 제공되는 음식뿐만 아니라 국에 밥을 말아먹는 것까지 포함하면 숟가락을 사용하기 시작한 역사와 함께하였다고 볼 수 있다. 한반도에서 숟가락은 백제 무령왕릉(武寧王陵)을 비롯하여 삼국시대의 유물 유적에서 드물게 보이다가 통일신라시대에는 유물 출토가 증가하며, 고려시대에는 흔하게 출토되었다.

지금은 '국밥'이란 용어가 일반적이지만 예전에는 '장(醬)국밥'으로 불렸으며, 한자로 쓸 때에는 '탕반(湯飯)'이라고 하였다. 국밥이란 용어를 언제부터 사용하기 시작하였는지는 알 수 없으나 1920년대의 신문 기사를 보면 국밥이란 단어가 자주 발견된다.

예로서 《조선일보》 1921년 1월 5일 사회면의 '세계(世界)의 기문(奇聞)'이란 기사 내용 중에 국밥이 나오며, 《동아일보》 1922년 7월 19일자 '휴지통'에는 머리 둘에 몸통은 하나인 아이의 출산에 관한 기사가 있으며, 그 내용 중에 국밥이 나온다. 이로 미루어 국밥이란 용어는 20세기 초에는 일반적으로 사용되었던 것으로 짐작된다.

일반적으로 말하는 국밥은 먹는 사람이 밥상에서 국과 밥을 합치는 것이 아니고 미리 국에 밥을 넣어서 제공하는 것을 말한다. 국밥은 한꺼번에 먹을 사람이 많은 경우에 알맞으며 예로부터 전쟁터나 노역장, 큰 행사 때에 여러 사람에게 간편하게 급식할 수 있는 식단이었다. 우리의 상차림은 밥과 국이 따로 제공되는 것이 원칙이며, 따라서 격식을 차리는 양반들은 국밥을 먹지 않았다. 국밥은 주로 서민들이 이용하던 음식이었고, 가정에서 먹기보다는 야외 등에서 먹는 경우가 많았다.

우리나라의 외식업은 술과 밥을 팔며 여행자에게 잠자리를 제공하여 주던 관(官) 주도의 숙박시설에서 시작되었다. 우리나라 숙박시설에 관한 최초의 기록은 김부식(金富軾) 등이 1145년에 편찬한 『삼국사기』에 "신라 소지왕(炤知王) 9년(487년) 서방(西方)에 우역(郵驛)을 두고 소사(所司)에 명하여 관도(官道)를 수리하게 하였다"라는 내용이다. 관 주도의 숙박시설은 그 기능이 조금씩 다르기는 하였지만, 신라시대에는 역(驛)이라는 형태로, 고려시대에는 역(驛)과 객사(客舍)라는 형태로, 조선시대에는 역(驛), 원(院) 등으로 불리면서 발전해왔다.

조선시대에 나라를 다스리는 기준이 되는 최고의 법전인『경국대전(經國大典)』에 따르면 전국에 537개의 역(驛)이 있었으며, 역은 공문서의 전달, 관물(官物)이나 세공(稅貢)의 수송을 담당한 관원(官員)에게 마필(馬匹)의 공급과 숙식 제공, 변방(邊方) 군정(軍情)의 보고 등을 담당하였다.

이와는 별도로 공용 여행자의 숙식 제공이나 빈객 접대를 위한 시설인 원(院)이 있었다. 관에서 운용하던 역과는 달리 원은 토지만 관에서 지급하고 시설이나 사무는 지방의 유지를 원주(院主)로 정하여 관리하게 하였다. 이 원은 오늘날 여러 곳에 이태원(梨泰院), 장호원(長湖院), 조치원(鳥致院) 등 지명으로 남아 있다.

조선 중기 이후에는 상업이 발전하여 관 주도가 아닌 여각(旅

閣) 또는 객주(客主), 주막(酒幕) 등 민간 주도의 숙박시설이 생겨나기 시작하였다. 여각과 객주는 취급하는 물품이나 영업장소, 자본 규모 등에서 차이가 있으나 보통은 구분 없이 객주라 불렀다.

객주의 주된 업무는 물품을 파는 사람과 사는 사람 사이에서 위탁매매업(委託賣買業)을 담당하는 것이나 부수 업무로서 위탁자에게 무상 또는 실비로 숙박을 제공하는 숙박업무도 하였다. 객주가 규모를 갖춘 숙박시설인 데 비하여 주막은 장터를 내왕하는 장사꾼이나 여행을 하는 서민을 위해 길가나 동네 어귀에서 술과 음식을 팔고 잠도 재워주던 소규모 숙박시설이었다.

국밥은 역에서 시작하여 객주과 주막에서 번성하였다. 그러나 조선 중기의 문신인 윤국형(尹國馨)이 지은 수필집인 『문소만록(聞韶漫錄)』에 보면 "영호남의 대로에 주점이 있기는 하나 술과 장작이 있을 뿐이다. 여행자는 식량과 필수품을 말에 싣고 다닌다"는 내용이 나온다.

다른 문헌의 기록을 보더라도 임진왜란을 전후한 조선 중기까지 여행자들은 쌀, 보리, 조, 수수 등의 곡식과 미역, 북어 등의 건조 부식, 장(醬)이나 소금 등의 양념을 들고 다니면서 스스로 식사를 해결하거나 여분의 대가를 치르고 음식을 부탁하는 방식으로 끼니를 해결하였다. 즉, 주막에서 미리 음식을 만들어두고 판매하는 것이 아니라 여행자가 음식 재료를 대고 요리를 해주는 형식이었다.

미리 준비된 음식을 제공하기 어려웠던 것은 화폐의 사용이 일반화되지 않았던 당시 상황과도 관련이 있다. 조선 후기까지도 한양을 비롯한 주요 대도시를 제외한 지방은 화폐를 쓰는 일이 거의 없었으며, 지방에서 돈의 역할을 하던 것은 쌀과 무명이었으므로 돈을 내고 밥을 사 먹는 행위 자체가 성립하기 어려운 상황이었다. 조선 후기에 상공업이 발전하여 오일장(五日場)과 보부상(褓負商)을 통한 전국적인 유통이 활성화되며 화폐의 사용이 일반화되면서 준비된 음식을 제공하는 것이 가능해졌다.

먼 거리를 이동해야 하는 보부상들에게는 시간을 아끼기 위해 빠르고 간단한 식사가 필요하였으며, 오일장이 서는 날이면 일시적으로 집중되는 행상들이나 장을 보러 나온 다수의 사람들에게 빠르고 간편한 식사를 제공할 수요가 생기면서 국밥이 발전하게 되었다. 이런 배경에서 숙박업도 겸하는 객주나 주막 외에 식사만을 전문적으로 취급하는 국밥집이 장터를 중심으로 자연스럽게 생겨나기 시작하였다. 국밥집은 조선시대에 유행한 일종의 패스트푸드점이었던 셈이다.

국밥은 빠르고 간편하다는 장점 외에 추운 날씨에도 적당한 온도를 유지할 수 있다는 장점 때문에 특히 추운 지방에서 발전하였다. 보온밥통이 없던 옛날에는 미리 지어놓은 밥이 식어버리는 일이 당연하였으며, 이것을 보완하는 방법이 토렴이었다. 토렴은 밥이나 국수 등에 더운 국물을 여러 번 부었다가 따라내어 덥히는 일을 말하는 것으로, 토렴을 하면 밥알 속까지 따뜻해지면서 국밥의 온도가 먹기 적당하도록 변하게 된다.

국밥은 우리 민족이 오래전부터 먹어왔을 것으로 추정되나, 문헌상 국밥에 대한 최초의 기록은 『조선왕조실록』 영조(英祖) 39년(1763년)의 암행어사 홍양한(洪亮漢)에 대한 것이다. 홍양한은 호남지방을 염찰하던 중에 태인현(泰仁縣)에서 탕반(湯飯)을 먹다 갑자기 죽었는데, 누군가 독살하였다는 의심이 있어 조사하였으나 혐의가 없어 모두 풀어주었다는 내용이다. 암행어사라는 신분의 특성상 일반 서민들이 자주 이용하는 음식을 먹었을 것이고, 당시에는 국밥(탕반)이 주막 등에서 흔하게 먹을 수 있는 음식이었음을 알 수 있다.

국밥의 요리 방법은 1896년에 나온 연세대학교 소장 『규곤요람(閨壼要覽)』과 19세기 말 비슷한 시기에 쓰인 것으로 보이는 『시의전서(是議全書)』에 처음 등장한다. 『규곤요람』에서는 "장국밥은 국수 마는 것과 같이 하는데 밥만 마는 것이다"고 하였고, 『시의전서』에서는 "좋은 멥쌀을 깨끗이 씻어 밥을 잘 짓고 장국은 무를 넣어 잘 끓인다. 국을 말 때는 훌훌하게 말고 그 위에 나물을 갖추어 얹는다. 약산적(藥散炙)도 만들어 위에 얹고 후춧가루와 고춧가루를 뿌린다"고 하였다.

조선시대의 국밥은 소의 양지머리를 무와 함께 푹 삶아 고기는 건져내 썰어서 양념하고, 뚝배기에 밥을 담고 장국을 부은 후 고기, 약산적, 도라지나물, 고사리나물, 콩나물 등을 얹어서 내놓는 것이 일반적이었다. 일제강점기 때에는 산업화와 도시화에 따라 노동자층이 형성되었으며, 전형적인 노동자 음식인 국밥이 매우 번창했다. 국밥에는 김치국밥, 소머리국밥, 굴국밥, 콩나물국밥, 돼지국밥 등 다양한 국밥이 있으며 설렁탕, 갈비탕, 곰탕, 육개장 등도 국밥의 일종이라 하겠다.

기록상 가장 오래된 국밥집은 '무교탕반(武橋湯飯)'이다. 청계천 근처에 있었던 이 국밥집은 맛이 좋기로 소문이 나서 고관대작들은 물론이고, 조선 24대 왕인 헌종(憲宗)도 사복 차림으로 이 무교탕반을 찾았다고 한다. 소설가 박종화(朴鍾和), 조용만(趙容萬) 등의 회고에 의하면 무교탕반의 국밥은 천하진미였으며, 가격이 설렁탕이나 냉면 등의 세 배였으나 그렇게 받을 만한 가치가 있었다고 한다. 그러나 무교탕반은 1930년대를 넘기지 못하고 폐점하였다. 일제의 전쟁물자 공출이 더욱 가혹해지며 한반도에 소의 씨가 말라 쇠고기를 구할 수 없었기 때문이다.

지금은 전통적인 장국밥집이 거의 없어지고 곰탕, 설렁탕, 육개장 등이 국밥의 주류를 이루고 있다. 국밥은 한반도에서 가장 오래된 외식 메뉴였고, 지금도 여전히 인기를 누리는 음식이다. 대구의 명물인 따로국밥은 밥과 육개장이 따로 나온다고 하여 따로국밥이다. '국일'이라는 식당에서 손님들의 요구에 맞추어 국과 밥을 따로 제공한 것이 인기를 끌게 되어 널리 퍼지게 되었다고 한다.

따로국밥이 전국적으로 전파되면서 육개장이 아닌 갈비탕, 해장국, 설렁탕 등의 국밥도 밥이 따로 나오는 따로국밥 형태가 보편화되었다. 그러나 손님들의 먹는 행태는 따로 제공된 밥을 탕에 말아먹는 경우가 대부분이어서 국밥의 전통을 이어가고 있다.

현존하는 국밥집 중에서 가장 오래된 것은 홍종환(洪鍾煥)이 1904년 종로구 공평동(公平洞)에서 개업한 '이문옥(里門屋)'이며, 이는 해방 후 서울특별시 음식점 허가 1호점이기도 하다. 이문옥은 '이문식당(里門食堂)'을 거쳐 1960년 지금의 '이문(里門)설농탕'으로 개명하였으며, 2011년 현재의 위치인 종로구 견지동(堅志洞)으로 이전하였다.

4.
비빔밥

　한국을 대표하는 음식으로 김치, 불고기와 함께 비빔밥을 빼놓을 수 없으며, 비빔밥은 외국인에게도 호평을 받고 있다. 비빔밥이 외국인에게 호평을 받는 이유는 다양한 재료를 사용함으로써 영양면에서 훌륭하고, 재료에 따라 얼마든지 새로운 맛을 내는 묘한 매력이 있기 때문이라고 한다.

　우리 민족이 언제부터 비빔밥을 먹기 시작하였는지는 확실하지 않으나 아주 오래전의 일로 보이며, 문헌상 가장 오래된 것은 19세기 말에 발간된 요리서인 『시의전서』이다. 이 책에서는 비빔밥을 '부븸밥'으로 썼으며, 한자로 '골동반(骨董飯)'으로 표기하고 있다.

　골동반은 '汨董飯'으로도 표기되며, 원래는 중국 요리로서 어육, 포, 고기 등을 미리 쌀 속에 넣어서 지은 밥을 말한다. 다된 밥에 여러 가지 재료를 얹어서 섞어먹는 우리의 비빔밥과는 조리법에서 약간 차이가 있으며, 오히려 요즘의 돌솥밥과 유사한 음식이다.

우리 민족이 비빔밥을 즐기게 된 데에는 우리나라의 기후나 지리적 여건이 영향을 준 것으로 여겨진다. 사계절이 뚜렷한 기후와 반도라는 지리적 조건 덕택에 다양한 식품 소재를 얻을 수 있었으며, 조화와 융합이라는 우리의 문화적 특징은 비빔밥이 등장할 수 있는 토대를 마련하였다.

비빔밥의 유래에 대하여는 다음과 같은 여러 가지 주장이 있으며, 그중 어느 것이 맞는 것인지는 확실하지 않다. 농민 음식설과 음복설이 비교적 신빙성이 있어 보이지만, 여러 가지 유래로 각 지방에서 자연스럽게 발전한 것일 수도 있다.

■ 농민 음식설: 농번기 들판에서 일할 때 구색을 갖춘 상차림을 준비하기 어렵고, 그릇을 충분히 가져가기도 어려웠으므로, 밥과 반찬을 따로 준비하지 않고 그릇 하나에 함께 비벼서 여럿이 나누어 먹은 것이 기원이라는 주장이다.

■ 음복설: 음복(飲福)이란 제사를 지낸 뒤 제사에 참여하였던 사람들이 제사상에 올렸던 음식을 먹는 것을 말하며, 제물을 먹음으로써 복을 물려받는다는 주술적 의미가 강한 의식이다. 그런데, 산신제(山神祭)나 사찰에서 제

사를 지낼 때에는 집으로부터 먼 곳에서 제사를 지내므로 식기를 충분히 가져갈 수 없었고, 제물을 골고루 나누어 먹기 위해서는 그릇 하나에 여러 가지 제물을 받아서 비벼먹을 수밖에 없었으며, 이것이 비빔밥의 기원이라는 것이다.

■ 궁중 음식설: 조선시대 궁중에서 점심으로 또는 종친들이 입궐하였을 때 가볍게 먹던 식사였는데 이것이 민간에 전래되어 오늘날의 비빔밥이 되었다는 것이다.

■ 몽진 음식설: 몽진(蒙塵)이란 '머리에 먼지를 쓴다'는 뜻으로 임금이 난리를 피하여 안전한 곳으로 떠나는 것을 말한다. 몽진 중에는 음식이 변변치 않아 하는 수 없이 밥에 몇 가지 나물을 비벼 수라상에 올린 것에서 유래되었다는 것이다. 그러나 역사적으로 외세의 침입을 받아 몽진을 떠난 임금은 많이 있었으나, 특별히 비빔밥과의 관련성이 문헌상으로 밝혀진 사례는 발견되지 않고 있다.

■ 세시 풍습설: 한 해의 마지막 날인 섣달 그믐날 세시(歲時: 설)를 맞기 위하여 여러 가지 새로운 음식을 장만하면서 묵은해의 남은 음식을 없애기 위하여 묵은 밥과 묵은 나물을 비벼서 먹던 풍습에서 유래되었다는 주장이다.

■ 동학혁명설: 동학군이 그릇이 충분하지 않아 그릇 하나에 이것저것 받아 비벼먹은 데서 유래하였다고 하는 것이다.

■ 임진왜란설: 진주성 싸움 당시 부녀자들이 군관을 위해 밥을 지어 나르면서 번거로움을 피하기 위하여 밥에 각종 나물을 얹었던 것에서 시작되었다고 한다. 이것은 진주비빔밥의 유래로 소개되기도 한다.

비빔밥은 밥에다 나물, 고기, 고명, 양념 등을 넣어 섞어 먹는 음식으로서, 각 지방마다 계절에 따라 그 지방에서 나는 재료를 바탕으로 향토음식으로 발전하여 왔다. 이 중에서 가장 유명한 것은 전주비빔밥으로 오늘날 비빔밥 하면 누구나 전주비빔밥을 떠올릴 정도로 전주비빔밥은 비빔밥의 대명사이며, 한국 비빔밥을 대표한다고 하겠다. 이 외에도 평양비빔밥, 통영비빔밥, 진주의 화반(花飯), 해주의 교반(交飯), 함평의 육회비빔밥, 안동의 헛제사밥, 개성의 차례비빔밥, 거제도의 멍게젓갈비빔밥 등이 나름대로 명성이 있다.

아무리 영양적으로 우수한 식품이라도 한 가지만 장기적으로 섭취하면 부작용이 있게 마련이지만, 비빔밥에 들어가는 재료는 딱히 정해놓은 것이 없으므로, 계절에 맞는 식품과 지방의 특산물을 이용하기 때문에 그럴 염려가 없다. 비빔밥은 우리 몸에 필요한 영양소가 골고루 함유되어 있으며, 음식이 섞이면 평소에 좋아하지 않던 것까지 별 부담감 없이 먹게 되므로 다양한 음식을 섭취해야 한다는 영양학의 기본 원리에도 맞는다. 또한 비빔밥은 조금씩 남은 반찬을 처리하기에 아주 적당하며, 자연 그대로의 식재료를 이용할 수 있다는 점에서 환경친화적인 음식이다.

◆ 전주비빔밥

인터넷을 검색해 보면 "전주비빔밥은 평양의 냉면, 개성의 탕반과 함께 조선시대 3대 음식의 하나로 꼽히는데 그중에서도 으뜸이라 할 정도로 유명하다"라는 글을 자주 접하게 된다. 그러나 조선의 3대 음식이라는 것은 공인된 것도 아니고 사람들의 입을 통해 전해지던 말도 아니다.

이 말은 일제강점기 때의 언론인이자 사학자인 호암(湖岩) 문일평(文一不)이 그의 저서 『조선인과 음식물』에서 "매식 가운데 개성 탕반과 평양 냉면, 그리고 전주의 골동반이 지방도시의 대표적인 명물이다"라고 쓴 것이 계속 인용되며 사실처럼 여겨지게 된 것이고, 사실은 호암 개인의 의견일 뿐이다.

일제강점기 때까지만 하여도 전주는 비빔밥이 유명한 여러 지역 가운데 하나였을 뿐이며, 해방 후에 가장 성공적으로 상업화된 것이 전주비빔밥인 것이다. 조선시대 3대 음식이라는 인터넷 자료는 주로 전주비빔밥과 관련된 검색에서 발견되고 있으며, 전주비빔밥의 홍보 자료가 검증 없이 나돌고 있는 것으로 보인다.

본래 비빔밥은 요리의 편리성에서 탄생하였으나, 전주비빔밥이 유명해지게 된 것은 조리 과정에 간편성과는 거리가 먼 정성이 들어갔기 때문이 아닌가 한다. 요즘은 그냥 물로 밥을 짓고 그 위에 여러 재료를 얹어서 완성하지만, 전통 전주비빔밥은 물이 아닌 사골국물로 밥을 지으며, 밥이 한 물 넘으면 콩나물을 넣고 뜸을 들인 뒤, 따뜻할 때 참기름과 간장으로 밥에 간을 한 후, 그 위에 여러 재료를 얹어서 완성한다.

전주비빔밥이 탄생하게 된 데에는 전주의 지리적 조건도 밀접한 관련이 있다. 전주는 인근에 무진장(무주, 진안, 장수)의 산, 드넓은 김제평야, 부안의 바다를 접하고 있어서 산과 들, 바다에서 생산되는 모든 식품을 쉽게 구할 수 있는 혜택을 누리고 있다.

전주비빔밥의 주재료로는 콩나물, 황포묵, 쇠고기, 육회, 계란 등이 있고, 계절에 따라 달라지는 부재료로는 무생채, 애호박

볶음, 오이채, 당근채, 쑥갓, 상추, 부추, 고사리, 도라지, 미나리, 표고버섯, 호두, 은행, 밤, 잣, 김 등이 이용되며, 여기에 고추장, 참기름, 깨소금, 마늘, 후추 등의 양념이 사용된다.

그중에서도 콩나물과 황포묵은 전주비빔밥에서는 빼놓을 수 없는 재료이다. 전주비빔밥을 '콩나물비빔밥'이라고 할 정도로 콩나물은 중요한 재료이며, 보통 비빔밥과 함께 콩나물국이 제공된다. 황포묵은 녹두로 묵을 만들 때 치자물을 넣어 노랗게 착색시킨 것으로서 전주비빔밥의 특징 중 하나이다.

전주비빔밥은 계절에 따라 다른 재료를 사용하면서도 색을 고려하여 맛뿐만 아니라 색상이 화려한 것이 특징이다. 색상은 음양오행사상(陰陽五行思想)에 근거하여 오방색(五方色)이 기본을 이루게 된다. 즉, 청색(東方), 백색(西方), 적색(南方), 흑색(北方), 황색(中央)의 색상을 갖추어야 제대로 된 전주비빔밥이 완성되는 것이다.

전주비빔밥의 중앙에 놓이는 계란노른자는 오방(五方)의 중심이며, 균형의 상징이다. 이처럼 전주비빔밥은 아무것이나 마구 섞는 것이 아니라 부족한 것을 상호 보완하여 조화를 이룬다는 철학이 담겨있는 음식인 것이다. 이는 오늘날의 과학적 관점에서 보아도 여러 재료가 부족한 영양소를 서로 보완하여 영양의 균형을 이룬다는 면에서 매우 합리적이라 하겠다.

5.
잔치국수

　요즘은 먹거리가 풍부해져 예전만큼 국수를 자주 먹지는 않지만 1980년대까지도 생일, 결혼식 등 잔치에서 국수를 대접하는 일은 흔히 볼 수 있는 일이었다. 따라서 "언제 국수 먹게 해 줄 거야?"라는 말은 "언제 결혼할 거야?"라는 의미로 소통되기도 하였다. 요즘도 이런 관습이 남아있어 주로 뷔페로 차려지는 결혼 피로연에서 국수가 메뉴에서 빠지는 일이 없으며, 양식으로 식사가 마련되는 경우에도 소량이나마 국수가 제공되는 경우가 많다.

　국수는 밀가루, 메밀가루, 쌀가루, 감자가루 등을 반죽하여 얇게 밀어서 가늘게 썰거나, 국수틀이나 기계 등으로 가늘고 길게 뽑아낸 식품 또는 그것을 삶아 만든 음식을 말한다. 그냥 국수라고 할 때에는 밀가루로 만든 것을 말하며, 다른 재료로 만든 국수는 메밀국수, 쌀국수 등과 같이 앞에 그 재료의 이름을 붙인다.

옛 문헌에서 국수는 면(麵, 麪, 糆), 면자(麵子, 麪子), 국수(掬水, 匊水), 탕병(湯餅) 등으로 나오며, 절에서는 승소(僧笑)라고 하였다. 승소는 '맛있는 국수를 보면 승려들이 절로 웃음이 난다'고 해서 붙여진 이름이다. 오늘날에는 국수를 한자로 쓸 경우 면(麵)이라고 한다.

인류가 언제부터 국수를 만들어 먹기 시작하였는지는 알 수 없으나, 가장 오래된 국수 관련 유적은 중국 서부에 위치한 신장(新疆) 위구르 자치구에서 발견되었으며, 지금부터 약 4,000년 전의 것이었다. 신장에서 시작된 국수는 실크로드를 따라 기원전 1~2세기에 중국에 전해졌으며, 중국에서 다양하게 발전한 국수가 다시 전세계로 전파되어 오늘날 존재하는 대부분의 국수류의 기원이 되었다. 문헌상 중국 최초의 국수는 '수인병(水引餅)'이며, 북위(北魏)의 가사협(賈思勰)이 6세기 초에 저술한 『제민요술(齊民要術)』이란 책에 나와 있다.

중국과 교류가 잦았던 우리나라에는 삼국시대나 통일신라시대에 국수가 전해졌을 가능성이 있으나 기록이나 유물이 남아 있지는 않다. 문헌상 국수에 대한 최초의 기록은 송(宋)나라 서긍(徐兢)이 쓴 『고려도경(高麗圖經)』에 나오는 "10여 종류의 음식 중 국수 맛이 으뜸이다(食味十餘品而麵食爲先)"라는 내용이다. 『고려도경』은 1123년 송나라의 사신으로 고려에 왔던 서긍이 자국 황제에게 보고한 출장보고서 성격의 문헌이다.

세종(世宗)의 명을 받아 정인지(鄭麟趾) 등이 1451년에 편찬한 『고려사(高麗史)』에는 "각종 제례에 면(麵)을 쓰고 사원에서 면을 만들어 판다"라는 내용이 있다. 그러나 구체적인 자료가 없어서 고려시대의 국수가 어떤 것인지는 알 수 없다. 고려 때부터 전해오는 작자 미상의 중국어 학습서인 『노걸대(老乞大)』에는 "우리 고려 사람은 습면(濕麵)을 먹는 습관이 있다"는 내용이 나온다. 습면은 국물이 있는 면을 의미한다.

1675년에 간행된 것으로 추정되며 『노걸대』를 한글로 번역한 『노걸대언해(老乞大諺解)』에서는 습면을 '국슈'로 번역하고 있어 국수의 옛말이 국슈였음을 알 수 있다. 1798년에 이만영(李晩永)이 편찬한 『재물보(才物譜)』에서는 탕병(湯餅)을 국슈라 하였고, 1819년에 정약용(丁若鏞)이 지은 『아언각비(雅言覺非)』에서는 면을 국수(匊水)라고 적었으며, 비슷한 시기에 서유구(徐有榘)가 지은 『금화경독기(金華耕讀記)』에서는 국수(掬水)라고 적었다.

한자 국(匊)과 국(掬)은 뜻이 같으며 모두 '움켜쥐다'는 의미가 있다. 따라서 국수(匊水/掬水)는 '물을 움켜쥐다'라는 뜻이다. 이것은 면을 뽑을 때 물에서 건져 올리는 동작을 표현한 것으로 국수라는 단어의 어원이라는 설도 있으나, 우리말 국수를 같은 발음이 나는 한자로 적었다고 보는 것이 타당할 것이다. 이 밖에도 국수의 어원에 대해 몇 가지 설이 더 있으나 모두 증명되지 못하였으며 아직까지 국수의 어원은 확실하게 밝혀지지 않았다.

한반도는 밀을 재배하기에 부적합한 조건이어서 예로부터 밀의 수확이 많지 않았으며, 고려시대나 조선시대에는 매우 귀한 식재료로서 중국에서 비싸게 수입하기도 하였다. 『세종실록(世宗實錄)』의 세종 4년(1422년) 태상왕수륙재(太上王水陸齋)에 대한 기록에 "진전(眞殿)과 불전(佛前) 및 승(僧) 대접 이외에는 만두(饅頭), 면(麵), 병(餠) 등의 사치한 음식은 일체 금단하소서"라는 내용이 나온다. 태상왕은 세종의 아버지인 태종(太宗)을 말하며, 수륙재는 불교에서 물과 육지에서 헤매는 외로운 영혼을 위로하기 위하여 불법을 강설하고 음식을 베푸는 종교의식을 말한다.

1700년대 중엽에 작성된 것으로 추정되는 서명응(徐命膺)의 『고사십이집(攷事十二集)』에는 "국수는 본디 밀가루로 만든 것이나 우리나라에서는 메밀가루로 만든다"는 내용이 나오며, 이외에도 조선시대의 문헌에서 나오는 국수는 대부분 메밀국수에 대한 것이다. 조선시대뿐만 아니라 일제강점기에도 국수라 하면 보통 메밀국수를 뜻했다.

쌀, 보리, 좁쌀, 수수 등을 주식으로 하던 당시 사람들에게 밀가루는 구하기 쉽지 않은 재료였으며, 부드럽게 목을 넘어가는 식감 때문에 밀가루로 만든 국수는 매우 특별한 음식으로 여겨졌다. 밀가루 국수가 이처럼 귀한 음식이었으므로 평소에는 먹을 수 없었고 결혼식, 환갑잔치 등의 행사나 특별한 날에만 먹을 수 있었다. 이처럼 잔치가 있는 날 먹는 음식이기에 밀가루로 만든 국수는 '잔치국수'라는 이름이 붙게 되었다.

국수가 잔칫날의 음식으로 자리 잡게 된 것은 면발의 길쭉한 생김새와 조리방법이 간단하여 빨리 대량으로 만들어 하객들에게 나눠줄 수 있는 장점도 한몫 하였다. 결혼식 날에 국수를 먹는 것은 신랑 신부의 인연이 오래도록 이어지기를 기원하는 뜻을 담고 있으며, 생일날에 국수를 먹는 것은 장수(長壽)를 기원하는 의미를 담고 있다. 잔치국수는 삶은 국수사리에 고명을 얹고 따뜻한 국물을 부어내면 완성되는 간편한 음식이다. 잔치국수는 주로 따뜻한 온면(溫麵) 형태이며, 국물은 예전에는 주로 소고기나 꿩고기 육수를 썼으나 요즘은 멸치 육수를 많이 쓰고 있다.

특별한 날에만 먹던 귀한 음식이던 잔치국수는 6·25 전쟁 이후 미국의 원조로 밀가루가 저렴하게 공급되면서 서민들의 일상 음식으로 변모하게 되면서 잔치국수라는 이름보다 그냥 '국수'라고 불리게 되는 경우가 많아졌다. 국수는 과거의 잔치국수에 비해 고명도 간단하고 소박하게 변했다. 애호박 볶음에 계란 지단을 곁들이고 양념간장으로 간을 하거나, 다진 김치를 고명으로 올리고 김칫국물에 말아내기도 한다.

1960년대 이후 제면소라고 불리는 소규모 국수 공장이 동네마다 하나씩 생길 정도로 많아져 어디를 가나 길게 뺀 국수를 가는 대나무에 걸쳐 널어놓은 풍경을 쉽게 볼 수 있었다. 1970년대 쌀 부족을 극복하기 위해 정부에서 주도한 '혼분식장려운동' 시기에는 하루에 1~2끼 정도를 밀가루 음식인 국수나 수제비로 때우는 일도 흔하게 있었다.

밀가루가 흔해짐에 따라 주로 메밀국수로 해먹던 칼국수, 비빔국수 등의 요리도 밀가루로 만든 국수로 만들게 되었다. 1980년대 이후에는 생활수준이 좀 나아지면서 국수 대신 쌀밥을 주로 먹게 되었으며, 국수는 가끔 해먹는 별미 정도로 생각하게 되었다.

비빔국수는 국물 없이 고기, 나물, 채소 등을 넣고 참기름, 간장, 고추장, 다대기 등 여러 가지 양념을 넣어 비벼 먹는 국수를 말하며, 양념의 선택에 따라 다양한 맛을 낼 수 있다. 구물이 있는 국수에는 중면(中麵)이 주로 사용되는 데 비하여 비빔국수는 양념이 배어들기 쉬운 소면(小麵)을 주로 사용된다. 때로는 세면(細麵)이 사용되기도 하며, 세면은 삶는 시간도 짧고 목 넘김도 좋으나 취급 시 부스러지기 쉬운 단점이 있다.

비빔국수의 한 종류에 쫄깃한 면에 양배추, 오이, 당근 등 채소를 얹고 새콤한 고추장 양념을 더해 비벼 먹는 쫄면이 있다. 이것은 1970년대 초 인천시 중구 경동(京洞)에 있는 '광신제면'에서 처음 만들었으며 굵고 질긴 면발이 특징이다. 쫄면이라는 이름은 지금은 없어진 '맛나당'이라는 분식점의 주방장으로 있던 노승희씨가 붙였으며, 면이 쫄깃쫄깃하여 쫄면이라고 하였다고 한다.

주로 따뜻한 국물에 말아먹는 국수와는 달리 얼음을 띄워 차게 한 콩국에 말아먹는 콩국수가 있다. 우리나라에서 언제부터 콩국수를 먹기 시작하였는지는 알 수 없으나, 오래전부터 콩국을 먹어왔으므로 국수가 보급된 이후 자연스럽게 콩국수를 먹기 시작하였을 것이다.

문헌상 콩국수는 1800년대 말에 지어진 저자 미상의 조리서 『시의전서』에 처음 등장한다. 콩국수가 일반화된 것은 다른 밀가루 음식들과 마찬가지로 6·25 전쟁 이후 미국의 원조로 밀가루가 저렴하게 공급된 이후의 일이다. 콩국수는 주로 여름에 먹는 별식이며 보통 오이, 달걀, 깨 정도를 넣고 소금 간을 하여 먹는다.

6.
메밀국수

　예로부터 우리나라에서는 밀은 귀하고 메밀이 흔하였으므로 메밀로 만든 국수를 주로 먹었다. 메밀국수의 일종인 냉면은 특히 여름철에 인기 있는 한국의 대표 음식 중의 하나이며, 북한 지역에서 발달하였다. 강원도의 막국수도 역시 메밀국수이며, 일본의 면 요리인 '소바(蕎麦,そば)'도 메밀국수의 일종이다.

　메밀은 한자로는 '교맥(蕎麥)'이라고 하고, 쌍떡잎식물인 한해살이풀로서 외떡잎식물인 밀과는 전혀 다른 식물이다. 메밀의 원산지는 최근의 여러 연구에 의해 중국 남부의 윈난(雲南)지역으로 밝혀졌다. 중국에서는 7~9세기의 당(唐)나라 때에 일반에 알려져서 10~13세기에 널리 보급되었다고 한다.

　메밀의 '메'는 산(山)을 의미하는 순우리말이며, 메밀은 '산에서 나는 밀'이란 뜻이다. '모밀'이라고도 하는데 이는 사투리이며, 메밀이 표준어이다. 메밀이 언제 중국에서 한국으로 전래되었는지 정확히 알 수 없으나, 문헌상 메밀에 대한 기록이 최초로 나오는 것은 13세기 초반인 고려 고종(高宗) 시기에 편찬된 것으로 추정되는 『향약구급방(鄕藥救急方)』이라는 의약서이다.

일부 인터넷 자료에서는 660년 백제가 멸망할 때 불에 탄 부소산성(扶蘇山城) 군창지(軍倉址)에서 탄화한 메밀이 발견되어 7세기 이전에 재배가 이루어진 것으로 보인다는 주장도 있으나, 1983년 충남대학교 윤무병(尹武炳) 교수팀의 정밀조사 결과 군창지의 곡물들은 조선시대 건물터와 같은 지층에서 발견되어 백제시대의 것이 아니라 그보다 훨씬 뒤인 조선시대의 것이라고 보고하였다.

메밀은 껍질을 벗기기 어렵고 소화도 잘 되지 않아 대부분의 지방에서는 일반 곡물에 비해 주목을 끌지 못하고 별로 재배되지 않았으나, 추위에 잘 견디면서 생육기간도 짧아서 강원도와 북부지방의 산악지대와 제주도처럼 돌이 많고 척박한 땅에는 더없이 좋은 작물이었다. 따라서 예전부터 구황식물로 많이 재배되었으며, 세종(世宗) 때에 펴낸 『구황벽곡방(救荒辟穀方)』에도 구황작물로 기록되어 있다.

1672년에 장계향(張桂香)이 쓴 요리서인 『음식디미방(飮食知味方)』의 면병류(麵餠類) 항목에서 메밀국수 만드는 법이 자세하게 설명되어 있으며, 점성을 보강하기 위해 녹두가루를 섞어서 사용하였다. 이 책에서는 절면(切麵)이라는 명칭으로 칼국수도 소개하고 있으며, 당시 칼국수의 주재료는 메밀가루였다.

우리나라 사람들이 즐겨 먹는 국수인 냉면은 메밀이 주로 생산되는 북부지방에서 발달한 면 요리로서 평양의 물냉면이 대표적이다. 문헌상으로는 1848년에 작성된 『진연의궤(進宴儀軌)』와 1849년에 홍석모가 펴낸 『동국세시기』에 냉면에 대한 기록이 처음으로 나온다. 『동국세시기』에는 "메밀국수에 잡채, 배, 밤, 쇠고기, 돼지고기, 참기름, 간장 등을 넣어 섞은 것을 골동면(骨董麵)이라 한다"는 기록도 있으며, 골동면은 오늘날 비빔냉면의 원조라 할 수 있다.

잘 정제된 메밀가루는 하얀색 또는 담황색이어야 정상이지만, 과거의 메밀국수는 제분 기술이 발달하지 못하여 껍질을 완전히 제거하지 못한 메밀가루를 사용하였기 때문에 거뭇거뭇한 색깔이었다. 제분 기술이 발달한 현재에도 약간 검은색이 나는 메밀국수가 진짜라고 여기는 소비자들이 있기 때문에 일부러 검게 만들고 있다.

강원도는 메밀의 산지로 유명하여 오래전부터 메밀가루로 국수를 만들어 먹었으며, 대표적으로 막국수가 있다. 막국수의 어원에 대해서는 '공들이지 않고 간단하게 막 비벼 먹는다고 하여 막국수가 되었다', '방금 만들어서 바로 먹기 때문에 막국수라 부른다', '강원도 방언으로 메밀의 겉껍질을 벗긴 것을 맵가루 혹은 막가루(막가리)라고 부르는데 이 가루를 사용한 국수이기 때문에 막국수라 부른다' 등 여러 가지 설이 있으며, 아직까지 어느 것이 맞는지 밝혀지지 않았다.

막국수는 어원이 확실하지 않을 뿐만 아니라 일정한 요리법이 정해진 것이 아니어서 육수가 있는 것도 있고 육수 없이 비빔냉면과 비슷한 것도 있다. 음식점마다 먹는 법과 양념 등이 완전히 다르기 때문에 어느 식당에 들어가느냐에 따라 전혀 다른 막국수를 먹게 되는 것이다. 지금은 막국수하면 춘천막국수를 떠올릴 만큼 춘천의 대표적인 음식이 되어 있으나, 막국수는 원래 오래전부터 강원도 화전민들이 주로 먹던 음식이었다.

막국수라는 명칭이 널리 알려지게 된 것은 1970년대부터이고 그 전에는 막국수보다는 주로 모밀국수, 뫼밀국수 등으로 불렸다고 한다. 막국수가 1970년대부터 유명해지게 된 것은 박정희 대통령의 영향이 크다고 한다. 1973년 소양강댐이 완공되면서 춘천을 방문하게 된 박 대통령은 막국수를 처음 먹었고, 그 맛을 극찬한 것이 뉴스로 나가게 되면서 전국적으로 알려지게 되었다고 한다.

춘천막국수가 유명해지게 된 것은 춘천이 강원 지역의 곡물

집산지였던 것도 크게 작용하였다. 강원도의 메밀이 이곳으로 모이니 제분산업이 발달하였고, 막국수 식당도 가장 먼저 생길 수 있었다. 전에는 주로 가정에서만 해 먹었으나 6·25 전쟁 이후에 막국수 식당이 등장하기 시작하였으며, 춘천의 댐 공사로 전국에서 몰려든 노동자들에게 저렴한 한 끼 식사로 인기가 있었다.

1965년 춘천댐, 1967년 의암댐, 1973년 소양강댐이 잇달아 완공되면서 춘천은 '호반도시(湖畔都市)'라는 낭만적인 이름을 얻었고, 서울 시민들의 당일 관광 코스로 각광을 받게 되었다. 특히 데이트를 즐기는 연인들에게 인기 있는 장소가 되었으며, 춘천에 가면 닭갈비와 막국수를 먹어야 하는 것이 당연한 일인 듯이 여겨지게 되었다.

춘천막국수만큼은 아니어도 꽤 알려진 것이 봉평메밀국수(봉평막국수)이다. 봉평(蓬坪)은 강원도 평창군에 있는 면 단위의 조그만 산골 마을이다. 원래 봉평은 메밀 농사가 주업인 마을은 아니었으며, 다른 강원도의 산골 마을처럼 여러 가지 작물을 재배하던 곳이었다. 봉평이 메밀의 고장이라는 이미지를 얻게 된 것은 교과서에 실리기도 하여 누구나 알고 있는 이효석(李孝石)의 「메밀꽃 필 무렵」이라는 소설 때문이며, 봉평은 이 작품 덕에 먹고 산다는 말이 있을 정도이다.

강원도 산골 마을인 봉평은 교통이 불편하여 찾아가기가 쉽지 않았으나, 1975년 영동고속도로가 뚫리고 1980년대부터 자가용 승용차의 보급이 확산되면서 찾는 사람들이 많아졌다. 이에 따라 봉평에서 메밀을 재배하는 농가와 면적이 늘어났으며, 관광객을 상대로 하는 메밀국수집도 생겨나기 시작하였다.

요즘은 메밀꽃이 피는 9월이면 '메밀꽃 축제'가 열리며 전국에서 관광객들이 모여들어 봉평에서 생산되는 메밀로는 그 수요를 충족할 수 없어서 타 지역의 메밀까지 매입하고 있는 실정이라고 한다. 봉평메밀국수의 명성이 높아지자 봉평이 아닌 곳에서도 봉평메밀국수라는 이름을 내걸고 영업하는 식당이 늘어나게 되었다.

메밀은 옛날부터 우리 민족이 국수의 재료로 주로 사용하였으며, 일제강점기에는 메밀국수가 더욱 번창하게 된다. 그 이유는 일제강점기에는 만주에서 메밀을 상당량 수입하여 재료가 풍부하였고, 국수를 만드는 기계가 개량되어 메밀국수의 대량 생산이 가능해진 영향도 컸다.

《동아일보》의 그 무렵 기사를 보면 1932년 6월 29일자에는 김규홍(金圭弘)이 발명한 국수 기계에 대한 내용이 있고, 1933년 11월 13일자에는 천임복(千臨福)이 발명한 국수 기계에 대한 기사가 실려 있다. 당시에 메밀국수의 수요가 많아 기계의 발명이 활발하였음을 알 수 있다.

8·15 해방 후에도 한동안 메밀국수가 주를 이루었으나, 6·25 전쟁 후에 원조물품인 밀가루가 대량으로 밀려들어 오면서 메밀국수는 수요가 줄고 밀가루로 만든 국수가 대세를 이루게 된다. 또한 메밀국수에도 면을 만들기 쉽고 면발이 끈기가 있게 하려고 밀가루를 섞는 것이 일반화되었다.

일본 음식인 소바는 일제강점기에 우리나라에 들어왔으며 국립국어원에서는 메밀국수를 순화어로 제시하고 있다. 그러나 소바는 냉면이나 막국수로 대변되는 우리의 메밀국수와는 전혀 다른 음식이어서 혼동을 주고 있다. 원래 소바는 메밀가루 반죽을 밀대로 넓게 펴서 가늘고 길게 썰어 낸 면류를 말하는 것으로 우리의 칼국수와 비슷한 음식이며, 초밥과 함께 일본을 대표하는 음식으로 알려져 있다.

소바는 먹는 방법에 따라 차갑게 하여 '쯔유(つゆ)'에 찍어 먹는 '자루소바(ざるそば)' 또는 '모리소바(もりそば)'와 따뜻한 국물에 여러 가지 건더기를 넣어 먹는 '가케소바(かけそば)'가 있으며, 보통은 별도로 제공되는 차가운 면 사리를 송송 썬 파, 곱게 간 무 등과 와사비 또는 연겨자를 넣은 쯔유에 적셔서 먹는 것이 일반적이다.

쯔유는 일본의 전통 육수이며 가다랑어포(가쓰오부시, かつお

ぶし), 다시마, 멸치 등을 삶아서 우려 낸 국물에 간장을 넣어서 맛을 낸 맑은 장국을 말한다. 외래어 표기법에 따르면 '쓰유'가 올바른 표현이나 대부분 '쯔유'라고 표기하며, 이것이 일본어 원래 발음에 더 가깝다.

7.
냉면

　냉면은 특히 여름철에 인기가 있는 한국의 대표 음식 중의 하나이다. 외국인들에게도 꽤 인기가 있는 음식으로서 최근에는 일본을 비롯하여 중국, 대만 등 동남아시아 각국에도 한국식 냉면 전문점이 생겨나고 있다고 한다. 요즘은 주로 무더운 여름철에 먹는 음식으로 생각하고 있으나, 냉면은 원래 한겨울에 먹던 북한 지역의 별미 음식이었다.

　우리 민족이 언제부터 냉면을 먹기 시작하였는지는 정확히 알 수 없으나 고려시대로 추정되며, 조선시대에는 상당히 일반화되었던 것으로 보인다. 문헌상 냉면에 대한 기록이 처음 나오는 것은 1848년 순조(純祖) 왕비의 육순 축하연의 내용을 기록한 『진연의궤(進宴儀軌)』이다. 1849년에 홍서모가 펴낸 『동국세시기』에도 평안도 지방의 겨울철 시식(時食)으로서 "메밀국수에 무김치, 배추김치를 넣고 그 위에 돼지고기를 얹은 냉면이 있다"고 기록되어 있다.

조선시대 후기에는 여러 문헌에서 냉면에 관한 기록이 나오고 있으나, 전국적인 음식은 아니었고 주로 평양을 중심으로 한 관서지방(關西地方)의 향토음식이었다. 냉면이 전국적으로 유행하게 된 계기는 6·25 전쟁으로 북쪽의 사람들이 대거 남쪽으로 피난 오면서 생계를 위하여 냉면집을 차렸기 때문이다. 6·25 전쟁 이전에도 1920년대에 서울에서 문을 연 평양냉면집이나 부벽루, 백양루, 동양루 등 고급 요리집에서 냉면을 팔기는 하였으나 대중화되지는 못하였다.

오늘날 냉면이라고 하면 평양식 물냉면과 함께 함흥식의 비빔냉면이 유명하지만, 원래 냉면은 평양식의 물냉면을 지칭하는 것이었다. 함흥냉면이란 말은 6·25 전쟁 때 남으로 피난 온 함흥 사람들이 평양냉면의 유명세에 편승하여 함흥의 향토음식인 회국수를 함흥냉면이란 이름으로 팔기 시작하면서 태어났다고 한다.

냉면이 남쪽 각 지방으로 전파되면서 면발의 원료에도 변화가 있었으며, 각종 육수를 국물로 이용하게 되었고, 냉면 위에 얹어지는 고명 역시 다양해졌다. 요즘에는 평양식 면에 매운 양념을 하여 비벼 먹기도 하고, 함흥식 면에 육수를 부어 물냉면으로 먹기도 하여 평양식과 함흥식의 구분이 모호해졌으며 칡냉면, 녹차냉면, 쑥냉면, 야콘냉면 등 변형된 면발을 사용하기도 한다.

- 평양냉면: 추운 겨울날 따뜻한 아랫목에서 얼음이 동동 뜬 동치미 국물에 국수를 말아먹던 것에서 유래하였으며, 냉장고나 냉동장비가 없던 시절이었음을 고려하면 냉면은 겨울 음식이었음이 분명하다. 육수는 주로 동치미 국물을 이용하였으나, 꿩 삶은 국물을 최고로 쳐주었다고 하며, 맵거나 짜지 않고 담백한 맛이 특징이다. 요즘은 주로 사골 국물을 이용하며, 먹기 직전에 식초와 겨자로 맛을 맞춘다.

  전통적인 냉면의 면은 메밀로 만들어 면발이 굵고 거칠며 쉽게 끊어져서 굳이 가위로 자르지 않아도 먹기 힘들지 않았으나, 요즘은 녹말을 섞어서 면을 만들기 때문에 면발이 가늘고 질기다. 예전에는 국수 위에 편육과 동치미 무를 썬 것을 얹어서 함께 먹는 것이 일반적이었으나, 요즘은 삶은 계란이나 배, 오이채 등의 고명이 이용되기도 한다.

- 함흥냉면: 평양냉면의 면이 메밀을 주원료로 사용하는 데 비하여 감자나 고구마의 전분을 주원료로 사용하여 면발이 가늘고 질긴 것이 특징이다. 요즘은 시간을 좋게 하려고 밀가루를 서기도 한다. 비빔장은 고춧가루, 간마늘, 양파, 참깨, 굵은 소금 등으로 양념하여 눈물이 날 정도로 매운 것이 특징이다.

원래의 함흥 회국수에서는 가자미나 홍어의 회를 함께 비벼 먹으나, 요즘 함흥냉면에서는 회는 거의 사용하지 않고 평양냉면에 들어가는 고명을 그대로 이용하는 것이 보통이다. 설탕이나 참기름을 사용하여 맛을 부드럽게 하기도 하고, 기호에 따라 식초나 겨자를 곁들이기도 한다.

8.
칼국수

   칼국수는 반죽을 방망이로 얇게 밀어서 칼로 가늘게 썰어 만든 국수 또는 그것을 익힌 음식을 말하며, 칼로 썰어 면을 만들기 때문에 칼국수라는 이름을 얻었다. 예전에는 도면(刀麵), 절면(切麵), 칼싹두기, 칼제비 등으로도 불렀다. 오늘날에는 칼싹두기, 칼제비 등의 명칭은 사용되지 않고 칼국수라는 단어만 남았다. 일부 식당에서 칼국수와 수제비를 섞어놓은 음식을 칼제비라고 부르기도 하나 이것은 원래의 칼제비와는 의미가 다르다.

   인터넷 자료에 의하면 칼국수란 한글 단어는 중국어 학습서인『박통사(朴通事)』를 번역하여 1677년에 발행한『박통사언해(朴通事諺解)』에 처음 나온다고 하나 근거가 불확실하다. 1670년경에 장계향(張桂香)이 한글로 작성한 조리서인『음식디미방』에도 칼국수라는 표현이 없는 것으로 보아 당시에 칼국수란 단어가 사용되었을 가능성은 낮아 보인다. 『음식디미방』에는 칼국수라는 단어는 등장하지 않으나 칼로 썰어 국수를 만드는 방법인 착면법(着麵法)과 별착면법(別着麵法)이 나와 칼국수에 대한 문헌상 최초의 기록으로 여겨지고 있다.

조선 후기인 1849년 홍석모가 지은 『동국세시기』에는 가루를 반죽해 둥글게 펴고 칼로 썰어 만드는 칼국수의 제조과정이 자세히 수록되어 있으며, 이름은 전도면(剪刀麵) 또는 절면(切麵)으로 기록하고 있다. 이상의 문헌들을 검토하면 칼국수라는 단어는 조선시대 말기나 일제강점기 때에 생긴 것으로 추정된다.

수제비는 형태만 다를 뿐 칼국수와 음식의 재료가 같고, 요리하는 방법도 같다. 다만 반죽을 칼 대신 손으로 떼어내므로 '손 수(手)'자를 써서 수제비라 하였다. 인터넷 자료를 보면 수제비의 어원이 '수접(手摺)'이고 조선 중엽부터 사용되었다고 하나 근거가 불확실하다. 수접(手摺)의 '접을 접(摺)' 자는 수제비의 요리 방법과 어울리지 않으며, 조선시대 문헌에서 수제비라는 뜻으로 수접(手摺)을 사용한 예를 찾아 볼 수 없다.

수제비와 칼제비의 제비를 제비뽑기의 제비와 같은 어원에서 나온 것으로 보는 견해도 있다. 즉, 제비를 '제치어(일정한 대상이나 범위에서 빼어) 비어내다/비어지게 하다'의 준말로 보고, 밀가루 반죽을 제비로 뽑아 낸(떼어 낸) 것이라는 주장이다. 그러나 비어지다는 '가려져 속에 있던 것이 밖으로 내밀어 나오다'라는 의미로 떼어낸다는 것과는 거리가 있으며, 옛말에서 두 동사의 앞 자만 따서 준말로 만드는 경우도 찾아보기 어려워 이 주장도 설득력이 부족하다.

일제강점기 이후 주로 북한 지역 출신 사람들이 밀가루로 만든 국수를 메밀국수와 구분하려고 밀국수라고 불렀다. 평안북도 정주(定州) 출신인 춘원(春園) 이광수(李光洙)가 남한지역을 여행한 뒤 1918년에 발표한 '남유잡감(南遊雜感)'이란 글에서도 "충청도 이남으로 가면 술에는 막걸리가 많고 소주가 적으며, 국수라 하면 밀국수를 의미하고, 서북에서 보는 메밀국수는 전무하다. 서북지방에는 술이라면 소주요, 국수라면 메밀국수인 것과 비겨보면 미상불 재미있는 일이다"라는 내용이 나온다.

칼국수는 한동안 밀국수로 불렸다. 이용기(李用基)가 1924년 펴낸 『조선무쌍신식요리제법(朝鮮無雙新式料理製法)』에도 "양밀가루를 물에 반죽할 때에 장을 조금 쳐서 주무르고 여러 번 친 뒤에 방망이로 얇게 밀어 잘게 썬다. 밀가루를 뿌려 한데 붙지 않도록 한 뒤에 끓는 물에 삶아내어 물을 다 빼버리고 그릇에 닦은 뒤에 맑은장국을 끓여 붓고 국수장국에 얹는 고명을 얹는다"고 칼국수에 대한 설명을 하면서 이름은 밀국수(小麥麵)라 하였다. 한편 수제비는 구름과 닮았다 해서 '운두병(雲頭餠)'

이라 하였다.

《동아일보》 1931년 7월 31일자 기획·연재기사 국수편에는 밀국수와 칼국수에 대해 다음과 같이 설명하고 있다.

○ 밀국수: 밀가루를 물과 반죽하고 장을 조곰 처서 주물를 때 여러 십번을 처가며 반죽을 잘 한 후에 방망이로 얇게 밀어서 잘게 썰어 밀가루를 뿌려가며 한테 붓지안케 한 후에 끌른 물에 삶아내어 랭수에 당갓다가 건저 물빠지거든 그 그릇에 담은 후에 맑은 장국이나 닭 삶은 물을 붓고 그 우에 언는 고명은 맘대로 합니다.

○ 칼국수: 칼국수는 밀가루 말고 보릿가루로 해도 맛이 조흡니다. 이것은 밀국수 모양으로 얇고 널게 펴서 두루두루 말어서 갈우썰어 술술 풀어 길게 써는 것이 아니라 가루를 반댁이를 지어 칼로 숭덩숭덩 썰어 익켜 먹는 것입니다. 다른 먹게 하는 법은 밀국수와 갓고 다만 모양만 다릅니다.

위에서 반대기(반댁이)는 '가루로 반죽한 것이나 삶은 푸성귀 따위, 고기 다진 것 등을 얄팍하고 둥글넓적하게 만든 조각'을 말하므로 여기서 설명한 칼국수는 수제비에 가까운 모양이고, 밀국수는 『조선무쌍신식요리제법』의 요리법과 같으며 오늘날의 칼국수에 해당한다.

앞의 《동아일보》 기사로 보아 1930년대까지도 칼국수는 일반적이지 않고 밀국수라는 단어가 널리 사용되었던 것으로 보인다. 또한 오늘날 칼국수라고 하면 으레 밀가루로 만드는 것으로 알고 있으나, 이때까지도 밀가루에 한정되지는 않았다. 칼국수가 밀가루로 만든 음식으로 고착화된 것은 6·25 전쟁 이후 미국의 원조로 밀가루가 풍족해진 이후의 일이다.

특히 1960년대에는 쌀의 생산량이 넉넉하지 않아 1960년대 중반 이후 정부의 '혼분식장려운동'이 본격화됐다. 1967년 6월 쌀에 25% 이상 보리쌀을 섞어 밥을 하도록 행정 명령을 내렸으며, 당시 학교에서는 보리밥을 싸 왔는지 도시락을 검사하기도 하였다.

그 후 1969년 1월에는 모든 음식점에서 매주 수요일과 토요일에는 오전 11시부터 오후 3시까지 쌀 음식을 판매할 수 없도록 금지하였다. 이에 따라 국수 소비는 점차 증가하기 시작했다. 《매일경제》 1972년 7월 12일자 기사에 의하면 "가정에서 밀가루로 만들어 먹는 음식 형태는 칼국수가 41%로 가장 많고, 수제비 24%, 빵 18%, 부침개 17%로 밝혀졌다"고 한다.

칼국수가 특히 유명한 곳은 대전광역시로서 총인구 약 150만 명의 도시에 칼국수를 파는 음식점이 1,700여 개나 되며, 칼국수

전문점만도 600개에 가깝다. 대전에서는 2015년부터 해마다 '칼국수축제'도 열리고 있다. 대전에 칼국수집이 많은 것은 6·25 전쟁 이후 미국이 밀가루를 원조할 때에 대전역이 집산지 역할을 한 역사적 배경과도 무관하지 않다.

대전의 칼국수집 중에서도 가장 오래된 곳은 '신도칼국수'이다. 1961년 대전역 앞에서 시작해 현재 중구 중촌동에 본점이 있고, 서구 월평동에 분점이 있다. 창업주인 김상분씨는 원래 냉면을 팔았으나 당시 대전역 앞에는 짐꾼과 마차꾼 같은 가난한 사람들이 많았으며 이들에게 냉면은 비싼 음식이었기 때문에 값싸고 양이 많은 칼국수로 업종을 바꾸었다고 한다.

신도칼국수보다 역사는 짧으나 전국적으로 가장 유명한 것은 '명동칼국수'이다. 명동칼국수의 원조는 1966년 서울특별시 중구 수하동(水下洞)에서 '장수장'이란 이름으로 개업하여, 1969년 중구 명동(明洞)으로 이전하며 명동칼국수로 상호를 변경한 음식점이다.

명동칼국수가 유명해짐에 따라 전국적으로 많은 칼국수집들이 상호를 도용하여 명동칼국수란 간판을 걸고 영업을 하기 시작하였고, 맛있고 품격 있는 칼국수집을 의미했던 명동칼국수의 이미지가 추락하여 싸구려 국수집을 연상시키게까지 되었다. 이에 따라 원조 명동칼국수는 1978년부터 상호를 '명동교자'로 변경하여 영업하고 있다. 명동교자의 공식 명칭은 '1966년 창업-명동교자 (구)명동칼국수'이다.

1980년대 이후로 삶의 수준이 좀 나아지자 국수 대신 쌀밥을 주로 먹게 되었으나, 1990년대에 김영삼 대통령 때문에 칼국수는 다시 유행을 타기도 하였다. 김영삼 대통령은 칼국수를 매우 좋아하여 평소에도 즐겨 먹었으며, 집권 시절인 1993년부터 1998년까지 청와대의 공식 행사에서도 칼국수가 자주 등장하곤 했다. 대통령이 자주 먹는 음식이라는 이유로 일반인들도 많이 먹게 되었던 것이다.

칼국수는 국물을 어떤 재료로 내느냐에 따라 그 맛이 달라지며 일반적으로 멸치 육수, 해물 육수, 닭 육수가 사용된다. 그리고 흔하진 않지만 사골이나 쇠고기 육수, 버섯 육수가 사용되기도 한다. 가정에서 먹는 칼국수와는 별도로 식당에서 판매하는 칼국수는 해물칼국수가 전국적으로 주류를 형성하고 있다.

해물칼국수는 주로 바지락을 사용하며, 원래는 바지락의 서식지인 갯벌이 많은 서해안에 인접한 지역의 향토음식이었으나 지금은 서울을 비롯하여 내륙의 도심지역에서도 쉽게 접할 수 있다. 국물에 들깨가루를 넣은 들깨칼국수도 일반 칼국수처럼 전국적으로 유명하다.

칼국수는 지역별로 약간 다른 특징을 보이며, 서울과 경기도에서는 닭고기로 육수를 내고, 때로는 사골이나 쇠고기 육수를 사용하기도 한다. 고명으로 닭고기나 쇠고기가 올라간다. 고기를 사용하여 깊은 맛이 있으나 가격은 비싼 편이다. 요즘은 주로 멸치 육수를 사용하는 경우가 많다.

강원도에서는 멸치 육수를 기본으로 된장이나 고추장을 넣은 '장칼국수'가 대표적이며, 동치미를 곁들여 먹는다. 가게에 따라 다양한 해산물을 넣기도 한다. 각종 장을 넣어 국물이 구수하고 얼큰한 것이 특징이다. 충청도 지역에서는 멸치 육수에 고추장과 고춧가루를 사용하여 매우면서도 깔끔한 맛을 내는 '얼큰이칼국수'를 즐겨먹는다. 충청북도에는 꿩을 고아 만든 육수에 칼국수를 넣어 끓인 '꿩칼국수'가 유명하며, 담백한 꿩고기를 곁들여 먹는다.

경상도 지역에서는 멸치 육수를 활용한 칼국수가 유명하다. 대구의 향토음식으로 밀가루에 콩가루를 섞어 누런색이 나는 칼국수인 '누른국수'가 있다. 전라도 지역에서는 바지락과 해물을 이용한 육수를 사용한다. 전라도 지역에서는 팥을 삶아 거른 국물에 칼국수를 말아먹는 '팥칼국수'도 많이 먹는다.

국수는 요리 방법에 따라 '건진국수'와 '제물국수'로 구분할 수 있다. 건진국수는 국수를 삶은 후 물에 헹궈 낸 국수를 말하는 것으로 따로 국물을 만들어 냉면이나 온면으로 만들어 먹기도 하고, 양념을 넣어 비빔국수로 먹기도 한다. 건진국수는 제물국수에 비해 면발이 쫄깃한 것이 특징인데, 삶은 국수를 냉수에 헹구면 국수 표면의 점성이 제거되고 여열(餘熱)에 의한 호화 과정이 억제되어 쫄깃한 면발을 가지게 되기 때문이다. 건진국수에는 냉면, 비빔국수, 잔치국수, 콩국수 등이 있다.

제물국수는 국수 삶은 국물을 버리지 않고 국수와 함께 먹는 국수로 '제 물에 그대로 삶았다'고 하여 제물국수라고 한다. 제물국수는 국수를 삶을 때 나온 전분이 그대로 들어있어 국물이 걸쭉한 것이 특징으로 칼국수가 대표적이다. 칼국수는 국수 자체의 나트륨(소금) 성분이 버려지지 않고 그대로 남아있기 때문에 건진국수와는 달리 나트륨 함량이 높은 편이다. 따라서 적당히 먹고 국물은 아까워도 많이 마시지 않는 것이 좋다.

9.
우동(가락국수)

　가락국수는 면발을 굵게 뽑은 국수 또는 그것을 삶아서 맑은장국에 요리한 음식이다. 표준어는 '가락국수'로 되어 있으나 보통 '우동(うどん)'이라는 일본어 이름을 더 많이 사용하고 있다. 가락국수는 원래 우리의 음식이 아니고 일본의 음식이었으나 이제는 우리나라에서도 많은 사람이 즐겨 먹는 면 요리의 하나가 되었다.

　일본 우동의 기원은 몇 가지 설이 있으며, 그중 가장 많이 인용되는 첫 번째 설은 나라시대(奈良時代; 710~794)에 팥고물을 넣은 경단인 '곤톤(混飩, こんとん)'이 중국으로부터 전해졌으며, 이 곤톤을 따뜻한 국물에 넣어 먹게 되면서 '운돈(温飩, うんどん)'이라고 부르게 되었고, 그것이 변하여 우동(うどん)이 되었다는 것이다. 현재에도 사누키(讚岐) 지방의 일본식 떡국인 '조니(雜煮, ぞうに)'에는 단 국물에 팥고물이 들어간 경단 비슷한 것을 넣어 먹는 풍습이 남아있다.

두 번째 설은 헤이안시대(平安時代; 794~1185)에 구카이(空海) 스님이 중국에서 우동 기술을 배워와 그의 고향인 사누키 지방에 전하면서 사누키우동이 시작되었다고 한다. 어느 설이 맞는지는 확실하지 않으나, 첫 번째와 두 번째의 설이 모두 사누키 지방과 관련되어 있어서 일본 우동의 발생지는 사누키 지방으로 보인다.

세 번째 설은 1241년 중국에서 귀국한 승려 엔니(円爾)가 수차(水車)를 이용한 제분 기술을 배워와 우동, 소바, 만두 등 밀가루 음식문화를 전파하였다고 한다. 지금도 후쿠오카현(福岡県) 후쿠오카시(福岡市)에 있는 조텐사(承天寺)에는 우동소바 발생지(饂飩蕎麦発祥之地)라고 기록된 비석이 있다. 그러나 이 설은 우동의 기원이라기보다는 밀가루 음식이 보편화되기 시작한 계기로 보는 것이 맞을 것 같다.

2020년 일본의 제면기 메이커인 '사누키면기(さぬき麺機)'의 대표인 오카하라 유지(岡原雄二)는 그의 저서 『후에키류코(不易流行)』에서 "우동의 기원은 한국의 칼국수"라는 견해를 피력하였다. 그의 견해에 따르면 널리 알려진 구카이(空海) 기원설에 대해 당시에는 소금이나 밀가루가 풍족하지 않아 현재와 같은 우동이 일반화되기 어려웠다는 것이다.

그에 따르면 중국에서 발생한 면이 한국에서 정착한 후 무로마치시대(室町時代; 1336~1573) 이후에 일본에 전해졌으며, 면에 소금을 첨가하게 되면서 끈기 있는 사누키우동이 생겨난 것이라고 한다. 그는 소금에 주목하여 이런 주장을 하게 된 것이나, 이는 한 개인의 견해일 뿐 아직 학계의 정설로 인정된 것은 아니다.

발생에 관하여는 여러 설이 있으나 현재와 같은 형태의 우동은 에도시대(江戸時代; 1603~1867)에 전국적으로 보급되었다. 에도시대에는 전국적으로 간장이 생산되기 시작하여 현재와 같이 간장과 가쓰오부시(かつおぶし)로 맛을 낸 국물에 우동을 먹게 되었다.

그 이전에는 일본식 된장인 미소(味噌)로 맛을 낸 우동이 대부분이었다. 국물뿐만 아니라 고명에 있어서도 튀김(てんぷら), 계란, 닭고기 등 다양한 소재가 사용되기 시작하여 우동의 종류도 풍부해졌다. 에도시대에는 면 요리를 전문으로 하는 음식점이 생겨나기 시작하였으며, 이런 음식점의 탄생은 우동, 소바 등 면 요리의 대중화에 많은 기여를 하였다.

전통적인 우동 제조법은 밀가루, 소금, 물을 섞어 반죽한 후 봉지에 넣고 발로 여러 번 밟은 다음 돌돌 말아 2시간 정도 숙성시킨 후 다시 발로 밟아 넓게 편 반죽을 병풍처럼 접어서 약

3㎜ 정도 두께로 써는 것이다. 이러한 제조공정을 거친 면을 생면(生麵)이라고 한다. 오늘날 일본에서는 생면, 급속 냉동시킨 냉동생면, 바람으로 자연 건조시킨 건면, 삶아서 진공 포장한 삶은 면, 삶은 면을 냉동한 면, 면과 건더기재료 및 수프를 함께 포장한 즉석면 등 다양한 형태로 판매되고 있다.

'일본 3대 우동'이라고 불리는 것이 있는데, 일본우동학회(日本うどん学会)에 의하면 실제로 이런 것은 없고 각각의 지역에서 제멋대로 부르는 것에 불과하다고 한다. 다양한 지역에서 거론되는 3대 우동에는 다음과 같은 6종류가 자주 뽑힌다.

■ 사누키우동(讃岐うどん): 가가와현(香川県)의 옛 이름인 사누키(讃岐) 일대에서 탄생된 우동이며, 일본뿐만 아니라 해외에도 잘 알려진 일본을 대표하는 우동이라 할 수 있다. 사누키우동은 밀가루의 중량 대비 물 40% 이상, 소금 3% 이상을 넣고 반죽한 후 2시간 이상 숙성시켜 면을 뽑는다. 면발은 다른 우동 면보다 굵고 식감이 쫄깃쫄깃한 것이 특징이다.

■ 이나니와우동(稲庭うどん): 아키타현(秋田県) 유자와시(湯沢市)에서 수타면(手延べ麵) 제법으로 만들어진 건면(乾麵) 우동이다. 이니니외우동은 반죽할 때 전분가루를 묻히며, 납작하고 옅은 황색을 띠는 것이 특징이다. 면의 굵기는 사누키우동보다 약간 가늘다.

■ 고토우동(五島うどん): 나가사키현(長崎県)에 속하는 고토열도(五島列島)는 중국에 파견하는 사신이 왕래하던 기항지로서 문화의 중요한 교류지였다. 고토우동은 수타면 제법을 사용하며, 덧가루를 사용하지 않고 바람에 말린다. 또한 섬에서 자생하는 동백기름으로 반죽하기 때문에 동백향을 느낄 수 있으며, 면이 잘 불지 않는 것이 특징이다.

■ 미즈사와우동(水沢うどん): 군마현(群馬県) 시부카와시(渋川市)에 있는 사찰 미즈사와데라(水澤寺)에서 참배객들을 위해 군마현의 밀과 미즈사와산(水沢山)의 약수로 만든 우동에서 유래되었다. 밀가루 반죽을 발로 밟은 후 숙성과 펴는 과정을 열 번 정도 반복해 자른 다음 햇볕에서 두 번 말려 만든다. 다른 우동 제조법보다 숙성 기간이 길어 면발이 쫄깃하고 탄력이 있는 것이 특징이다.

■ 히미우동(氷見うどん): 도야마현(富山県)의 우동이며, 만드는 법은 이나니와우동처럼 손으로 늘려 빼는 수타면이고, 기름은 바르지 않는다. 면이 가늘고 납작하며 하얗다. 면발이 쫄깃하며 목에서 부드럽게 넘어가는 것이 특징이다. 따뜻하게 먹어도 좋고, 차게 먹어도 맛있다.

■ 기시멘(きしめん): 오늘날의 아이치현(愛知県) 가리야시(刈谷市)에서 유래된 우동이다. 면발은 폭 3~4㎜, 두께 2㎜ 정도로 다른 우동보다 얇고 넙적

해서 삶는 시간이 짧고, 우리나라 칼국수와 비슷하다. 면발의 표면이 매끄럽고 반들반들하며, 잘 끊어지는 것이 특징이다.

우동은 요리하는 방법이나 먹는 방법, 곁들이는 재료 등에 따라 다양한 종류가 있으며, 종류별 특징은 다음과 같다.

■ 가케우동(かけうどん): 가장 일반적인 우동이며, 뜨거운 쯔유(つゆ)를 담은 그릇에 삶은 면을 넣고 잘게 썬 파를 고명으로 올린 우동이다. 가가와현을 제외한 서일본(西日本)에서는 '스우동(素うどん)'이라고 부르기도 한다.

■ 자루우동(ざるうどん): 우동을 삶아 찬물에 비벼 씻은 후 발이나 자루(ざる: 소쿠리)에 담고, 잘게 썬 파와 와사비를 곁들인 쯔유에 찍어 먹는 우동이다. 차게 먹기 때문에 '히야시우동(冷やしうどん)'이라고도 한다.

■ 기쓰네우동(きつねうどん): 간장, 설탕, 미림으로 조미한 유부를 고명으로 얹은 우동이다.

■ 「다누키우동(たぬきうどん)· 튀긴 부스러기를 고명으로 얹은 우동이다. 지역에 따라 고명이 다른 경우도 있다.

■ 카레우동(カレーうどん): 다시 국물에 카레가루와 전분가루를 넣어 걸쭉하게 만든 우동이다. 지역에 따라 재료와 조리법이 다양하다.

■ 덴푸라우동(天ぷらうどん): 오징어, 새우, 채소 등 각종 덴푸라(てんぷら: 튀김)를 얹은 우동이다.

■ 니쿠우동(肉うどん): 간장, 설탕 등으로 양념한 소고기, 닭고기, 돼지고기 등의 고기(肉)를 볶아 고명으로 올린 우동이다.

■ 지카라우동(力うどん): 모찌(もち: 찹쌀떡)을 넣은 우동이며, 신으로부터 힘(力)을 얻기를 기원하며 우동에 떡을 넣었다고 한다. 일본에서는 경사스러운 날에 떡을 먹는 전통이 있다.

■ 미소니코미우동(味噌煮込みうどん): 나고야(名古屋)의 전통 요리로서 미소(みそ)을 사용해 끓인 나베(鍋: 냄비)우동이다.

■ 야키우동(焼きうどん): 채소와 고기를 넣고 소스에 볶은 볶음우동이다. '야끼소바(焼きそば)'가 뜨거운 철판 위에서 기름에 지져 먹는다는 느낌이라면 야키우동은 미리 삶은 면을 부드럽게 볶아서 만든다. 기타큐슈(北九州)의 고쿠라(小倉)에 있는 한 식당에서 개발한 메뉴라고 한다.

■ 붓카케우동(ぶっかけうどん): 삶은 우동에 다양한 고명을 얹고 다시(だし)를 조금 끼얹은 우동으로 생강, 파, 와사비 등을 기호에 따라 넣어 먹는다. 오카야마현(岡山県)의 구라시키(倉敷)에서 탄생했다.

우리나라에 우동이 전래된 것은 일제강점기 때이며, 현지화 과정에서 약간의 변형이 있었다. 우선 일본 우동은 가쓰오부시와 간장으로 맛을 낸 쯔유를 사용하나, 한국에서는 멸치 국물과 간장을 주로 사용한다. 면발은 일본의 우동에 비해 다소 가는 편이며 중화요리의 짜장면, 짬뽕 등과 비슷한 굵기의 면을 쓰는 업소가 많다.

고명으로는 대개 쑥갓과 김 가루, 길게 썬 유부를 올리며 때로는 잘게 썬 김치가 올라가기도 한다. 일본에서는 향신료인 시치미(七味)를 식탁에 비치하여 각자의 취향에 따라 넣는 것이 일반적이지만 한국에서는 기본적으로 고춧가루가 뿌려져 있는 경우가 많다.

이와 같은 차이점 때문에 우동과 가락국수를 별도의 음식이라고 주장하는 사람도 있으나, 일본 내에서도 다양한 형태의 우동이 있으며 그 정도의 차이로 다른 음식이라고 말하는 것은 무리가 있다. 가락국수라는 단어는 8·15 해방 이후에 국어순화운동 차원에서 나온 것이며, '가락이 굵은 국수'라는 의미로 만든 말이라고 한다.

이와 관련하여 《경향신문》 1949년 10월 9일자에 「"우동"은 "가락국수"로」라는 제목의 기사에서 "한글발표 503주년을 맞이하여 '한글학회'와 '한글전용촉진회'에서는 왜식간판 일소 선전에 박차를 가하고 있는데 양회에서 우리 눈에 거슬리는 왜식간판에 나타난 말을 우리말로 고친 것을 대략 들어보면 다음과 같다"고 하며 예로 든 것 중에 우동이 가락국수로 제시되었다.

그러나 아직까지도 가락국수보다는 우동이라는 이름을 사용하는 사람이 많고, 당시에도 거부감이 커서 《경향신문》 1949년 10월 24일자 「"우리말 소고(小考)" '한글학회의 발표를 박(駁)함」이라는 칼럼에서 박계주(朴啓周)는 앞의 한글학회에서 제시한 우리말에 대하여 비판하였다.

《동아일보》 1955년 7월 3일자 '횡설수설'이라는 가십 기사에서도 "요즈음 倭色一掃熱(왜색일소열)이 더 고조를 띠우고 있다. '일본말을 하지 말라' '일본 노래를 부르지 말라' 등등. 물론 당연하다. 그렇지만 이미 한국말이 된 일본말도 없지 않으니 이런 것도 고쳐야 하는지. '우동'을 '칼국수'라고 하고, '돈부리'를 '덮밥' 등등은 어색하다"고 하였다.

간편하게 빨리 만들고 먹을 수 있다는 장점 때문에 우리나라에서는 기차역을 중심으로 가락국수가 번창하였다. 지금도 그렇지만 대전역은 국내 가락국수의 성지(聖地)라 불릴 만할 정도로 상당히 유명하였다. 이것은 경부선과 호남선의 분기(分岐) 구조에서 기인하는데, 일제강점기에는 호남 지역의 곡물을 부산으로 이동시켜 수탈해 가기 쉽도록 하려고 호남선이 대전역에서 부산 방향을 향하도록 부설되었었다.

따라서 서울에서 호남선을 이용하여 호남 지방으로 가려면 대전역에서 기관차의 방향을 반대로 바꿔서 가야만 하였고, 이 작업에 오랜 시간이 소요되기 때문에 그 시간에 대전역에서 잠시 내려 승강장의 식당으로 가서 가락국수를 시켜먹는 사람들이 많이 있었다.

이 때문에 가락국수는 자연히 대전역의 명물이 되었으며, 그후 호남선이 대전역을 경유하지 않고 서대전역에서 갈라지는 구조로 바뀐 현재까지도 승강장에서 도착할 열차를 기다리는 중에 가락국수를 찾는 사람들이 있다. 대전시에서는 가락국수를 지역의 명물로 지켜가기 위해 기존의 가락국수집은 그대로 유지하면서 대전역 구내에 가락국수집을 새로 내었다.

가락국수는 대전역뿐만 아니라 경부선에서 장항선이 분기하는 천안역, 중앙선에서 태백선과 충북선이 분기하는 제천역, 경부선에서 대구선이 분기하는 대구역이나 동대구역 등에서도 많이 팔렸었다. 그러나 지금은 대전역의 가락국수를 제외하면 그 인기가 예전만 못하며 아예 사라진 곳도 있다.

　요즘은 기차역 대신에 고속도로 휴게소에서 우동이라는 이름으로 팔리고 있으며, 분식집이나 야식집 등에서 취급하기도 한다. 중국집에도 우동이라는 메뉴가 있으나, 일본식 우동과는 차이가 있고 짬뽕에 가까운 음식이라 하겠다. 면을 제외한 기본 재료를 기름에 볶기 때문에 약간 기름지고 국물이 담백하지 않다. 해산물을 많이 넣은 것이 특징이며, 국물이 하얀 것을 제외하면 짬뽕과 큰 차이가 없다.

10.
짬뽕

전날 과음하였을 경우 먹게 되는 해장 음식 중에서 짬뽕을 빼놓을 수 없다. 빨간 국물에 얼큰하고 따뜻한 짬뽕 한 그릇이면 숙취가 다 해소되는 것과 같은 느낌을 갖게 된다. 이처럼 우리의 문화 속에 깊숙이 스며든 음식이지만 짬뽕은 우리 고유의 것이 아니라 한·중·일 3국의 음식문화가 혼합된 결과물이다. 짬뽕에는 음식물의 이름을 지칭하는 외에 '서로 다른 것을 섞는다'는 의미가 있으며, 그야말로 한·중·일 3국의 음식문화를 짬뽕한 것이 짬뽕의 정체이다.

짬뽕의 기원은 중국이며, 중국 요리가 일본으로 건너가 '잔폰(ちゃんぽん)'이 되었고, 다시 우리나라에 들어와 짬뽕이 되었다. 1997년 문화체육부에서 발행한 『국어순화용어자료집』에서는 '초마면(炒碼麵)'을 순화어로 쓸 것을 권하고 있으나, 초마면으로 사용하는 사람은 거의 없다. 짬뽕은 외국어라는 인식이

사라져 완전히 우리말이 되었으며, 이를 반영하여 표준어로 인정되었다.

우리말이 된 짬뽕의 두 가지 의미는 모두 일본어인 잔폰에서 온 것이며, 잔폰의 어원에 대해서는 일본 내에서도 여러 가지 설이 있다. 그러나 여러 가지를 섞는다는 의미가 먼저 생기고, 후에 생긴 중국 유래의 음식에도 이 말을 사용하게 되었다고 보는 데에는 이견이 별로 없다.

그 이유로 태평양전쟁 전인 1932년에 발행된『大言海』및 1935년의『辞苑』등의 사전에서는 면 요리로서의 잔폰은 실려 있지 않고, 전쟁 후인 1963년에 발행된『岩波国語辞典』에서 비로소 나타나기 때문이다. 일본에서 잔폰이란 음식은 전쟁 전에 탄생하였으나, 나가사키현(長崎県)을 중심으로 한 일부 지방에서만 유행하였고 전국적으로 보급되지는 않았기 때문에 사전에 실리지는 않은 것으로 보인다.

서로 다른 것을 섞는다는 의미의 잔폰은 에도시대(江戸時代: 1603~1868)에 만들어진 말로서, 원래는 징(鉦)을 치는 소리 '잔(チャン)'과 북(鼓)을 치는 소리 '폰(ポン)'에서 따와 두 악기의 합주(合奏)를 의미하던 것이었다. 처음에는 주로 화류계(花柳界)를 소재로 한 풍속 소설책인 샤레본(洒落本)에서 '섞는다'는 의미로 사용되었다가 점차 일반적으로 사용되면서 의미도 '두 개의 물

건을 섞는 것'에서 '여러 가지를 섞는 것'으로 변하였다.

음식 이름으로서의 잔폰에 대해서는 다음과 같은 여러 설이 있다. 첫째, 중국어로 '식사하다'란 의미인 '츠판(吃饭)'의 푸젠성(福建省) 사투리에서 비롯되었다. 둘째, 모토요시(本吉)라는 일본인이 운영하던 식당에서 시나우동을 잔폰이라고 이름 붙인 것이 시초이다. 셋째, '혼합한다'는 의미의 포르투갈어 또는 동남아시아어에서 유래되었다. 넷째, 중국인을 부르던 호칭 '잔(チャン)'과 일본인을 부르던 호칭 '폰(ポン)'이 합쳐진 말이다.

이 중에서 가장 많이 인용되고 정설로 받아들여지고 있는 것은 첫 번째인 츠판설이다. 이것은 1899년 나가사키(長崎)에서 개업한 '시카이로(四海樓)'라는 중화요리집을 기원으로 하고 있다. 시카이로의 창업주인 천핑쉰(陈平顺)은 중국 푸젠성(福建省) 출신으로 19세의 어린 나이에 나가사키로 건너와 행상을 하며 자금을 축적하여 식당을 열게 되었다.

당시는 청일전쟁이 일본의 승리로 끝난 직후였기 때문에 일본에 거주하던 중국 유학생이나 항구 노동자 등 화교들의 삶은 매우 어려웠다. 이에 천핑쉰은 가난한 그들의 주머니 사정을 고려하여 저렴하면서도 푸짐하고 영양가 풍부한 음식을 고려하게 되었다.

그 결과 국물에 면을 주로 하여 돼지고기, 버섯, 죽순, 파 등

을 넣는 '탕러우쓰미엔(汤肉丝面, tāngròusīmiàn)'이라는 푸젠성 요리를 응용하여 나가사키에 풍부한 해산물과 야채를 듬뿍 넣은 요리를 '중국식 우동'이란 의미인 '시나우동(支那うどん)'이란 이름으로 판매하기 시작하였다. 이 음식은 중국인뿐만 아니라 일본인에게도 인기가 있었다고 한다.

당시의 가난한 중국인들에게는 매일매일의 식사가 큰 관심사였고, 만났을 때의 인사로 서로 "밥은 먹었냐?"라고 묻곤 하였다. 천핑쉰 역시 자신의 식당을 찾는 중국인에게 "밥은 먹었냐?"라고 인사를 하였다. 중국어로 "밥은 먹었냐?"는 "吃饭了吗?"이며, 간단히 줄여서 "吃饭?"이라고도 한다.

중국 표준어인 보통어(普通語)로 '吃饭'의 발음은 '츠판(chīfàn)'이지만 푸젠성 사투리는 일본인이 듣기에 '샤폰(シャポン)' 또는 '셋폰(セッポン)'으로 들렸으며, 이것을 음식 이름으로 착각한 일본인들에 의해 메이지시대(明治時代: 1868~1912) 후반기부터 '잔폰(ちゃんぽん)'으로 불리게 되었다고 한다.

나가사키 사람들이 시나우동을 잔폰이라고 부르게 된 데에는 여러 가지 재료를 함께 넣고 끓이는 요리 방법이 '여러 가지를 섞는다'는 의미를 지닌 기존의 잔폰이란 단어를 연상시킨 이유도 있다고 추정된다. 또한 일본의 음식문화와 중국의 음식문화가 혼합된 요리라는 점도 잔폰이란 음식 이름이 만들어지게 되는 데 영향을 주었을 것이다.

천핑쉰이 음식점을 연 나가사키는 1571년 일본에 최초로 서양(포르투갈)의 상선이 입항한 도시이며, 쇄국정책을 펴던 에도시대에도 한정적이나마 무역이 허락되었고, 일본이 서양의 압력으로 쇄국정책을 풀고 1859년에 개항한 도시 중의 하나로서 외래문화를 흡수하여 나가사키만의 독자적인 문화로 발전시켰다. 잔폰 역시 이런 지역적인 특성을 배경으로 탄생하였다. 잔폰하면 나가사키잔폰을 떠올릴 정도로 나가사키는 잔폰의 본고장이다. 나가사키잔폰은 진한 육수에 고기, 어패류, 채소 등을 듬뿍 넣고 끓인 면 요리이며 쫄깃한 면발이 특징이다.

시나우동을 처음 판매한 시카이로는 지금도 영업하고 있으며, 그 2층에는 짬뽕박물관(ちゃんぽん博物館)이 있다. 또한《동양일출신문(東洋日の出新聞)》이란 신문의 1905년 12월 25일자에는 시카이로의 '시나우동(支那饂飩)'에 'ちゃんぽん'이라는 읽는 법(振り仮名)을 붙여서 소개하고 있어 시카이로가 잔폰의 원조라는 것을 뒷받침하고 있다.

두 번째는 일본의 인터넷 자료에서 종종 인용되는 것으로 「明治初年、長崎人である本吉某が、丸山にて支那うどんをちゃんぽんと名付けて開業したもので、ついにちゃんぽんは支那うどんの固有名詞となった」と文献に残されています"라는 내용이며, 아무런 추가

설명 없이 단순히 퍼 나른 자료도 많다.

그 내용을 번역하면 "1868년 나가사키에 사는 '모토요시(本吉)'라는 성(姓)을 가진 어떤(某) 사람이 마루야마(丸山)에서 시나우동을 잔폰이라고 이름 붙여 개업한 것으로서, 마침내 잔폰은 시나우동의 고유명사로 되었다」라고 문헌에 남아있다."이다. 그러나 이 주장을 뒷받침할 문헌이 무엇인지 확실하지 않다.

또한 이 주장에는 "「勝海舟が丸山でちゃんぽんを食べとても喜んだ」という逸話も残っている。"라는 것이 첨가되기도 한다. 그 내용은 "「가쓰가이슈(勝海舟)가 마루야마에서 잔폰을 먹고 매우 기뻐하였다」는 일화도 남아있다."라는 것이다. 여기서 가이슈(海舟)는 에도시대 말기에서 메이지시대 초기까지 활동한 무사(武士)이며 정치가이고, 백작(伯爵)까지 오른 가쓰야스요시(勝安芳)의 호(號)이며, 마루야마(丸山)는 나가사키에 있는 지명(地名)이다. 이 주장 역시 『가이슈일기(海舟日記)』 등 그에 대한 기록을 찾아보아도 관련 내용이 없다고 하며 신빙성이 떨어진다.

세 번째 '혼합한다'는 의미의 포르투갈어 또는 동남아시아어에서 유래되었다는 주장도 확실한 증거가 없다. 혼합한다는 의미의 단어는 잔폰의 외관을 보면 일리가 있는 말이나, 포르투갈어 사전을 보면 혼합한다는 의미를 갖는 단어 중에 잔폰과 발음이 비슷한 것이 없다. 또한 포르투갈 상선은 1571년부터 나가사키에 입항하였으나 1639년에 출입이 금지되었으며, 이 일은 아무리 적게 보아도 잔폰의 등장보다 200년 이상 앞선 것이어서 포르투갈어와 잔폰을 연결시키는 것은 생각하기 어렵다.

말레이어나 인도네시아어에 '혼합한다'는 의미를 가진 '짬뿌르(campur, チャンプル)'라는 단어가 있다. 또한 일본 오키나와(沖繩)의 요리에 두부와 야채를 함께 볶는 '잔푸루(ちゃんぷるう)'라는 것이 있으며, 짬뿌르가 어원(語源)일 가능성이 높다. 그러나 짬뿌르와 잔폰을 연결시키는 근거가 부족하며, 단지 발음이 비슷하여 민간에서 어원으로 추측하였을 가능성이 높다.

네 번째 주장 역시 신빙성이 낮다. 태평양전쟁 당시 주로 일본 군대에서 사용하다 일반인도 사용하게 된 '잔(ちゃん)'이란 단어는 중국을 의미하였다. 예로서 잔고로(ちゃんころ)는 중국인, 잔후쿠(ちゃん服)는 중국 옷, 잔료(ちゃん料)는 중화요리를 뜻한다. 잔(ちゃん)은 중국을 얕잡아 부를 때 쓰는 호칭이었으며, 현재는 거의 사용되지 않는다. 일본(日本)은 일본어로 니혼(にほん) 또는 닛폰(にっぽん)으로 읽으므로 일본인을 줄여서 '폰(ポン)'이라고 하였을 수도 있다.

그러나 '잔(チャン)'과 '폰(ポン)'이 각각 중국인과 일본인을 부르는 호칭이었다고 하여도 이것이 음식인 잔폰과 어떻게 관련이 있는지에 대한 설명이 부족하다. 두 단어를 합쳐서 잔폰이라고 부르게 되었다는 것도 상식에 맞지 않는다. 우리의 경우 두 나라를 열거할 때에는 한국을 앞에 두는 것이 보통이다. 이는 일본도 마찬가지로 우리가 청일전쟁(淸日戰爭)이라 부르는 것을 일본에서는 일청전쟁(日淸戰爭)이라고 부른다. 이런 상식에 비추어 두 단어를 조합하였다면 '잔폰(ちゃんぽん)'이 아니라 '폰잔(ぽんちゃん)'이 자연스럽다.

　일본 음식인 잔폰은 20세기 초 한일합방을 전후하여 다른 일본 문물과 함께 우리나라에 전해지면서 짬뽕이라고 부르게 되었다. 앞에서 'ちゃんぽん'의 발음을 '잔폰'이라고 써온 것은 국립국어원의 일본어 한글표기법에 따른 것이고, 원래 일본어 'ちゃんぽん'의 실제 발음은 '잔폰'보다는 '쨤퐁'에 가까우며, 이것이 발음이 변하여 짬뽕이 된 것이다.

　우리나라 짬뽕의 유래가 일본이 아니라 중국에서 직접 전해진 것이라고 주장하는 사람들도 있다. 이들의 견해에 따르면, 짬뽕은 짜장면과 마찬가지로 산동성(山東省) 출신의 중국인들이 많이 거주하던 인천에서 중국의 면 요리를 한국인들의 식성에 맞도록 매운맛을 더하여 발전시켰다는 것이다. 그러나 이들은 짬뽕이라는 이름의 유래에 대해 적절한 설명을 내놓지 못하고 있어 신빙성이 떨어진다.

　한국의 짬뽕은 일본의 잔폰이 희고 순한 맛을 내는 것에 비하여 국물이 붉고, 맛이 맵고 얼큰하다는 점이 특징이다. 그러나 짬뽕도 처음부터 붉고 매운맛을 내는 것은 아니었으며, 1960년대까지만 하여도 희고 순한 맛을 내는 일본식 짬뽕이 대부분이었다고 한다. 1970년대부터 고춧가루와 고추기름을 사용하기 시작하였으며, 이것이 한국인의 기호에 맞아 짬뽕의 주류를 이루게 되었다. 지금은 원래의 희고 순한 맛을 내는 짬뽕은 '흰 짬뽕' 또는 '나가사키짬뽕'이라고 불린다.

중국집의 3대 면요리라고 하면 짜장면, 짬뽕, 우동이라 하겠다. 짜장면은 예나 지금이나 부동의 1위를 지키고 있으나, 짬뽕과 우동은 입장이 바뀌었다. 1990년대까지만 하여도 짬뽕보다는 우동이 많이 팔렸으며, 그 이유로는 우동은 짜장면과 가격이 같았기 때문에 단체로 주문할 때에도 선택하기 쉬웠으나 짬뽕은 상대적으로 가격이 비싸서 눈치를 보아 가며 주문해야 했던 것이 큰 영향이 있었다.

그러나 1995년에 농심의 '생생우동'이 출시되고, 1999년에는 동원산업에서 '라우동'을 내는 등 1990년대 후반부터 통통한 면발의 일본식 우동이 유행하면서 우동 체인점도 생기기 시작하였다. 이에 따라 중국집에서 우동은 점차 인기를 잃고 짬뽕이 많이 팔리게 되었다.

짬뽕이 주목을 받자 짬뽕을 전문으로 하는 중국집도 점점 늘어나고 있으며 삼선짬뽕, 고추짬뽕, 굴짬뽕 등 짬뽕의 종류도 다양해지고 있다. 이뿐 아니라 국물이 거의 없는 볶음 짬뽕, 여름철 시원하게 먹는 냉짬뽕, 짬뽕과 짜장면이 같이 나오는 짬짜면, 짬뽕에 밥이 같이 나오는 짬뽕밥 등 짬뽕을 응용한 요리도 선보이는 등 앞으로도 짬뽕은 계속 변화하며 발전할 것으로 보인다.

11.
라면

   우리의 일상생활에서 '제2의 식량'이라고 불리며 쌀 다음으로 식사에 자주 이용되는 라면은 상대적으로 저렴한 가격 때문에 가난한 서민들이 애용하는 식품이다. 아무리 요리를 못하는 사람도 "나도 라면은 끓일 수 있어"라고 말할 수 있을 정도로 손쉽게 조리할 수 있기 때문에 남녀노소 누구나 즐겨 먹는 식품이다.

   라면의 기원은 중국의 면 요리이며, 이것이 일본으로 건너가 일본 음식으로 현지화한 것이다. 마치 중국의 면 요리에 기원을 두고 있으나 완전히 한국화한 짜장면의 경우와 같다. 우리나라를 비롯하여 일본 이외의 나라에서 라면은 면을 익힌 후 기름에 튀기거나 건조시켜 보존성을 향상시킨 후 수프(soup)를 첨가하여 함께 포장한 즉석식품을 의미한다. 일본에서는 현재 우리나라에서 사용하고 있는 의미의 라면도 판매되고 있으나,

라면 전문점에서 판매하고 있는 라면은 거의 모두 생면(生麵)으로 요리한 것이다.

일본 라면의 기원은 1850년대 말 일본의 개항과 함께 형성되기 시작한 차이나타운에서 일본인의 취향에 맞춘 중국식 면 요리가 개발되면서 시작된 것으로 보고 있다. 이렇게 시작된 라면은 돼지 뼈, 닭고기, 야채, 멸치 등으로 우려낸 국물에 양념을 하여 중국식 면과 함께 먹는 것이 일반적이다.

처음에는 '시나소바(支那そば)' 또는 '주카소바(中華そば)' 등으로 불렸으며, 때로는 그냥 소바(そば)라고도 불렸다. 시나(支那)와 주카(中華)는 모두 중국을 의미한다. 오늘날에도 지방의 노인들 중에는 라면을 소바라고 부르는 사람이 있고, 라면 전문 식당의 메뉴 중에 '○○そば'라는 품목이 들어있는 곳이 있다. 원래 소바는 일본 전통 면 요리로서 메밀국수를 의미한다.

라면이란 명칭은 20세기 초부터 사용되기 시작하였으며, 1958년 현대적 의미의 즉석식품인 라면이 생산되면서 그 명칭이 일반화되었다. 라면이란 명칭의 유래에 대하여는 일본 내에서도 확실한 것이 없고 대개 중국어인 '好了', '拉麵', '柳麵', '老麵' 등에 어원이 있다는 네 가지 설이 있다.

넷 모두 '면(麵)'에 대하여는 이견이 없으며, 앞의 '라'의 어원을 다르게 설명한다. '麵'은 중국어로는 '미엔(miàn)'이라고 발음하

며, 일본어에선 '멘(メン)'이라고 발음하고, 우리나라에서는 '면'이라고 한다. 따라서 일본의 '라멘(ラーメン)'이 우리나라에서는 '라면'이라고 불리게 되었다.

첫 번째 설은 일본 홋카이도대학(北海道大學) 정문 앞에 있었으며, 홋카이도의 명물인 '삿포로라면(札幌ラーメン)'의 원조인 '다케야식당(竹家食堂)'에서 시작되었다는 것이다. 그 식당의 음식 중에서 돼지고기, 닭뼈, 해산물, 야채 등으로 국물을 낸 것에 중국식 면과 가늘게 썬 돼지고기를 넣은 '로스미엔(肉絲麵)'이란 요리가 인기가 있었다. 그런데, 일본 손님들이 이 음식을 주문할 때 로스미엔이란 이름 대신 '잔코로소바(チャンコロそば)'라고 부르곤 하였다.

'잔코로(チャンコロ)'란 '조센징(朝鮮人, ちょうせんじん)'이 한국인을 낮추어 부르는 명칭이듯이 당시 일본인이 중국인을 얕잡아 부를 때 쓰는 호칭이었다. 홋가이도대학에는 많은 중국학생들이 유학을 하고 있었으므로 식당 여주인은 유학생들을 배려하여 음식에 적당한 이름을 붙여주기로 결심하게 되었다.

식당의 요리사인 왕문채(王文彩)는 '음식이 다 되었다'는 의미로 항상 "하오라(好了, ハオラー)"라고 외쳤으며, 식당의 여주인은 여기서 영감을 얻어 뒤의 음절 '라(ラー)'를 따와 '라멘(ラー麵)'이라고 하였다는 것이다. 중국어 '好了(hǎo le)'의 뒤 음절 '了(le)'의 정확한 발음은 '라(ラー)'보다는 '르'나 '러'에 가깝지만, 일본어에는 '르'나 '러'에 해당하는 발음이 없으므로 일본인이 듣기에는 '라(ラー)'로 들렸을 수도 있었을 것이다. 그 후 이 음식의 평판과 함께 '라면(ラーメン)'이란 이름을 삿포로(札幌) 시내의 다른 식당에서도 사용하게 되었고, 점차 전국으로 퍼져나가게 되었다는 것이다. 이것은 1920년대의 일이라고 한다.

두 번째 설은 납면(拉麵)이 변하여 라멘이 되었다는 것이다. 납면이란 국수를 만들 때 밀가루 반죽을 손으로 늘려서 1줄→2줄 → 4줄 → 8줄… 등으로 빼는 제법 또는 그렇게 하여 만든 국수를 의미한다. 이 납면의 중국어 발음은 '라미엔(lāmiàn)'이며 일본어 표기로는 'ラーミェン'이다. 이것이 변하여 '라멘(ラーメン)'이 되었다는 것이다.

그러나 일본에서 라면이 처음 나왔을 때에는 시나소바 또는 주카소바로 불려졌으며 납면(ラーミェン)이라는 호칭은 없었다. 따라서 납면에서 유래되었다고 보기는 어렵고 오히려 라면이 일반화된 이후에 중국어로 표기하는 과정에서 나타난 한자라고 추측된다.

세 번째 설은 류면(柳麵)이 광동어(廣東語)로는 '면발이 가는 면'이란 의미라고 하며, 류면의 광동식 발음인 '라오민(ラオミン)'에서 유래되었다는 것이다. 또는 다이쇼시대(大正時代:

1912~1926)에 도쿄의 아사쿠사(浅草)에 있던 주카소바 식당의 상호였던 '柳麵(ラオミン)'이 변하여 라멘이 되었다고도 한다.

네 번째 설인 로면(老麵)은 '훌륭한 면'이라는 의미가 있다고 하며, 일부 일본 인터넷사전에서는 라멘의 한자표기를 '老麵'이라고 설명하고 있다. 그러나 다른 인터넷사전에서는 '老麵'은 단지 라멘과 발음이 비슷한 한자를 따왔을 뿐이라고 설명하기도 한다.

납면과 류면에 대하여는 첫 번째 주장의 다케야식당과 연관하여 설명하는 인터넷 자료도 있다. 그에 따르면 여주인이 이름을 바꾸기로 결심하고 처음에는 로스미엔 대신 '류우멘(柳麵, リュウメン)'이라고 하였다. 그 이유는 식당 정원에 버드나무(柳)가 있었고, 면의 모양이 버드나무와 비슷하였기 때문이다.

그러나 류우멘은 발음이 어려워 여전히 잔코로소바라고 부르는 손님이 많았다. 따라서 여주인은 류우멘 대신에 요리사가 면을 제조하는 방법에 착안하여 납면(拉麵)이라는 이름으로 바꾸었다가, 다시 요리사가 항상 '하오라(ハオラー)'라고 외쳤으므로 라멘(ラーメン)이라고 고쳤다는 것이다.

이상을 종합하여 보면 가장 신빙성이 있는 것은 첫 번째의 주장이다. 우선 일본에서 라멘이란 단어가 등장하는 것이 1920년대부터이며, 일반적으로 라면은 가타카나(カタカナ)로 'ラーメ

ン'이라고 표기하고 한자로는 표기하지 않는다는 점이 그것을
뒷받침한다. 일본어에서 가타카나는 외국어, 의성어 및 의태어,
또는 강조할 때에 사용한다.

만일 拉麵, 柳麵, 老麵 등에서 유래되었다면 한자표기가 그
대로 유지되었거나 히라가나(ひらがな)로 'らあめん' 또는 'らめん'
으로 표기하는 것이 일반적이었을 것이다. 일부에서 라면을 히
라가나로 'らーめん'이라고 표기하기도 하나, 히라가나에 장음부
호(ー)를 사용하는 것은 일본어 문법에 맞지 않는 표기법이다.

처음에는 시나소바 또는 주카소바로 더 알려져 있던 라면이
'ラーメン'으로 명칭이 일반화된 것은 즉석식품의 영향도 크다.
일본에서 즉석식품인 라면이 처음 생산된 것은 1958년 8월 닛
신식품(日淸食品)의 '치킨라면(チキンラーメン)'이다. 창업자인 안
도 모모후쿠(安藤百福)는 상품 이름에 'ラーメン'이란 표기를 하
였으며, 이 상품이 발매되면서 전국적으로 'ラーメン'이란 이름
이 전파되게 되었다.

닛신식품에서 처음 생산한 치킨라면은 면 자체에 양념을 가
한 것으로서 쉽게 변질되는 단점이 있었다. 이를 개선하여 현재
와 같이 수프를 분말화하여 별첨한 형태의 라면이 생산된 것은
1962년 묘조식품(明星食品)에 의해서였다. 조리를 해야만 먹을
수 있는 봉지면과 달리 뜨거운 물만 부으면 바로 먹을 수 있는

용기면이 처음 생산된 것은 1971년 닛신식품에 의해서이다.

우리나라에서는 삼양식품(三養食品)의 전신인 삼양식품공업(三養食品工業)이 묘조식품과 기술제휴하여 1963년 9월 라면을 처음 생산하였으며, 2년 후인 1965년에 농심(農心)의 전신인 롯데공업에서 라면을 생산하면서 국내 라면 시장이 활성화되기 시작하였다. 1989년의 우지사건(牛脂事件)으로 인하여 위기를 맞기도 하였으나, 1997년의 외환위기는 라면의 수요가 증가하게 되는 계기가 되기도 하였다.

최근에는 소비자의 기호가 고급화됨에 따라 그 요구에 맞추어 제품의 다양화가 모색되고 있다. 가장 뚜렷한 변화는 기존의 기름에 튀긴 유탕면(油湯麵) 대신에 생면(生麵)이 등장하였다는 것이다. 생면은 면발을 익힌 후 건조시킨 건면(乾麵), 냉동시킨 냉동면(冷凍麵), 가열살균 등의 처리를 하여 보존성을 향상시킨 개량생면 등이 있다.

생면은 유탕면에 비하여 지방의 함량이 적기 때문에 칼로리가 낮은 장점이 있으나, 가격이 비싼 단점이 있다. 이 외에도 칼슘, 비타민, DHA, 클로렐라 등을 첨가하여 기능성을 강화하거나, 나트륨의 함량을 줄인 제품 등도 개발되어 소비자의 선택의 폭이 넓어졌다. 그러나 여전히 종래의 유탕면이 약 70%를 차지하여 주종을 이루고 있다.

12.
짜장면

우리나라에서 외식산업이 본격적으로 발달하기 시작한 1980년대 이전에는 외식의 대표적인 메뉴가 짜장면이었으며, 특히 입학이나 졸업 및 이사 가는 날 등에는 거의 모두 짜장면을 먹었다. 요즘은 예전처럼 외식으로 짜장면을 찾는 일이 드물고, 청소년들이 좋아하는 음식에서도 피자나 닭튀김 등에게 우선순위를 내주었으나, 아직까지도 서민들이 한 끼를 해결할 때 가장 즐기는 음식으로서 사랑받고 있다.

짜장면은 중국에서 유래된 요리이며, 원래는 중국 북부지방의 서민 음식으로 지역마다 약간씩 차이가 있고, 특히 베이징(北京)의 짜장면이 유명하다. 그러나 화교에 의해 소개된 짜장면은 우리나라에서 토착화하면서 한국식으로 변하였고, 오늘날 우리가 즐기고 있는 한국식 짜장면은 중국식 짜장면과 크게 차이가 있어 전혀 다른 음식으로 취급해야 할 정도이다.

중국 짜장면과 한국 짜장면의 가장 큰 차이는 우선 첨가하는 장(醬)의 색깔이다. 중국 짜장면에는 우리의 된장과 비슷한 색깔의 갈색 장이 사용되는데, 한국 짜장면은 춘장(春醬)이라는 검은색 장이 사용된다. 맛도 중국의 장은 단맛이 약하고 짠맛이 강한 편인데 비하여 한국의 춘장은 단맛이 강하다. 또한 한국 짜장면은 고기를 비롯하여 양파, 감자 등 야채를 풍부하게 넣어 장 이외에는 약간의 야채를 넣었을 뿐인 중국 짜장면과는 차이가 있다.

짜장면의 원조가 중국이냐 한국이냐 하는 논란은 있으나, 한국식 짜장면이 인천에서 시작되었다는 데에는 이견이 없다. 1883년 인천의 개항과 함께 중국(淸)의 조계(租界: 치외법권 지역)가 설치되고 중국인들이 거주하기 시작하였으며, 인천시 중구 선린동과 북성동 일대의 차이나타운은 현재에도 '청관(淸館) 거리'로 불린다.

청의 조계를 중심으로 무역이 성행하며 많은 중국인들이 모여들기 시작하자 그들과 함께 중국의 음식도 들어오게 되었으며, 그중 하나가 짜장면이다. 당시 인천에 이주한 중국인은 지리적 여건상 산둥(山東)지방 출신이 많았고, 짜장면 역시 비교적 달콤한 첨면장(甛麵醬)이란 산둥식 장을 사용하였다.

인천에 거주하던 중국인들이 만들어 먹던 짜장면을 정식으로 판매하기 시작한 것은 1905년 '공화춘(共和春)'이란 음식점에 의해서였다. 인천시 차이나타운에서는 2005년 짜장면 탄생 100주년 기념행사를 대대적으로 진행하였으며, 이는 공화춘에서 짜장면을 판매하기 시작한 것을 기점으로 계산한 것이다.

공화춘은 원래 화교 우희광(于希光)이 1905년 '산동회관(山東會館)'이란 이름으로 식사와 숙박을 겸한 숙식업소로 시작하였으며, 1912년에 아시아 최초의 공화국인 중화민국(中華民國)의 수립을 기념하여 이름을 변경한 것이다. 공화춘이란 '공화국(共和國) 원년(元年)의 봄(春)' 또는 '공화국(共和國)에 봄(春)이 왔다'는 뜻이다.

우희광이 설립한 공화춘은 수십 년 동안 가장 유명한 중국요리 전문점으로 명성을 날렸으나 현재는 폐업한 상태이며, 그 건물만 남아있다. 공화춘은 2층 건물로서 청나라 조계지의 건물 특성을 잘 보여주고 있어 2006년 문화재청에 의해 근대문화재 제246호로 등록되었다. 공화춘은 주변의 근대 건축물과 연계하여 '짜장면박물관', '근대건축전시관' 등 테마박물관으로 사용되고 있다.

우희광 및 그의 후손은 수십 년 동안 공화춘을 운영하였어도 상표등록을 하지 않았으며, 오늘날 공화춘이란 상호나 상표를 사용하는 짜장면은 모두 옛 공화춘의 명성을 차용한 것이다.

현재 인천 차이나타운에 있는 '공화춘'이란 중국집도 원래의 공화춘이나 우희광과는 아무 관련이 없다.

공화춘에서 1905년부터 짜장면을 판매하였다고 하나 이때의 짜장면은 중국식 짜장면으로서 오늘날의 한국식 짜장면이 나타난 것은 한참 후의 일이다. 1910년 한일합방 이후 외국인 조계지는 모두 폐쇄되었고, 1937년 중일전쟁이 일어나면서 인천 차이나타운의 상권은 완전히 마비되고 화교들은 대부분 떠나갔다.

일제강점기를 지나 1948년 대한민국 정부가 수립된 후에도 각종 제도적 제한 및 차별대우로 인하여 화교사회는 더욱 쇠퇴하게 되었다. 한국 내에 거주하는 화교의 수가 줄어들게 되자 이를 계기로 중국식 짜장면 대신에 한국인의 입맛을 겨냥한 한국식 짜장면이 나타나기 시작하였다.

6·25 전쟁의 발발과 중공군의 전쟁 참여로 인하여 한국 내 화교의 입지는 더욱 좁아졌으며, 직업을 얻기 어려운 신분상의 제약 때문에 화교의 대부분은 음식점을 열어 생계를 유지하게 되었다. 당시 한국 내에 남아있던 화교의 숫자는 매우 적었기 때문에 짜장면은 한국인을 대상으로 판매한 수밖에 없었다.

공화춘 창업자인 우희광의 외손녀이며 현재도 '신승반점(新勝飯店)'이라는 중국집을 운영 중인 왕애주(王愛珠)가 한 언론과의 인터뷰에서 증언한 바에 의하면 전통 중국식 짜장면을 판매하던 공화춘에서 양도 많고 빨리 만들 수 있도록 양파와 고기를 넣고 춘장을 좀더 묽게 만들어 한국인을 겨냥한 저렴한 짜장면을 판매하게 된 것도 6·25 전쟁 이후의 일이라고 한다.

한국인의 입맛에 맞추기 위해 중국음식의 특징인 과다한 기름과 특유의 향신료가 줄어들고, 양파를 듬뿍 넣어 단맛을 강화하였으며, 감자나 당근이 새로운 재료로 사용되었다. 그러나 한국식 짜장면의 가장 큰 특징은 캐러멜(caramel) 색소를 사용하여 검은색을 띠는 춘장을 사용한다는 점이다.

춘장은 우리나라에만 있고 중국에는 없는 장이다. 춘장의 어원에 대하여는 첨면장(䒱麵醬)에서 유래되었다는 설과 총장(蔥醬)에서 유래되었다는 설이 있다. 첨면장은 산둥지방에서 주로 담가먹던 장으로 콩과 함께 밀가루를 많이 사용하여 맛이 단 것이 특징이고, 첨장(䒱醬) 또는 면장(麵醬)으로도 불렸으며, 첨장이 변하여 춘장이 되었다는 것이다. 총장은 중국에서 파(蔥)를 찍어먹던 장이었으며, 총(蔥)의 중국식 발음인 '충(cōng)'이 변하여 춘장이 되었다는 것이다. 우리나라 중국집에서 양파와 춘장을 제공하는 것도 중국에서 파와 총장을 제공하는 것과 유사하다.

춘장(春醬)의 '춘(春)'자에 주목하여 '공화춘(共和春)에서 사용하는 장'이란 의미로 춘장이 사용되었다고 공화춘과의 연관성을 추정하여 볼 수도 있다. 공화춘 주방장의 아들이며 현재 '태화원(太和園)'이라는 중국집을 운영하고 있는 인천화교협회 손덕준(孫德俊) 회장에 의하면, 보통 장은 황색이나 그가 경영하는 식당에서는 1년 이상 숙성시켜 검은색으로 변한 전통적 춘장을 사용한다고 한다.

이로 미루어 공화춘에서 사용하던 장도 1년 이상 숙성시킨 검은색이었을 것으로 짐작된다. 공화춘에서 자신들이 사용하는 장을 춘장이라 불렀거나, 공화춘과 관련 있는 사람들이 공화춘식의 장이라 하여 춘장이라고 하였을 가능성이 있다. 공화춘은 당시에나 지금이나 짜장면의 원조로서의 명성이 있으며, 다른 중국음식점에서도 중국식 누런색 장과 구분하여 공화춘식의 검은색 장을 춘장이라 부르게 되었을 수도 있다.

캐러멜색소를 사용한 최초의 춘장은 1948년 화교 왕송산(王松山)이 세운 용화장유(龍華醬油)에서 제조되었다. 용화장유는 영화식품(永華食品)의 전신이며, 영화식품은 지금도 춘장 시장에서 시장점유율 80~90%를 차지하고 있다. 짜장면을 판매하는 중국집에서 영화식품의 '사자표춘장'은 춘장의 대명사처럼 사용된다.

왕송산은 중국식 장의 짠맛이 한국인의 입맛에 맞지 않는다고 생각하여 단맛을 강화하고 캐러멜색소를 첨가하여 춘장을 개발하였다. 당시 중국음식점 주방장 사이엔 "좋은 춘장은 오랜 시간 발효·숙성시켜 검은색을 띤다"는 인식이 있었으며, 공장 제품을 1년 이상 숙성시키기에는 경제성이 없었으므로 단기간에 제조할 필요가 있었고, 이에 대한 해결책으로 캐러멜색소를 사용하게 된 것이다.

짜장면의 표준어는 '자장면'이었으나, 대부분의 사람들이 '짜장면'으로 사용하고 있는 현실을 반영하여 국립국어원에서 2011년에 자장면과 짜장면을 모두 표준어로 인정하였다. 어원은 중국어 작장면(炸醬麵)에서 온 것이다. '炸醬麵'의 중국어 발음은 '자쟝미엔(zhá jiàng miàn)'이며, 'zhá'의 정확한 발음은 '자'와 '짜'의 중간쯤 된다.

짜장면이 100여 년 전에 처음 인천에 들어왔을 때, 산둥 사람들이 주류를 이루었던 당시 화교들의 발음은 우리나라 사람들의 귀에는 '짜'로 들렸으며, 따라서 처음부터 짜장면으로 불리던 명칭이 자장면으로 바뀌게 된 것은 1980년대의 된소리 억제 정책 때문이었다. 당시 한국어의 된소리화 경향이 언어순화에 역행된다고 하여 가능한 한 된소리를 사용하지 않는 방향으로 정책을 폈으며, 된소리인 짜장면 대신에 자장면이 표준어로 채택된 것이다.

인터넷 등에서는 "작장면(炸醬麵)에서 '작(炸)'은 '볶다'는 의미로 짜장면은 장을 볶아서 만든 면 요리이다"라고 설명하고 있는 글이 많이 있으나 이는 틀린 내용이다. 짜장면이 춘장을 야채 등과 함께 볶아서 면에 비벼먹는 요리임에는 틀림이 없으나, 중국요리에서 작(炸)은 '볶다'는 의미가 아니라 '튀기다'는 의미이다. 중국의 작장면에서 튀긴다는 뜻의 작(炸)이 사용된 이유는 작장면에 사용할 장을 준비할 때 장 자체의 떫은맛을 제거하고 감칠맛을 내기 위하여 기름에 튀겨서 전처리를 하기 때문이다.

짜장면의 어원으로 '작장면(酢醬麵)' 또는 '초장면(炒醬麵)'이 거론되기도 하나 모두 잘못된 주장이다. 우선 '酢'은 '炸'과 우리말 발음이 같은 한자이기는 하나, 그 뜻은 '술잔을 돌리다'는 것으로 짜장면과 전혀 어울리지 않으며, 중국어 발음도 '주어(zuò)'로서 짜장면과는 거리가 멀다. 참고로, 식초란 의미로 사용될 경우의 '酢'는 우리말에서는 '초', 중국어에서는 '츄(cù)'로 발음된다.

중국에 초장면이란 요리는 없으며, 중국의 서민 음식으로 국수를 기름에 볶은 요리인 '차오미엔(炒面/炒麵, chǎomiàn)'은 있으나, 이는 면 자체를 볶는 것이어서 짜장면과는 다른 요리이다. 중국요리에서 초(炒)는 '볶다'라는 뜻이지만 그 발음은 '차오(chǎo)'로서 짜장면의 어원으로서는 어색하고, 오히려 '볶아서 만든 면요리'라는 데 착안하여 역으로 붙인 이름으로 보인다.

짜장면은 중국에서 유래된 것이지만, 한국식 짜장면은 한국 인뿐만 아니라 세계인이 좋아하는 면 요리로 자리잡아가고 있다. 2003년에서 2004년까지 MBC에서 방영하였던 장편드라마 '대장금(大長今)'의 여파로 중국에서도 한국 요리의 붐이 형성되고 있으며, 한국식 짜장면 역시 아주 맛있는 한국음식으로 취급되고 있다. 중국에서 건너온 짜장면이 한국 고유의 음식이 되어 중국으로 역수출되고 있는 것이다.

시중에서 일반적으로 팔리고 있는 짜장면의 종류는 다음과 같다. 흔히 면(麵)은 생략하고 '짜장'이라고 줄여서 부른다.

■ 옛날짜장: 일반적으로 짜장면이라고 부르는 가장 흔한 종류이다. 양파, 양배추, 감자 등의 야채를 큼직큼직하게 썰어 넣고 물과 전분을 첨가하여 춘장의 맛을 연하게 만든 짜장면을 말한다.

■ 간(乾)짜장: 춘장에 물과 전분을 넣지 않고 그냥 기름에 볶기만 하면 간짜장이 된다. 물을 넣지 않았기 때문에 '마를 간(乾)'자를 써서 간짜장이라 한다. 보통 짜장보다 조금 더 기름지고 짠 편이며, 짜장과 면이 따로 제공되는 것이 특징이다.

■ 삼선(三仙)짜장: 새우, 오징어, 해삼 등 3가지 해산물이 들어있는 고급 짜장면으로서 '해물짜장'이라고도 한다. 원래 중국 요리에서 삼선(三仙)이란 삼선(三鮮)이라고도 하며 왕새우, 해삼, 전복을 의미하는 것이나 값비싼 전복 대신에 오징어가 사용된 것이다.

■ 유슬(肉絲)짜장: 돼지고기를 비롯하여 각종 채소류를 길쭉길쭉하게 썰어 넣어서 짜장을 남기지 않고 먹을 수 있도록 한 것이며, 보통 납작한 접시에 나온다.

■ 유니(肉泥)짜장: 유슬짜장이 원료를 실(絲)처럼 가늘고 길게 써는데 비하여 유니짜장은 잘게 다져서 넣는다. 원래 니(泥)는 '진흙'이란 뜻이지만 요리에서는 '갈거나 다지는 것'을 의미한다.

■ 사천(四川)짜장: 쓰촨(四川)은 중국의 양쯔강(揚子江) 상류 지방을 말하며, 이 지방 요리는 매운 것이 특징이다. 사천짜장은 고추기름을 첨가하여 맵게 한 것을 말한다.

13.
설렁탕

　서울의 대표 음식이라고 할 수 있는 설렁탕은 오랫동안 서민들의 사랑을 받아왔으며, 직장인들이 즐겨 찾는 점심메뉴 중의 하나이다. 설렁탕은 뚝배기에 밥을 담고 미리 끓여 두었던 국물을 부어서 내는 음식이라 주문하면 바로 먹을 수 있어 오늘날의 패스트푸드가 갖고 있는 장점이 있으며, 든든한 한 끼 식사로 손색이 없다. 일반 가정집에서 요리하기에는 부담스러우며, 비교적 저렴한 가격이어서 부담 없이 사먹을 수 있는 음식이기도 하다.

　식당에 따라서 다르지만, 처음부터 밥을 말아서 내놓기도 하고 밥을 별도로 제공하기도 하며, 삶은 소면을 같이 넣기도 한다. 원래 설렁탕에는 소면을 넣지 않았으나, 1970년대 만성적인 쌀 부족 현상 때문에 혼·분식장려운동을 하던 시절에 비교적 가격이 싼 소면을 넣게 되었다고 한다. 파를 듬뿍 넣고 소금으로 간을 한 후 깍두기를 곁들여 먹으면 그 맛이 일품이다.

설렁탕은 고기, 뼈, 내장, 머리 등 소의 여러 부위를 함께 넣고 오랜 시간 고아내서 만드는 음식이다. 10시간 정도 가열하면 고기와 뼛속에 있는 성분이 흘러나와 국물이 유백색을 띠게 되며, 소고기 특유의 단맛과 감칠맛이 나게 된다. 예전에는 소의 온갖 부위를 다 넣고 끓였으나 요즘에는 소머리와 내장 등은 누린내가 난다 하여 빼고 끓이는 것이 보통이다. 뼈는 여러 부위의 뼈를 모두 사용하며, 뼈를 푹 곤 국물에 고기가 들어가는 것이 요즘의 설렁탕이다. 고기는 비싼 구이용 빼고는 여러 부위가 다 들어가나 주로 양지가 이용된다.

곰국 또는 곰탕이란 음식은 뼈나 고기 등을 오래 끓여서 진액을 추출하는 방식의 국이다. 그냥 곰탕이라고 할 때에는 소를 원료로 하였을 경우이고, 다른 소재를 원료로 하였을 경우에는 닭곰탕과 같이 그 원료의 명칭을 붙이게 된다. 소의 고기와 뼈를 고아서 국물을 낸다는 점에서 곰탕과 설렁탕은 매우 유사하다.

그 차이점은 곰탕은 고기를 주로 하여 맑은 국물이 되고, 설렁탕은 뼈를 주로 하여 뽀얀 국물이 된다는 것이다. 뼈를 곤 것 중에서도 사골을 곤 사골곰탕이나 도가니를 곤 도가니탕은 고급 음식이고, 설렁탕은 주로 잡뼈를 곤 서민 음식이다. 설렁탕과 곰탕을 엄밀히 구분하기는 어려우며, 설렁탕은 서울지방에서 특화된 곰탕의 일종으로 볼 수 있다.

19세기 말에 작성된 『시의전서』에서는 '고음(膏飮)'이란 음식에 대해 "다리뼈, 사태, 도가니, 홀떼기, 꼬리, 양, 곤자소니, 전복, 해삼을 큰 솥에 물을 많이 붓고 넣어 약한 불에 푹 고아야 맛이 진하고 뽀얗다"고 설명하였다. 전복과 해삼을 넣은 것을 제외하면 오늘날의 곰탕과 다를 것이 없다. 고음(膏飮)을 '기름을 마신다'는 뜻으로 풀이하는 사람도 있으나, 우리말 고음을 비슷한 발음이 나는 한자로 표기하였다고 보는 것이 옳을 것이다. 고음의 준말이 곰이며, 여기에 국이나 탕이 합쳐진 말이 곰국과 곰탕이다.

설렁탕이 언급된 가장 오래된 기록은 1809년에 쓰인 『규합총서(閨閤叢書)』이며, '셜넝탕'이란 이름으로 나온다. 이 책에서는 설렁탕을 충청북도 충주 의금부(義禁府) 앞의 명물로 소개하고 있다. 지금은 서울의 음식으로 여겨지고 있으나 그 당시 이미 서울 이외의 지역에서도 설렁탕이 있었음을 보여준다.

셜넝탕이란 단어는 캐나다 태생의 선교사이며 한국YMCA의 초대 회장이기도 한 게일(James S. Gale)이 1897년에 발간한 『한영자전(韓英字典)』에도 나오며, "A stew of beef intestines(소의 내장으로 끓인 국)"으로 풀이하고 있다. 설렁탕은 1950년대까지도 설렁탕, 셜렁탕, 셜넝탕, 셜넝탕, 설녕탕, 설농탕(雪濃湯), 설농탕 (設農湯) 등의 표기가 함께 사용되었으나, 지금은 대부분 설렁 탕으로 사용하고 있으며 이를 반영하여 설렁탕이 표준어로 되 어있다.

설렁탕의 유래에 대해서는 다양한 주장이 있다. 가장 많이 알려진 것은 조선시대 선농단(先農壇)에서 왕이 직접 그해의 풍 년을 기원하는 제사를 지낸 후, 소를 잡아 국을 끓여서 여러 사람에게 골고루 나누어 준 음식에서 선농탕(先農湯)이란 이름 이 생겼으며, 이것이 '선농탕 → 설농탕 → 설롱탕 → 설렁탕'으 로 변했다는 것이다. 이 이야기는 1937년 10월 22일자 《매일신 보》에 처음으로 소개되었으나, 어느 자료에 근거하였는지는 밝 히고 있지 않다.

선농단은 서울시 지방유형문화제 제15호로서 동대문구 제기 동에 있으며, 조선시대에는 태조(太祖)부터 마지막 임금인 순종 (純宗)까지 매년 이곳에서 농업의 신인 신농(神農)과 후직(后稷) 에게 그 해의 풍년을 기원하였다. 제사 후에는 왕이 친히 밭을 갈아 농사의 소중함을 만백성에게 알리는 행사도 하였다.

선농단 유래설에는 "세종대왕이 직접 논을 경작하는 시범을 보일 때 갑자기 심한 비바람이 몰아쳐 친경(親耕)을 멈추고 비 가 멎기를 기다렸으나 오래도록 그치지 않자 신하들이 임금의 배고픔을 달래기 위해 농사짓던 소를 잡아 맹물을 붓고 끓였는데 이것을 설농탕(設農湯)이라 하였고 설렁탕의 기원이 되었다"는 약간 다른 이야기도 있다.

이는 1940년에 홍선표(洪善杓)가 지은 『조선요리학』에 나오는 내용이다. 그러나 『세종실록(世宗實錄)』을 살펴보면 선농단에서 소, 양, 돼지 등을 제물로 바쳐 제사를 지낸 기록은 있으나 친경하던 소로 국을 끓여 먹었다는 내용은 확인되지 않는다.

다수 학자들은 선농탕(先農湯) 또는 설농탕(設農湯) 유래설에 대해 부정적인 견해를 가지고 있다. 농사를 짓는 데 소가 절대적으로 필요하였기 때문에 조선의 왕들은 수시로 우금령(牛禁令)을 내려 소의 도살을 금지했으며, 세종도 소의 밀도살을 감시•처벌하는 금살도감(禁殺都監)을 설치하여 소 보호정책을 강화하였다. 이런 세종이 풍년을 기원하는 선농제 행사에서 소를 잡아 백성들과 나눠 먹었다는 것은 신빙성이 떨어진다고 보고 있다.

제물로 바친 쌀, 기장, 소, 돼지 등의 사용에 대한 기록을 찾아볼 수는 없지만 식용으로 하였을 것으로 추측된다. 여러 사람이 야외에서 식사를 하기에는 국밥이 가장 적당하였을 것이고, 소를 국으로 끓여 먹었을 가능성은 있다. 그러나 『조선왕조실록』을 비롯한 공식 문서나 『음식디미방』과 같은 요리서, 『송남잡식』과 같은 백과사전 성격의 책 등 조선시대 당시의 문헌에서 선농탕(설농탕)에 대한 기록이 전혀 없다는 점이 선농탕(설농탕) 유래설을 믿을 수 없게 한다.

다음으로는 최남선의 『조선상식문답』에 나오는 "고기를 맹물에 끓이는 몽고식의 조리법이 우리나라에 들어와 설렁탕이 되었다"는 것이다. 한양대학교의 이성우(李盛雨) 교수도 1982년에 펴낸 『한국식품문화사(韓國食品文化史)』에서 이 주장에 동조하였으며, 조선시대의 몽골어 사전인 『몽어유해(蒙語類解)』의 내용을 근거로 제시하였다.

『몽어유해』에 의하면 몽고에서는 맹물에 고기를 넣고 끓인 것을 '공탕(空湯)'이라 적고 '슈루'라 읽는다고 하였다. 이 슈루가 변하여 '설렁'이 되었으며, 여기에 탕(湯)이 붙어 설렁탕이 되었다는 것이다. 1778년에 역관(譯官) 홍명복(洪命福)이 지은 외국어학습서인 『방언집석(方言集釋)』에서는 '空湯'의 몽고 발음을 '슐루'라고 하였다. 고려 말에 원(元)나라의 영향으로 몽고의 음식 특히 육류 음식이 우리나라 음식문화에 큰 영향을 준 것은 사실이며, 1809년에 쓰인 『규합총서』에 설넝탕이란 명칭이 나오는 것으로 보아 신빙성이 있는 주장이다.

고려대학교에서 2009년에 펴낸 『한국어대사전』에서도 선농탕 유래설보다는 몽골 유래설이 타당성이 있다고 설명하고 있다.

湯(탕)을 의미하는 중세 몽골어 '슐런(sülen)'이 궁중에서는 '수라(水剌)'로 차용된 반면 민간에서는 '설렁'으로 차용되었다는 것이다.

'水剌'의 중국어 발음이 '슐라(shuǐlá)'이므로 슐런을 한자로 차용한 수라(水剌)의 타당성도 있고, 이 단어의 본래 몽골어 발음이 슐런이었으므로 민간에서 이 말을 '설넝(설렁)'으로 받아들인 데에도 타당성이 있다고 하였다. 참고로, 궁중에서 차용한 수라는 임금의 진지를 가리키는 말로 의미가 변하였다.

또 다른 설로는 국물이 눈처럼 뽀얗고 맛이 농후하다 하여 설농탕(雪濃湯)이라고 부른 것이 나중에 설렁탕으로 변했다고 보는 견해도 있고, 개성의 설령(薛鈴)이라는 사람이 고려 멸망 후 한양으로 옮겨 국밥 장사를 시작하면서 그의 이름에서 설렁이 유래했다는 설도 있으며, 일본의 역사학자이자 언어학자인 아유카이 후사노신(鮎貝房之進)이 1938년에 쓴 『잡고(雜攷)』에서 "설넝은 잡(雜)이란 뜻이다"라고 풀이한 것도 있다.

한국학중앙연구원의 주영하 교수는 2013년에 발간한 그의 저서 『식탁 위의 한국사』에서 "혹시 국물 맛이 설렁설렁하고 고기도 설렁설렁 들어간 상태를 보고 설렁탕이라고 부르게 된 것은 아닐까"라는 추정을 하기도 하였다. 그러나 이들 네 가지 가설은 모두 근거가 빈약하여 신빙성이 없다.

조리법이 단순하여 소고기 음식 중에서 가장 쉽게 할 수 있으며, 적은 양의 고기로 많은 사람이 먹을 수 있는 것이 설렁탕이다. 그런데, 옛 문헌에서 설렁탕에 대한 기록을 찾아보기 어려운 것은 근대 이전의 기록이란 대체로 그 당시 권력집단에 관한 것만 적었으며, 설렁탕은 평민의 음식이기 때문이었을 것이다. 설렁탕을 백정들의 음식이었을 것으로 보는 학자들도 있다. 백정들은 도축해준 대가로 가죽이나 소의 부산물을 받았으며, 소고기 부산물로 탕을 끓여 설렁탕을 만들었다는 것이다.

조선시대 나라의 제사에 쓰이는 희생물을 관장하는 노비들을 반인(泮人) 또는 관인(館人)이라고 했는데 그들은 성균관(成均館) 부근의 반촌(泮村)이라는 마을에 거주하였으며, 반촌은 지금의 명륜동이 있는 곳이다. 소를 잡는 일을 맡았던 관인들은 도살 처리하는 과정에서 그 부산물로 설렁탕을 만들어 먹을 기회가 가장 많았을 것이다. 이들은 한일합방이 되면서 직업을 잃게 되었으며, 도살업과 푸줏간을 운영하면서 생계를 유지하게 된다. 일제강점기 서울에서 설렁탕집이 가장 많은 곳도 명륜동이었다.

공식적으로 한국에서 가장 오래된 설렁탕집은 홍종환(洪鍾煥)이 1904년 종로구 공평동에서 개업한 '이문설농탕'이며, 이는 해방 후 서울시 음식점 허가 1호점이기도 하다. 처음에 '이문옥

(里門屋)'으로 시작하여 '이문식당(里門食堂)'을 거쳐 지금의 '이문설농탕'으로 개명하였으며, 주인도 홍종환에서 '양'씨 성을 가진 사람에게 인수되었다가 1960년에 현재의 사장인 전성근(田聖根)의 어머니인 유원석이 인수하였다. 현재의 위치인 종로구 견지동으로 이전한 것은 2011년이며, 간판은 예전부터 사용하던 '里門설농탕'을 유지하고 있다.

'里門(이문)'이라는 상호는 창업 당시 그 근처에 있던 이문(里門)에서 연유하였다. 이문이란 조선시대 도둑을 단속할 목적으로 전국의 마을 입구에 세운 문을 말하며, 오늘날의 방범초소와 같은 역할을 하던 곳으로 주로 야간 통행자를 검문하였다. 서울 이문동(里門洞)의 이름도 여기서 유래하였으며, 전국에 이문리(里門里), 이문거리 등 이문과 관련된 지명이 많이 남아있다.

설렁탕의 전성기는 1920년대에서 1930년대에 이르는 일제강점기였다. 1920년에 서울 인근에 25군데(매일신보, 1920.10.8) 정도였던 설렁탕집이 1924년에는 100군데(동아일보, 1924.6.28)로 급격하게 증가하였으며, "조선 사람의 식성에 적합한 설렁탕은 실로 조선음식계의 패왕(매일신보, 1924.10.2)"이라 할 만 하였다. 1920년대의 신문과 잡지들은 한결같이 설렁탕을 서울의 명물로 기록하고 있으며, 1929년 발행된 『별건곤(別乾坤)』이라는 대중잡지에는 설렁탕이 하층계급이 주로 먹는 경성의 별미라고 소개해 놓았다.

저렴한 가격, 빠른 배급시간, 중독적인 맛이란 삼박자를 갖춘 설렁탕은 오늘날의 햄버거나 짜장면처럼 빠르고 간편하게 먹을 수 있는 음식으로 대중화되었다. 설렁탕이 폭발적인 인기를 끌자 집에서 주문하여 먹는 사람도 많아졌다. 설렁탕집에 직접 가서 먹으려니 천민과 어울리는 꼴이 되어 점잔을 빼던 서울의 양반뿐만 아니라 일본인들까지 설렁탕을 집에서 주문해 먹기 시작하였고, 최신의 유행을 좇았던 당시의 모던보이(Modern Boy)와 모던걸(Modern Girl) 역시 주문해서 먹게 되어 거리마다 설렁탕 배달부가 넘쳐났다고 한다.

설렁탕이 이처럼 대중화된 데에는 일제의 식민지정책과도 관련이 있다. 일제는 한반도를 식민지로 경영하면서 전쟁물자 보급을 위해 조선총독부 주도로 적극적인 소 사육 정책을 폈다. 이에 따라 1930년대에 소 사육두수는 150만~160만 마리에 이르렀으며, 당시 자료를 보면 소고기가 돼지고기보다 쌀 정도였다고 한다.

한반도의 소들은 일본 군인용 소고기 통조림으로 만들어졌고, 남은 소의 부속물을 이용한 설렁탕이 대중화되는 계기가 되었다. 제2차 세계대전과 6·25 전쟁을 거치면서 소 사육 기반이 무너지게 되었고, 소고기 공급 사정은 크게 나빠지며 설렁탕의 전성시대도 막을 내렸다.

6·25 전쟁 이후 소고기 가격이 오르면서 설렁탕은 진면목을 잃어버리기 시작했다. 사람들은 진한 유백색이 나오지 않으면 설렁탕이라 여기지 않았으며, 일부 설렁탕집에서는 미국에서 원조로 들어온 분유를 넣어 생산단가를 낮추었다. 또 사골이나 도가니를 넣지 않고 각종 잡뼈를 넣어 국물을 우려내는 식당도 생겨났으며, 심지어 원가를 줄이기 위해 물을 타고 국물 맛을 강하게 내기 위해 MSG를 듬뿍 넣는 식당도 있었다. 이른바 '가짜 설렁탕 사건'이 때때로 발생하여 설렁탕 애호가들을 실망시키기도 하였다.

먹을 것 자체가 귀했던 과거를 생각하면 고단백·고칼로리 식품인 설렁탕이 충분히 보양식의 역할을 했을 것임은 크게 의심할 여지가 없다. 『규합총서』에서 설넝탕을 의금부 앞의 명물로 소개하고 있는 것도 이와 무관하지 않을 것이다. 의금부는 조선시대의 사법부로 죄인을 다루는 기관이었으며, 당연히 오랫동안 감옥살이를 하던 사람이 넘쳐나던 곳이었다. 이런 사람들에게 설렁탕은 훌륭한 보양식이 될 수 있었을 것이며, 명물로 자리 잡을 만하였다.

먹을 것이 흔하고 영양제도 널려있는 현대에는 설렁탕은 보양식으로 큰 의미가 없고, 오히려 칼슘 흡수를 방해하는 인이 다량 함유되어 있으며, 간을 맞추는 소금 등으로 인해 회복기의 환자들이 먹어서는 안 될 음식으로 의사들이 종종 주의시키기도 한다. 그러나 건강하고 제대로 된 식생활을 영위하는 사람이라면 인의 과다 섭취를 크게 우려할 필요는 없다. 영양을 너무 의식하지 말고 소뼈의 시원한 맛과 소고기의 부드럽고 담백한 맛을 동시에 지닌 외식 메뉴로서 부담 없이 즐기면 될 것이다.

14.
감자탕

　감자탕은 한국 음식의 특징을 잘 나타내는 요리이며, 서민과 애주가들의 대표적인 외식 메뉴이다. 감자탕은 돼지의 등뼈를 큰 솥에 넣고 서너 시간 동안 푹 삶아낸 뒤 이때 우러난 국물에 통감자와 우거지 또는 묵은 김치, 깻잎, 다진 양념 등을 넣고 다시 한 시간 정도 또 끓이는 것이 기본적인 조리법이다.

　등뼈와 함께 목뼈가 사용되기도 하며, 듬직하던 뼈가 조개처럼 벌어질 정도로 고와야 제 맛이 난다. 뼈 골수에서 배어 나온 육수와 각종 부재료에서 나온 향이 어우러진 걸쭉한 국물이 일품이다. 손님 접대용의 고급 음식은 아니며, 서민들과 애환을 같이 한 대중적인 외식메뉴로 자리 잡았다.

　감자탕에서 감자가 식물 이름인 감자(potato)가 아니라는 주장들이 있으며, 그중에서 가장 널리 알려진 것이 돼지의 뼈 이름에 '감자뼈'라는 것이 있어서 여기서 유래되었다는 것이다. 그러나 사전에도 감자뼈는 실려 있지 않고, 축산 전문가들도 감자뼈라는 이름의 돼지 뼈는 없다고 하며, 동물해부학에서도 감자뼈는 존재하지 않는다. 도축·정육업계에서 '감자' 또는 '감자뼈'라고 부르는 경우가 있으나 이는 '감자탕용 돼지등뼈'를 편의상 부를 뿐이다. 돼지등뼈 이름 중에 공식적으로 감자라고 불리는 뼈는 없으며, 감자뼈는 사람들 사이에 입으로만 떠도는 이름일 뿐이다.

다음과 같은 주장도 있다. 조선시대 '천돌'이라는 백정이 돼지살을 바른 뒤 남은 뼈를 무청 말린 것이나 배춧잎 말린 것을 함께 넣고 삶아 소금에 찍어 먹었는데 맛이 달았다. 그래서 '달 감(甘)'에 '돼지 저(猪)'자를 써서 '감저(甘猪)국'이라고 불렀는데, 후대에 이르러 감자를 넣고 감자국이라고 부르게 되었다는 것이다. 그러나 이 설은 출처가 불분명하고, 가장 천한 신분의 백정이 감저(甘猪)라는 현학적인 이름을 붙였다는 것은 설득력이 없다. 아마 이 주장은 감자의 어원이 감저(甘藷)인 데 착안하여 근거 없이 지어낸 말로 추측된다.

우리나라에 감자가 전래된 것은 19세기 초이며, 감자의 어원은 '단맛이 나는(甘) 저(藷)'라는 의미인 감저(甘藷)의 발음이 변한 것으로 원래는 고구마를 가리키던 말이었다. 한자 '藷'는 '저' 또는 '서'로 읽히며 감자, 고구마, 마 등의 땅속 덩이줄기(뿌리)를 의미한다. 이들 작물을 함께 부르는 이름이 서류(薯類)이다. 감자가 처음 우리나라에 들어왔을 때에는 먼저 전래된 고구마와 구분하지 않고 모두 감저라고 불렀으며, 그 후 구분이 생기면서 고구마와 감자로 불리게 되었다.

돼지등뼈의 단면을 보면 한자 '감(甘)'자와 유사해서 '감자(甘字)뼈'라고 부른다거나, 돼지 등뼈 속의 척수 또는 돼지등뼈 안쪽 뼈와 뼈 사이에 물렁뼈처럼 보이는 노란 힘줄 같은 것을 감자라고 부르는 지방이 있으며 여기서 유래했다는 주장도 있으나 모두 근거가 희박하다.

보통 음식의 이름에 들어가는 주재료의 명칭은 일반적으로 널리 알려진 것을 사용하며, 잘 쓰지 않는 말이 채택되는 일은 드물다. 지방의 방언이 음식명으로 채택되는 경우는 있으나, 그 경우는 그 지방에 그 음식으로 유명한 음식점이 전해지기 마련인데 감자탕의 경우에는 그런 곳이 없다.

조금만 조사하여도 사실이 아님을 알 수 있는 이런 주장들이 퍼지게 된 데에는 다른 사연이 있을 것이다. 유독 감자탕보다 뼈다귀해장국을 많이 파는 곳에서 이런 설이 지지를 얻고 있다는 것은 시사하는 바가 크다. 뼈다귀해장국은 감자탕이란 음식이 나오기 전부터 존재하였던 음식이었으며, 뼈다귀해장국과 감자탕은 감자가 들어가고 안 들어가고의 차이가 있을 뿐 맛도 모양도 비슷하여 헷갈리기 쉽다.

뼈다귀해장국을 파는 식당에서 감자탕을 메뉴에 올리면 손님에게 감자가 없다는 불만을 듣게 되었을 것이고, 그에 대해서 "원래 감자탕에는 감자가 들어가지 않는다"거나, "감자탕에서 감자는 식물인 감자가 아니라 돼지뼈를 감자뼈라고 부르기 때문이다"라는 변명을 사실처럼 포장한 것이 전파된 것은 아닐까?

감자 값이 오르면 감자탕 속의 감자가 줄어들기도 하고, 통감자를 익히려면 시간이 많이 걸리므로 조각을 내어 넣거나 크기가 작은 감자를 넣기도 하는 일이 발생한다. 당연히 손님들의 항의를 받게 되었을 것이고, 이때에 "원래 감자탕에는 감자가 들어가지 않는 것"이라는 주장은 식당 주인의 입장에서는 사실 여부를 떠나서 좋은 핑계거리가 되었을 것이다.

감자의 명칭만큼이나 감자탕의 유래도 불확실한 주장이 사실인 듯 널리 알려져 있다. 감자탕의 유래에 관한 문헌 기록은 발견되지 않았으며, 인터넷에 떠도는 자료들을 보면 대부분 네이버(NAVER)의 '지식백과'에서 인용된 것으로 다음과 같은 내용이다.

"감자탕은 고구려, 백제, 신라가 자웅을 겨루던 삼국시대에 돼지사육으로 유명했던 현재의 전라도 지역에서 유래되어 전국 각지로 전파된 한국 고유

전통음식이다. 농사에 이용되는 귀한 '소' 대신 '돼지'를 잡아 그 뼈를 우려낸 국물로 음식을 만들어 뼈가 약한 노약자나 환자들에게 먹인 데서 유래되었 다는 이야기가 전해지기도 한다. 이러한 감자탕은 인천항이 개항됨과 동시에 전국의 사람들이 몰려와 다양한 음식문화를 갖추게 된 인천에서 서서히 뿌 리를 내리기 시작하여, 1899년 경인선 개통 공사에 많은 인력이 동원되면서 뼈해장국과 감자탕이 인천의 대표 음식으로 자리를 잡았다."

『삼국유사』 등의 기록에 의하면 부여(夫餘)에서는 짐승의 이 름을 따서 관직을 만들었고, 그중에는 돼지 이름을 딴 저가(豬 加)가 있었다는 사실에서 우리나라에서 돼지가 사육되기 시작 한 것은 기원전부터라고 추정할 수 있다. 『삼국사기』, 『삼국유 사』, 『구당서(舊唐書)』, 『신당서(新唐書)』, 『수서(隋書)』 등의 문헌 에 따르면 고구려, 신라, 백제에서도 돼지를 사육하였다는 기록 이 남아있다.

그러나 특별히 백제에서 돼지 사육을 많이 하였다거나 돼지 뼈를 이용한 탕(湯) 요리를 하였는지에 대한 내용은 없다. 감자 가 우리나라에 전래된 것이 19세기 초임을 감안할 때 감자탕의 유래를 설명하면서 삼국시대까지 거슬러 올라가는 것은 무리 가 있어 보인다.

불교의 영향으로 육식이 금기시되었던 통일신라시대나 고려시대에도 감자탕의 원조라 할 만한 요리가 발전하기는 어려웠다. 고려 말에 원(元)나라의 영향으로 탕을 비롯한 육류 요리가 등장하게 되지만 그 중심은 소고기였고 돼지고기가 아니었다. 고려뿐만 아니라 조선에서도 돼지를 이용한 요리는 발달하지 못하였다. 1809년에 작성된 『규합총서』에도 돼지로 만든 요리로 찜과 굽기, 돼지가죽 요리 정도만 소개되어 있으며 감자탕의 원조라 할 만한 요리는 나오지 않는다.

조선시대까지도 돼지의 사육은 일반적이지 않았으나, 일단 돼지를 잡으면 살코기는 물론이고 내장까지 알뜰히 먹었다. 그러나 굴곡이 있어 아무리 칼로 발라내어도 발리지 않는 살이 등뼈에 붙어있게 된다. 이 등뼈에 마지막까지 붙어 있는 살을 가장 쉽게 먹는 방법은 삶는 것이며, 이 요리가 돼지등뼈우거지탕, 뼈다귀해장국, 뼈다귀국, 뼈다귀탕 등으로 전해지게 되었다. 이런 요리가 전라도 지방에서부터 시작되었을 가능성은 있으나 정확한 근거는 없다.

경인선(京仁線)은 서울역과 인천역을 연결하는 우리나라 최초의 철도로 1899년 4월에 착공하여 1900년 7월에 완공되었다. 철도공사에는 전국에서 많은 노동자가 모여들었을 것이고, 공사장 주변에는 음식점들도 즐비하였을 것이다. 이 시기에 값싸고 포만감도 주며 영양가도 있는 음식인 감자탕이 자연스럽게 등장하였을 가능성은 매우 높다. 당시에는 돼지등뼈도 구하기 쉬운 재료가 아니었으므로 뼈는 주로 국물을 내는 데 사용하고 개인별로 제공되는 뚝배기에는 뼈는 조금만 넣고 대신 감자가 들어가게 되었을 것이다.

이 시기에 감자탕과 유사한 음식이 등장하였을 가능성은 높으나 감자탕이란 이름이 사용되었는지는 불분명하다. 설사 일부에서 감자탕이란 이름이 사용되었더라도 널리 사용되지는 않았던 것 같다. 앞에서 인용한 자료에 따르면 "뼈해장국과 감자탕이 인천의 대표 음식으로 자리를 잡았다"고 하였으나, 인천에는 전국적으로 유명한 감자탕집이 없어서 인천의 대표 음식이라고 하기에는 부족하다.

철도공사는 서울역에서 인천역까지 전구간에서 이루어진 것인데 굳이 인천을 지목한 것은 감자탕의 원형이라 할 수 있는 음식이 인천의 공사장에서 처음 나타났을 가능성을 보여준다. 그러나 소위 '함바집'이라고 불리는 공사현장의 식당은 공사가 끝나면 다른 공사장으로 옮겨가기 때문에 감자탕이 인천에서 뿌리내리지 못하였을 수도 있다. 참고로, 함바집은 공사현장의 식당을 의미하는 일본어 '함바(飯場, はんば)'에서 유래한 것이다.

뼈다귀해장국, 뼈다귀탕 등으로 불리는 요리는 언제부터 시작되었는지는 알 수 없으나 조선시대에는 이미 존재하였으며,

여기에 우연히 감자가 추가되면서 감자탕이 되었을 것이다. 경인철도 공사 시절에 감자탕이 생겨났을 가능성은 있으나 문헌 기록으로 남아있는 것은 없다. 그 후 일제강점기의 문헌이나 신문 등에서도 감자탕을 언급한 것이 없어서 이 시기에도 감자탕이란 이름은 아직 나오지 않았거나 있었더라도 널리 사용되지는 않았던 것 같다.

감자탕집 중에서 가장 오래된 '태조감자국'이 생긴 해가 1958년이며, 감자탕 또는 감자국이란 이름이 널리 사용되기 시작한 것은 1960년대부터이다. 태조감자국이 감자탕의 최초인지는 알 수 없으나 감자탕이란 이름이 널리 전파되는 데 기여한 바는 크다.

종전의 뼈다귀해장국 등과 감자탕의 차이점 중에는 감자의 사용 여부 외에도 감자탕은 찌개 형식으로 한꺼번에 제공되어 여러 사람이 같이 먹는데 비하여 뼈다귀해장국 등은 뚝배기 등의 개인 그릇에 1인분씩 제공된다는 것이다. 국밥 형태의 요리를 현재의 감자탕 형식으로 처음 변경한 것도 태조감자국이므로 이 식당을 감자탕의 시초라 할 수 있을 것이다.

6·25 전쟁 직후인 1950년대 말의 서울 돈암동은 동대문과 청계천의 방직공장 등으로 일하러 다니는 소위 '공순이'와 '공돌이'들이 주로 사는 달동네였다. 이런 돈암동 시장에서 돼지등뼈에 감자를 넣어 끓여낸 감자탕이 생겨난 것은 자연스러운 일이다.

창업자 이두환이 처음 장사를 시작할 때에는 감자국과 콩비지를 주로 하는 '부암집'이란 식당이었다. 이 집의 감자국이 인기를 끌면서 돈암동 인근에 감자국(감자탕)집들이 우후죽순처럼 생겨났으며, 다들 서로가 원조라고 간판을 내걸었다. 이에 창업자의 아들인 이규회는 식당을 이어받으며 "너희가 원조(元祖)면 우리는 태조(太祖)다"라는 의미로 상호를 '태조감자국'으로 변경하였다. 현재는 3대인 이호광이 대표로 있으며, 서울시의 미래유산으로 지정되었다.

감자탕이 유행하기 시작한 1960년대에는 감자탕과 감자국이란 용어가 함께 사용되었으나, 현재는 거의 모두 감자탕이란 용어를 사용하고 있다. 1960년대 말부터 본격화된 돼지고기의 일본 수출은 감자탕 확산에도 큰 영향을 미쳤다. 일본 수출이 불가능한 돼지등뼈는 저렴한 가격으로 시중에 넘쳐났으며, 기름진 살코기는 아니지만 고기 맛이라도 느낄 수 있는 저렴한 돼지등뼈에 서민들은 열광했다. 요즘도 감자탕 체인점들이 전국에 널려 있으며, 인터넷사이트에 올라있는 감자탕 체인점만 해도 30~40개에 이른다.

15.
갈비탕

　갈비탕은 한식당의 대표 메뉴이며, 간편한 외식으로 많은 사랑을 받고 있다. 갈비탕은 갈비를 오랜 시간 우려낸 후 간장, 소금, 후추, 파, 마늘 등으로 양념을 하여 끓여낸 음식이며, 경우에 따라서 갈비와 함께 양지를 사용하고 당면사리나 무가 추가되기도 한다. 보통 김치나 깍두기 정도의 간단한 반찬과 함께 밥이 제공된다. 요즘은 뷔페식이 일반적이지만, 빨리 먹을 수 있고 상차림이 간단하기 때문에 1980년대까지만 하여도 결혼식 하객 접대용으로 대부분 갈비탕이 나왔다.

　한반도에서 소를 키우게 된 것은 신석기시대 농경의 시작과 함께였을 것으로 추정되며, 소고기는 오랜 옛날부터 먹었을 것이다. 그러나 농사에서 중요한 역할을 하는 소를 잡아먹기는 어려웠으며, 주로 늙거나 병들어 일을 할 수 없게 된 소를 먹었을 것이다.

이런 소는 육질이 질길 수밖에 없었으며, 부드럽게 하는 요리법이 필요하였다. 육질을 부드럽게 하는 방법으로는 살을 얇게 발라 칼집을 내어 굽거나 푹 삶는 것이 적당하다. 어느 정도 지방질이 있으면서 살의 결이 큼직한 갈비는 푹 삶아도 퍽퍽해지지 않아 탕으로 요리하기에 적합한 부위이다.

옛 문헌에서 갈비는 한자로 乫非(갈비), 乫飛(갈비), 曷非(갈비), 乫伊(갈이) 등으로 썼으며, 모두 뜻보다는 발음을 표현한 것이다. 종전에는 '가리'가 갈비와 함께 사용되기도 하였으나, 지금은 갈비가 표준어로 되어 있다. 갈비탕은 명성에 비해서는 문헌에서 관련 기록을 찾아보기 힘든 음식이다.

문헌상 갈비탕에 대한 기록이 처음 나오는 것은 1819년에 다산(茶山) 정약용(丁若鏞)이 저술한 『아언각비(雅言覺非)』이다. 이 책에는 "갈비 끝에 붙은 고기를 쇠가리라고 하는데 이것을 푹 고아서 국을 끓이면 좋다"는 표현이 있다. 갈비탕이 왕실 행사에 오른 기록은 1892년의 『진찬의궤(進饌儀軌)』에 처음 보이는데, 여기에는 갈비탕을 의미하는 '갈이탕(乫伊湯)'이란 음식이 나온다.

궁중이나 양반가에서나 먹던 음식인 갈비탕을 일반인들이 쉽게 먹을 수 있게 된 것은 최근의 일이다. 갈비 하면 가장 유명한 것이 수원갈비이며, 수원은 전국적으로 이름난 갈비의 본

고장이다. 이는 수원에 조선 후기 이래 전국적으로 유명한 우시장(牛市場)이 있었기 때문이다.

지금은 사라졌지만 1950년대 후반까지도 전국의 모든 소가 모여드는 큰 우시장이 있었다. 우시장 옆에는 도축장이 함께 있었고 갈비 및 기타 소의 부산물을 구하기가 쉬웠다. 수원 우시장은 기계화에 따른 농업용 소의 수요 감소 및 수원시의 성장에 따라 규모가 축소되며 외곽으로 밀려나다 1996년에 결국 폐장하게 되었다.

수원에는 유명한 갈빗집이 많이 있으나 수원갈비의 원조가 '화춘옥(華春屋)'이라는 데는 이견이 없다. 창업자인 이귀성(李貴成)은 1930년부터 형인 이춘명(李春明)과 함께 화춘제과(華春製菓)라는 과자가게를 함께 운영하였으며, 1945년에 수원 영동시장 싸전거리에서 미전옥(米廛屋)이란 음식점을 내었다.

이 가게의 해장국(갈비 우거지탕)은 소갈비를 듬뿍 넣어 맛이 있었고, 장사가 잘되어 2년 후에는 큰 가게로 장소를 옮기며 상호도 화춘옥으로 변경하였다. 화춘옥이라는 이름은 수원의 옛이름인 화성(華城)의 '화(華)'와 형인 이춘명의 '춘(春)'을 합친 것이며, 화춘제과 시절부터 써오던 이름을 차용한 것이다.

소갈비를 듬뿍 넣어 해장국은 맛있었으나 재료 단가가 비싸서 이익이 많이 남지 않았다. 이에 갈비를 양념에 미리 재워두었다가 숯불에 굽는 양념갈비를 1956년부터 별도의 메뉴로 팔기 시작하였으며 이것이 수원갈비의 원조가 되었다. 화춘옥의 갈비가 유명해지자 1960년대 이후 전국에서 수원갈비라는 이름을 내걸고 영업하는 식당이 늘어나게 되었다. 수원시 영통구 이의동에 있는 수원박물관의 역사관에는 1960년 전후의 영동시장 거리를 재현하여 전시하고 있으며, 수원의 갈비를 널리 알리는 데 기여한 화춘옥의 당시 모습도 보여주고 있다.

양념갈비구이만큼 이름이 있지는 않았으나 화춘옥의 갈비탕도 그에 못지않게 유명하였다. 지금도 전국에서 수원갈비라는 이름을 내세우며 영업하는 식당의 대표 메뉴는 양념갈비와 갈비탕이다. 수원갈비의 특징은 갈비의 크기가 크다는 것이다. 사업초기의 인기 메뉴인 해장국(갈비 우거지탕)은 갈비가 푸짐하게 들어가 해장국이라기보다는 갈비탕이라고 불러야 좋을 정도였다고 한다.

화춘옥에서 언제부터 현재와 같은 형태의 갈비탕을 팔기 시작하였는지는 확실하지 않으나, 양념갈비를 팔기 시작한 시기와 비슷할 것으로 추정된다. 화춘옥의 갈비탕은 박정희 전 대통령까지 찾아와 즐겼다는 이야기가 널리 퍼져, 전국에서 몰려드는 고객들로 한참씩 줄을 서서 기다려야 했다고 한다.

갈비탕으로 유명한 지방으로 경상남도 함양군 안의면을 빼놓을 수 없다. 작은 면소재지로서 광풍루(光風樓)라는 멋진 이층 누각이 하나 있을 뿐 특별한 관광거리도 없는데 '안의갈비탕' 때문에 여행객들의 발길이 끊이지 않는 곳이다. 안의는 지금은 면 단위의 작은 지역이지만 조선시대에는 제법 큰 행정구역이었으며, 거창의 일부까지 포함하여 안의현(安義縣)이라 하였다. 1970년대만 하더라도 5일장이 제법 크게 섰으며, 그 5일장 한편에 우시장과 도축장도 있었다.

안의갈비탕은 특별히 유래라고 전해지는 것은 없으며, 우시장과 도축장이 있었기 때문에 자연스럽게 5일장의 먹거리로서 생겨난 것이다. 1960년대의 여러 음식점 중에서 가장 유명한 갈비탕은 김말순 할머니가 운영하던 해장국집에서 판매하던 것이었으며, 이것을 안의갈비탕의 원조로 보기도 한다. 그전에도 갈비탕을 판매하던 식당은 있었으나 안의갈비탕의 명성을 떨치게 된 계기가 되었기 때문이다. 그 유명세 덕택에 서울을 비롯한 전국에 안의갈비탕의 이름을 내건 식당이 많이 있다.

16.
부대찌개

  부대찌개는 6·25 전쟁 후 가난과 굶주림 속에서 탄생한 역사의 슬픔을 지니고 있으나, 그 맛이 뛰어나 즐거움을 주는 음식이다. 부대찌개가 생겨난 지는 얼마 되지 않으나 배고픔에서 벗어난 지금까지도 여러 사람에게 널리 사랑을 받는 서민의 음식이다. 술안주로도 인기가 있으며, 직장인들이 점심식사로 자주 찾는 음식 중의 하나이기도 하다. 최근에는 퓨전 음식의 하나로서 외국인들도 즐겨 찾고 있다.

  부대찌개는 햄, 소시지, 스팸, 다진 고기(minced meat), 치즈, 통조림 강낭콩 등의 가공식품과 김치를 넣고 고추장, 다대기 등의 매운 양념을 사용하여 얼큰하게 끓인 음식으로 김치찌개의 일종이라고 할 수 있다. 예로부터 김치찌개에는 주원료인 김치 외에 돼지고기, 꽁치, 두부 등의 부재료를 사용하는 일이 흔히 있었으며, 부대찌개에서는 햄이나 소시지 등이 들어간 것이다. 부대찌개는 조리 방법으로 보면 상 위에서 직접 끓인다는 점에서 찌개보다는 전골에 가까운 요리이다.

김치찌개는 한국의 대표적인 요리로 우리나라 사람이라면 누구나 좋아하는 음식이다. 김치냉장고가 일반화되지 않았던 1980년대 이전의 경우 겨울철 저장식품인 김장김치는 봄이 지나면 지나치게 시어져 그냥 먹기가 어려운 묵은지가 되었다. 이런 신 김치를 이용하여 끓인 찌개가 김치찌개이며, 신맛을 줄이기 위하여 돼지고기 등의 부재료를 넣게 된 것이다. 묵은지는 푹 익어 시게 된 김장김치를 말하는 것이었으나, 1960년대 이후 외식의 메뉴로 김치찌개가 등장하면서 처음부터 김치찌개에 적합한 묵은지를 목적으로 김치를 담그기도 한다.

묵은지용으로 김치를 담글 경우 배추는 일반 김장배추보다 속이 덜 차고 푸른 잎이 많으며 단단한 것으로 선택한다. 절일 때에도 일반 김치보다 소금의 양을 늘려서 짜게 하고, 양념을 버무릴 때에도 일반 김치보다는 적게 바른다. 보통 6개월 이상 저온 숙성하여 만들며, 밀폐용기에 담아 공기가 들어가지 않도록 하고 온도변화가 없도록 하는 것이 중요하다. 이렇게 담근 묵은지는 서서히 오랜 기간 숙성되어 신맛은 덜하고 씹는 질감이 살아있으며, 일반 김치와는 차이가 있는 독특한 깊은 맛이 있다.

부대찌개는 부대(部隊)라는 이름이 들어있으나 군인들이 먹던 음식에서 유래한 것이 아니라 6・25 전쟁 후 미군부대 근처에 살던 사람들이 끼니를 때우기 위해 만들어 먹었던 음식에 그 기원이 있다. 6・25 전쟁 후 한국 정부는 국방의 불안함을 보완하기 위해 1953년 10월 미국과 '한미상호방위조약'을 체결하였으며, 그 이후 미군이 우리나라에 주둔하고 있다.

미군부대에는 미군뿐만 아니라 그들을 도와주는 한국 사람들도 많이 근무하였으며, 그들을 통해 미군의 보급품인 햄, 소시지, 스팸, 다진 고기 등이 부대 밖으로 몰래 반출되기도 하였다. 이것들은 일반 생고기와는 달리 가공된 것이고 미군부대에서 나온 것이므로 '부대고기'라고 불렀다. 부대고기를 사용한 찌개이므로 '부대고기찌개'라고 불러야 맞으나 줄여서 부대찌개라고 부르게 된 것이다.

부대찌개는 미군부대에서 흘러나온 보급품을 사용한 것에 차이가 있을 뿐 우리 민족이 늘 먹던 음식과 크게 차이가 없으므로 부대찌개와 유사한 음식은 서울, 부산, 인천, 원주, 춘천, 동두천, 오산, 파주, 평택, 성남, 수원, 의정부, 진해 등 미군이 주둔하고 있던 전국의 모든 지방에서 자연발생적으로 생겨났을 것이다. 따라서 부대찌개가 어디에서 시작되었는지 밝히기는 매우 어려우나, 부대찌개란 이름을 처음 사용한 것은 의정부였으며, 의정부를 부대찌개의 원조로 보는 이유이다.

전국에서 가장 오래 된 부대찌개 식당은 의정부의 '오뎅식당'이며, 여기서 부대찌개란 음식을 처음으로 판매하였다. 오뎅식당의 창업자인 허기숙씨는 1960년 현재의 본점이 있는 의정부시 의정부동에서 포장마차를 시작하였으며, 술안주로 제공된 어묵탕이 인기가 있어 손님들은 이곳을 '오뎅집'이라 불렀다.

이 무렵 미군부대에서 구한 햄과 소시지 등을 볶아 안주로 팔기 시작하였으며 평판이 좋아 단골이 늘어났다. 밥과 어울리는 요리를 찾는 단골이 있어 이 볶음을 주재료로 김치찌개 비슷한 것을 끓여서 제공하였으며 이것이 부대찌개의 모태가 되었다. 부대찌개는 큰 인기를 끌었으며, 사업이 번창하여 1968년에 정식으로 식당을 열게 되었다.

그러나 당시에는 미군부대에서 불법적으로 유출된 보급품인 부대고기를 원료로 사용하였으므로 법적으로 문제가 되어 경찰서에도 여러 번 끌려갔다고 한다. 그 때문에 식당의 간판에도 부대찌개란 용어를 사용할 수 없어서 손님들이 불러주던 오뎅집에서 따와 식당의 이름을 오뎅식당이라 지었다고 한다. 그 이후 부대찌개는 이 집의 대표 메뉴가 되었다. 현재 오뎅식당은 주식회사로 전환하였으며, 손자인 김민우 대표가 경영하고 있다.

오뎅집의 부대찌개가 인기를 끌자 주변에 같은 종류의 음식을 파는 식당이 잇따라 생겨나 부대찌개 골목이 형성되었다. 부대찌개 골목이 유명해지자 의정부시에서는 1998년 의정부 경전철 중앙역 인근을 '의정부 명물찌개 거리'라고 명명하고 의정부의 관광명소로 홍보하였다.

미군부대에서 불법적으로 반출된 재료들을 사용했다는 부정적인 이미지 때문에 의정부시에서는 '부대찌개'라는 명칭 대신에 '명물찌개'를 사용하였으나, 이용객들이 불편을 호소하였고 시민들에게 설문조사를 실시한 결과 최종적으로 '의정부 부대찌개거리'라는 명칭으로 결정되었다. 2008년에는 거리 입구에 대형 아치 조형물도 설치하였다. 현재 부대찌개거리에는 30여 개의 식당이 장사를 하고 있다.

부대찌개의 유래를 '꿀꿀이죽'에서 찾는 사람들도 있다. 6·25 전쟁을 겪으면서 노동자, 실향민, 전쟁고아 등 극한상황에 몰린 가난한 사람들은 미군부대의 식당에서 나온 미군들이 먹다 남긴 음식쓰레기를 끓여 먹으며 목숨을 유지하였으며, 이것은 사람이 먹는 음식이라기보다는 돼지의 먹이에 가까웠기 때문에 꿀꿀이죽이라 불렸다. 즉, 꿀꿀이죽은 미군부대에서 나온 잔반(殘飯)을 모아서 끓인 음식이었다. 참고로, 흔히 '짬밥'이라고 불리는 것은 잔반이 변한 말이며, 표준어가 아니다.

이와 관련하여 경북대학교, 고려병원, 강북삼성병원 등에서 근무하였던 이시형(李時炯) 박사는 2015년 1월 17일 《경향신문》과의 인터뷰에서 그의 어린 시절을 회상하며 "전쟁 후 고향 사람들은 대구공항 변두리에 여기저기 흩어져 살았어요. 직장이 없으니까 나는 대구비행장 하우스보이로 들어갔습니다. 하우스보이로 들어가면 밥이라도 먹을 수 있었던 시절이니까요. 그때는 꿀꿀이죽이라는 게 있었는데 한국 사람들이 미군부대에서 '돼지한테 준다'고 하고 음식찌꺼기를 가지고 나와요. 그래놓고 그걸 파는 거예요"라고 하였다.

전쟁이 끝나고 형편이 좀 나아진 후에도 한동안 꿀꿀이죽이 판매되었다. 전쟁 때에는 담배꽁초, 이쑤시개 등이 섞인 채로 판매되었으나, 음식쓰레기 중에서 먹을 수 있는 비교적 상태가 양호한 것만 골라서 끓였다는 점만 달라졌을 뿐이다. 꿀꿀이죽은 '유엔(UN)탕', '양탕(洋湯)' 등으로도 불렸으며, 1970년대에 들어서면서 사라졌다. 요즘도 꿀꿀이죽이란 말을 사용하기도 하는데, 먹다 남은 음식 등을 이것저것 넣고 끓인 것이나, 남은 국이나 찌개에 찬밥 또는 라면 등을 넣고 끓여먹는 정체불명의 음식을 비유적으로 표현한 것이다.

부대찌개와 꿀꿀이죽은 모두 미군부대에서 흘러나온 재료를 기반으로 한 음식이라는 점에서는 유사성이 있으나, 음식의 질이나 재료에서 큰 차이가 있기 때문에 꿀꿀이죽을 부대찌개의 원조로 보기에는 무리가 있다. 부대찌개는 비록 불법적으로 반출된 것이기는 하나 정상적인 식품을 원료로 사용하고, 김치찌개에 가까운 일정한 형태를 유지하며, 밥이 별도로 제공된다. 이에 비하여 꿀꿀이죽은 생계유지를 위하여 내용물을 가리지 않고 음식쓰레기를 모두 모아 끓인 것이므로 부대찌개와는 분명하게 구분된다.

부대찌개와 유사한 음식으로 '존슨탕'이라는 것이 있다. 존슨탕은 서울 용산구에 주둔한 미군 부대를 중심으로 발달하였으며, 다른 지역에서는 찾아보기 힘들다. 지금도 외국인들이 많이 몰려드는 서울시 용산구 이태원에서 판매되고 있다. 존슨탕은 햄, 소시지, 치즈 등을 넣고 끓인다는 점에서는 부대찌개와 비슷하나, 김치 대신에 양배추가 들어가고 외국인(미군)의 입맛에 맞추어 맵지 않게 하였다. 부대찌개가 테이블 위에서 끓이는 전골 형식인데 비하여 존슨탕은 주방에서 미리 끓여서 나온다는 점도 차이가 있다.

존슨탕이라는 이름의 유래에 대해서는 몇 가지 설이 있으며 확실하지 않다. 하나는 미국의 제36대 대통령이며 1966년에 우리나라를 방문하였던 존슨(Lyndon Baines Johnson)의 성을 따서 존슨탕이 되었다는 것이다. 존슨 대통령은 한국 방문 당시 미군부대에 들러 미군들과 함께 햄, 소시지, 양배추 등을 넣고 끓인 처음 먹어보는 스튜(stew) 비슷한 음식을 먹고 그 맛을 칭찬하였으며, 이때부터 존슨탕이라 불리게 되었다는 것이다. 둘째는 미국인의 성 중에서 흔한 것이 존슨(Johnson)이고, 주로 미군들이 먹던 음식이어서 존슨탕이라 불렀다는 것이다. 셋째는 이 음식을 처음 만든 요리사의 성이 존슨(Johnson)이었기 때문이라는 것이다.

미군부대가 있었던 곳이라면 어디에나 부대찌개가 있었으나 그중에서도 의정부와 송탄의 부대찌개가 유명하여 크게 의정부식 부대찌개와 송탄식 부대찌개로 나뉜다. 의정부식 부대찌개는 햄, 소시지, 다진 고기를 주재료로 묵은지와 고추장에다 육수를 붓고 고춧가루, 각종 야채, 양념을 넣어 끓이므로 국물이 맑고 맛이 개운하고 칼칼하다.

이에 비하여 송탄식 부대찌개는 소시지와 햄을 훨씬 많이 넣고 치즈와 통조림 강낭콩을 첨가하여 맛이 진하며 국물이 걸쭉하다. 두 가지 방식 중에서 송탄식이 전국적으로 더 널리 퍼져있으나, 두 가지 방식의 경계가 허물어져 구분하기 어려운 경우도 많다.

송탄은 일제강점기인 1914년에 송장면(松長面)과 탄현면(炭峴面)을 합하여 송탄면(松炭面)이 되었고, 1963년에는 읍으로 승격되었으며, 1981년에는 시로 승격되었다. 1995년 행정구역 개편에 따라 지금은 경기도 평택시의 일부가 되었지만, 1951년 미군 공군기지인 오산캠프가 들어서기 전까지는 숯을 굽는 일을 주업으로 하던 시골이었다. 탄현(炭峴)이란 지명도 '숯고개'란 우리말 지명을 한자로 옮긴 것이다.

송탄식 부대찌개의 원조는 '김네집' 또는 '최네집'이라고 한다. 김네집은 평택시 중앙시장로(신장동)에 있으며, 최네집의 본점은 평택시 경기대로(서정동)에 있다. 두 집은 모두 1969년에 개업하였으며 원래는 한집이었으나 1970년 최네집이 현재의 위치로 확장이전할 때에 주방 일을 하던 사람이 가게를 인수하여 운영하고 있는 것이 김네집이라고 한다. 최네집의 부대찌개가 김네집의 것에 비해 상대적으로 순하고 덜 자극적이다. 김네집은 원래 위치 한 곳에서만 운영하는 것에 비해 최네집은 대형 프랜차이즈로 키워 여기저기에 체인점이 있다.

전국적으로 가장 많이 있으며 유명한 프랜차이즈 브랜드는 '놀부부대찌개'이다. 1987년 창업자 김순진씨는 서울시 관악구 신림동에서 '골목집'이란 이름으로 시작하여 보쌈을 전문으로 하는 '놀부집'으로 변경하였고, 1989년부터 체인사업을 시작하였다.

1992년에 놀부부대찌개 체인사업을 시작하여 부대찌개를 대표하는 기업으로 성장하였고, 2009년에는 '놀부NBG'로 사명을 변경하고 해외로도 진출하였으나, 경영이 어려워져 2011년에 미국계 글로벌 투자회사인 모건스탠리(Morgan Stanley) 계열의 사모펀드인 '모건스탠리PE'에 인수되었다.

가난했던 시절에 탄생된 부대찌개는 먹거리가 풍부해진 요즘에도 그 특유의 맛 때문에 여전히 많은 사람의 사랑을 받고 있다. 오늘날에는 음식 이름의 유래가 된 부대고기 대신 국내의 제조회사에서 생산된 소시지, 햄, 치즈 등을 사용하는 것이 일반적이다. 드물게 본래의 맛을 고집하는 식당에서는 미군 PX에서 구입하거나 수입한 원료를 사용하기도 한다. 라면의 광범위한 보급으로 요즘은 라면사리를 넣는 것이 일반화되기도 하였다.

17.
순두부찌개

　찬바람이 불고 날씨가 싸늘해지면 생각나는 것이 보글보글 얼큰하게 끓인 순두부찌개이다. 순두부에 고기와 해물을 넣고 뚝배기에 따뜻하게 끓여낸 순두부찌개는 당장이라도 끓어 넘칠 듯 아슬아슬한 모양을 보는 것만으로도 군침을 돌게 한다. 날달걀을 깨 넣고 휘휘 저은 후 숟가락으로 떠서 부드럽게 넘기는 순두부는 체온을 따뜻하게 해준다.

　두부(豆腐)는 원래 중국에서 유래되었으며 중국어로는 '더우푸(豆腐, dòufu)'라고 한다. 우리나라 옛 문헌에서는 두부를 '포(泡)'라고도 하였다. 두부는 양질의 식물성 단백질이 풍부한 식품으로서 원래는 우리나라를 비롯하여 일본, 중국 등 동양권에서만 이용하였으나 요즘은 건강식품으로 인식되어 미국을 비롯하여 서양권에서도 소비가 증가하고 있다. 영어로는 'bean curd' 또는 'tofu'라고 하며, 'tofu'는 두부의 일본어 '도후(豆腐,

とうふ)'에서 유래되었다.

두부의 기원에 대해서는 유안(劉安)이 발명하였다는 설, 중국 북부 지역에서 두유(豆乳)를 끓이다가 우연하게 발견했다는 설, 몽골 유목민이 치즈를 만드는 것에서 영감을 얻어서 처음 만들었다는 설, 불교와 함께 인도에서 들어왔다는 설 등이 있으나 아직까지 정설로 확정된 것은 없으며 학계에서도 의견이 분분하다.

이 중에서 기원전 2세기 전한(前漢) 시대의 인물인 회남왕(淮南王) 유안(劉安; BC 176~123)에서 비롯되었다고 하는 것이 가장 널리 알려져 있다. 유안은 한(漢)나라를 세운 유방(劉邦)의 손자이며, 중국의 안후이성(安徽省) 화이난시(淮南市)에 그의 무덤이 있고, 그 인근에는 두부발상지(豆腐發祥地)라고 적힌 비석이 있다. 1990년부터 중국에서는 두부의 종주국임을 주장하며 유안의 생일인 9월 15일을 즈음하여 '두부문화제(豆腐文化祭)'를 성대히 열고 있다.

유안이 두부의 발명자라는 것은 북송(北宋) 때의 사람인 도곡(陶穀)이 964년에 쓴 『청이록(淸異錄)』에 처음 나오고, 그 후 수많은 책에서 인용하여 널리 알려져 있으나 신빙성에 문제가 있다는 지적도 있다. 우선 두부가 기원전부터 있었던 음식이라면 여러 고문헌에 그에 관한 기록이 있어야 하는 것이 상식인

데, 도곡의 『청이록』이 나온 10세기 이전의 문헌에서 두부에 관련된 내용을 찾아볼 수 없다는 사실이 『청이록』의 내용을 의심하게 한다.

또한 콩의 원산지는 지금의 만주 지역이며, 유안이 살던 기원전 2세기에 그 지방을 지배하고 있었던 국가는 고조선이었고, 당시 양쯔강(揚子江) 유역인 안후이성 지역에서는 콩이 거의 생산되지 않았다. 두부를 만드는 주재료인 콩이 없는데, 두부를 만들 수 있었겠느냐 하는 의문이 생길 수밖에 없다. 과거에나 현재에나 음식의 유래는 가능한 한 먼 옛날로 잡는 경향이 있으며, 도곡 역시 확실하지 않은 근거를 가지고 유안이 두부의 발명자라고 하였을 가능성이 있다.

콩의 원산지가 중국 북부 지역임을 고려할 때 인도에서 유입되었다는 것은 신빙성이 낮고, 중국 북부 지역에서 비롯되었다는 것이 타당성이 있어 보인다. 그중에서도 송(宋)나라 초기의 문헌에서 두부에 관한 내용이 처음 나오는 것으로 보아 몽골 유목민과 관련이 있다는 가설은 주목할 만하다.

중국 북쪽에서 유목을 하던 사람들이 중국으로 진출하기 시작한 것은 907년에 당(唐)나라가 망한 이후이며, 그 후 960년에 송나라가 중국을 통일할 때까지 오대십국(五代十國)이 난립하던 시대에는 지금의 화베이(华北/華北) 지역을 장악하고 있었다. 따라서 당시 화베이 지역에서는 이들 유목민과 원래 거주하던 농경민이 공존하며 서로의 문화를 교류하게 되었다.

원주민인 농경민들은 콩으로 두유를 만들어 먹을 줄 알고 있었으며, 두유는 그냥 먹으면 비린내가 많이 나므로 소금을 쳐서 먹었다. 유목민은 이동에 편리하도록 가죽으로 만든 주머니에 물이나 음료를 넣고 다녔으며, 이 주머니에 염소의 젖, 우유 등을 넣고 다니다가 우연히 발견하게 된 것이 치즈의 유래라고 한다.

이와 유사하게 농경민으로부터 두유 만드는 법을 배운 유목민들이 이를 가죽 주머니에 넣고 다니게 되었고, 이 과정에서 두부가 탄생하게 되었다고 추측하는 것이 유목민 관련 가설의 주장이다. 이와 관련하여 두부에 '썩을 부(腐)'가 쓰인 것도 두유가 변질되어 상한 것처럼 보였기 때문이라고 추정해 볼 수도 있다.

우리나라에 두부가 전래된 정확한 시기는 알 수 없으나, 고려 말에 교류가 빈번하였던 원(元)나라로부터 전래되었을 것으로 추측된다. 문헌상 두부(豆腐)라는 명칭이 처음 나오는 것은 이색(李穡)의 시를 모아놓은 『목은집(牧隱集)』이다. 이색은 고려 말의 문신으로서 목은(牧隱)은 그의 호(號)이다. 『목은집』은 1404년 아들인 이종선(李宗善)에 의해 간행되었으며, 그중에는

'대사구두부래향(大舍求豆腐來餉)'이란 제목의 시가 실려 있다.

고려로 전파된 두부는 육식을 금기시하는 사찰을 중심으로 발달하였다. 고려시대부터 조선시대에 이르기까지 왕릉(王陵) 근처에는 반드시 제사 음식을 공급하기 위한 절을 지었는데 이를 '조포사(造泡寺)'라 하였다. 조포사란 '두부를 만드는 절'이란 의미로 제사에서 두부는 빠질 수 없는 중요한 음식으로 취급되었다.

조선시대에는 두부가 일반화되어 여러 문헌에서 기록을 찾아볼 수 있다. 조선의 공식 역사서인 『조선왕조실록』에도 여러 곳에서 두부가 등장하고, 1610년에 허준(許浚)이 작성한 『동의보감(東醫寶鑑)』에도 두부가 나오며, 장계향(張桂香)이 1670년경에 작성한 최초의 한글 조리서인 『음식디미방』에서도 두부를 이용한 탕, 지짐, 조림 등의 음식이 소개되고 있다.

일반적인 두부 제조법은 콩을 물에 불려서 곱게 갈고, 가열한 후 여과하여 얻은 액에 응고제를 넣어 굳힌 후 틀에 넣고 성형하는 것이다. 응고제로는 전통적 방법에서는 바닷물로 소금을 만들 때 부산물로 나오는 간수를 사용하였으나, 최근에는 간수의 주성분인 염화마그네슘이나 황산마그네슘, 황산칼슘 등의 분말을 사용한다.

완전히 응고된 후 압착하여 물을 짜내어 단단하게 한 것이 일반적으로 부르는 보통 두부이며, 몽글몽글하게 응고되었을 때 압착하지 않고 그대로 먹는 것을 순두부라 한다. 순두부와 일 반두부의 중간쯤 되는 것으로 연두부(軟豆腐)가 있다. 연두부 는 물을 완전히 빼지 않고 부드럽고 말랑말랑하게 군힌 것으로 보통 네모진 플라스틱 용기에 포장된 형태로 판매된다.

강원도 강릉시에 있는 초당마을은 예로부터 순두부가 유명하 였다. 초당(草堂)이라는 이름은 조선 중기의 문신인 허엽(許曄) 의 호에서 유래한 것이다. 허엽은 『홍길동전』의 저자인 허균(許 筠), 조선의 여류문인인 허난설헌(許蘭雪軒) 등의 아버지이며, 강릉은 그의 처가가 있던 곳이다.

초당두부는 허엽이 1563년 삼척부사(三陟府使)로 부임하였을 당시 처가인 강릉에 들러 그곳 사람들에게 동해안에서는 천일 염이 생산되지 않아 구하기 힘든 간수 대신에 동해바다의 깨끗 한 바닷물을 사용하여 두부를 만들어보라고 아이디어를 낸 것 이 시초가 되었다고 한다.

일부 인터넷 자료에서는 허엽이 강릉부사로 재직할 당시에 초 당두부를 만들었다고 설명하기도 한다. 그러나 그는 동부승지 (同副承旨), 삼척부사(三陟府使), 홍문과 부제학(弘文館 副提學), 도승지(都承旨) 등을 역임하였으나, 강릉부사가 된 일은 없다. 초당두부가 강릉의 명물이고, 허엽에서 비롯되었으므로 허엽이 강릉부사를 지낸 것으로 오해한 것으로 보인다.

초당마을의 순두부가 유명해지게 된 것은 만드는 방법도 독특하지만 맛이 부드럽고 고소하기 때문이다. 두부를 만들 때 쓰는 간수의 주성분인 염화마그네슘 등은 바닷물을 농축한 천일염의 부산물로 얻어지게 된다. 바닷물에도 간수의 성분이 포함되어 있으나 농도에 있어 간수에 비교할 것이 못된다.

따라서, 바닷물로 만든 초당두부는 간수로 만든 두부처럼 단단하게 굳기 어렵고 순두부처럼 부드럽고 말랑말랑하게 될 수밖에 없었을 것이다. 또한 간수 성분은 약간 쓴맛이나 떫은맛을 내지만, 바닷물에는 이런 성분이 희석되어 있기 때문에 쓰거나 떫은맛보다는 주로 바닷물에 약 3% 존재하는 소금의 짠맛을 느끼게 되어 고소한맛을 더욱 북돋았을 것이다.

순두부는 수분이 많이 포함되어 있어 부드럽고 콩 특유의 향기가 그대로 살아있는 것이 특징이다. 순두부는 원래 따뜻할 때 양념장만 넣어 먹던 음식이었으나 요즘은 일반 가정에서도 대개 순두부에 조갯살이나 굴 또는 돼지고기를 넣고 찌개로 끓여 먹는다. 순두부찌개는 순두부만으로도 충분히 국물이 우러나기 때문에 따로 육수나 물이 없어도 끓일 수 있으며, 뚝배기에 센 불로 끓이는 것이 일반적이다.

순두부찌개는 보통의 찌개와 달리 식탁 가운데에 두고 함께 먹기 보다는 개인별로 제공되는 것이 일반적이어서 찌개보다는 국에 가까운 음식이다. 순두부찌개라고 하면 붉은 국물을 연상하나 이는 최근의 일이며, 원래는 맑은 국물이었고 지금도 맑은 국물의 순두부찌개를 파는 곳도 있다.

18.
불고기

불고기는 우리 민족이 가장 좋아하는 음식 중의 하나이며, 한국을 대표하는 음식으로 널리 알려져 있다. 문화관광부에서 2007년 10월에 조사한 자료에 따르면, 외국인에게 가장 흥미로운 한국의 전통문화는 한식(韓食)이었으며, 그중에서도 가장 좋아하는 것은 불고기(25.5%)였다고 한다. 불고기는 자극적이지 않으면서도 맛이 있어서, 한국인뿐만 아니라 세계적으로 누구나 좋아하는 음식이다.

불고기란 소고기를 얇게 저며서 배즙, 설탕, 간장, 파, 마늘, 참기름, 깨소금, 후추 등으로 양념을 하여 미리 재워 두었다가 불에 굽는 요리이다. 모든 고기를 불에 익혀 먹을 수 있으나, 그냥 불고기라고 할 때는 소고기를 의미하며, 다른 고기의 경우는 돼지불고기 등과 같이 불고기 앞에 그 고기의 이름을 붙여 부르는 것이 일반적이다. 세계적으로 고기를 불에 구워먹는 요리는 매우 많으나, 보통은 날고기를 구워 소스에 찍어 먹거나 구울 때에 소스, 향신료 등으로 맛을 내는 데 비하여 불고기는 미리 양념에 재워 두었다가 구워먹는 요리 방식이라는 점에서 독창성이 있다.

불고기는 조리방법에 따라 '광양(光陽)불고기'나 '언양(彦陽)불고기'와 같이 양념된 고기를 석쇠 위에서 물기 없이 구워내는 '양념불고기'와 불판 위에서 육수를 부어 야채, 당면 등과 함께 자작하게 익혀먹는 '육수불고기'가 있으며, 두 번째 방법이 보다 대중적이고 일반적으로 이야기하는 불고기이다. 때로는 생고기에 소금을 뿌려 굽는 소금구이도 불고기의 범주에 넣기도 하나, 보통은 불고기와는 구별되는 요리로 취급한다.

광양불고기는 전라남도 광양 지방에서 유래한 방식으로, 연한 암송아지의 등심 부위를 얇게 저며서 약간 단맛의 양념을 한 뒤 참숯 위에 구리석쇠를 얹어 구워먹는 것이 특징이다. 광양불고기의 유래는 아래와 같이 설명되고 있으며, 오늘날에도 많은 미식가의 사랑을 받고 있다. 유래에 나오는 '마로(馬老)'는 광양의 옛 이름이며, '화적(火炙)'은 불고기를 의미한다.

"조선시대 광양으로 귀양 온 선비가 그곳에 살던 김씨 성을 가진 사람의 아이들에게 글을 가르쳤고, 김씨 부부는 그 보은의 정으로 어린 송아지나 연한 암소의 고기로 갖은양념을 한 후 참숯불을 피우고 구리석쇠에 구워서 접대하였으며, 귀양이 풀리고 관직이 복귀되어 한양으로 돌아간 선비는 광양에서 맛본 그 요리를 못 잊어 '천하일미 마로화적(天下一味 馬老火炙)'이라며 그리워하였다."

언양불고기는 경상남도(현재는 울산광역시) 언양 지방에서 유래한 방식으로 소고기를 얇게 다져서 양념을 한 후 석쇠에 구워낸다. 신선한 생고기의 맛을 그대로 살리기 위하여 양념장에 소고기를 미리 재워두지 않고 즉석에서 양념을 하여 구워내는 것이 특징이다. 언양은 신라시대부터 왕에게 진상하였을 만큼 최고급 소고기의 산지로도 유명하다.

불판에 굽는 국물이 있는 형태의 불고기는 '한일관(韓一館)'의 창업자인 신우경(申祐卿)씨가 조선시대부터 전해오던 너비아니를 쉽게 조리할 수 있는 대중적인 요리로 변경하여 1957년부터 놋쇠구이판에 구워낸 것이 시작이었다고 한다. 한일관은 서울에서 가장 오래된 음식점 중의 하나이며, 1939년 '화선옥(花仙屋)'이라는 이름으로 개업한 후 1945년 해방과 함께 한일관이라고 개명하였다. 6·25 전쟁 중에는 잠시 부산으로 피난 가기도 하였으나, 1953년 다시 서울로 올라와 현재에도 영업하고 있다.

소금구이는 옛날에는 '방자구이'라고도 하였다. 방자(房子)는 고전소설『춘향전』에 나오는 이몽룡의 하인으로 유명하지만, 사실은 관청에 소속된 하인을 가리키는 보통명사이다. 이들은 소나 돼지 등을 도축하는 일도 맡아 하였는데, 가장 맛있는 부위를 몰래 떼어내어 자기들끼리 먹기도 하였으며, 이때 생고기에 소금만 뿌려 재빨리 구워먹던 것에서 방자구이란 명칭이 붙었다고 한다.

고기를 불에 구워먹는 것은 세계적으로 오랜 역사를 갖는 보편적인 요리법이므로 우리 민족도 선사시대부터 고기를 구워먹었을 것은 분명하며, 어느 시점부터 양념된 고기를 구워먹기 시작하였는지는 확실하지 않다. 불고기의 기원에 대해서는 4세기 중국 진(晉)나라의 간보(干寶)가 지은『수신기(搜神記)』에 '맥적(貊炙)'이라는 요리가 나오고 있으며, 이것이 불고기의 원조라고 소개하는 것이 일반적으로 널리 알려져 있다.

이 주장에 따르면『수신기』에 맥적의 조리법이 "장(醬)과 마늘로 양념되어 있어 장을 따로 찍어먹을 필요가 없으며 불에 직접 굽는다"고 적혀있으며, 맥적은 '맥족(貊族)의 적(炙)'이라는 의미이고, 맥족은 고구려를 세운 종족을 말하므로 삼국시대 이전부터 불고기의 원조격인 요리가 존재하였다는 취지로 말하고 있다. 여기에 적(炙)은 '불(火) 위에 고기(月; 肉)를 놓았다'는 뜻의 상형문자로 오늘날의 꼬치구이에 해당한다는 설명이 추가되기도 한다.

그러나 《한국일보》 2016년 7월 17일자 '한식의 잘못된 뿌리 찾기'라는 글에서 음식문헌연구자인 고영은 앞의 주장에 대해 문헌을 근거로 반론하고 있다. 그에 따르면 앞에 나온 주장의 근거가 되는 『수신기』의 맥적에 관한 기록 원문은 "胡床貊盤, 翟之器也. 羌煮貊炙, 翟之食也. 自太始以來, 中國尙之. 貴人富室, 必留其器, 吉享嘉賓, 皆以爲先. 戎翟侵中國之前兆也"이다.

번역하면 "호상과 맥반은 적(翟)인의 기물이다. 강자와 맥적 (貊炙)은 적인들의 음식이다. 태시(265년~274년) 이래 중국 사람들이 좋아하게 됐다. 귀족과 부자들은 반드시 그런 기물을 쌓아두고, 잔칫날 귀한 손님들에게 앞 다투어 내놓았다. 이는 융적이 중국을 침입할 징조였다"이다. 맥적의 요리 방법은 나와 있지 않으며, 맥(貊)이란 종족이 아니라 적(翟)이란 종족의 음식으로 기록되어 있다는 것이다.

『수신기』에 앞서 3세기 초반 한(漢)나라에서 편찬된 사전 『석명(釋名)』에도 맥적에 대한 기록이 있으며, 그 원문은 "貊炙, 全體炙之, 各自以刀割出於胡貊之爲也"으로서 번역하면 "맥적은 통으로 구워, 각자의 칼로 저며 먹는다. 오랑캐(胡貊)의 방식에서 나왔다"이다.

여기서 설명하는 요리법에 따르면 맥적은 미리 양념하여 구위먹는 꼬치구이가 아니라 어느 유목민에게서나 흔히 있을만한 통구이 요리로서 불고기의 원조로 볼 근거가 없다. 고영의 견해에 따르면 맥적이 불고기의 원조라는 주장은 있지도 않은 내용을 창조하여 만들어낸 허구이며, 검증도 없이 인용되어 정설처럼 변해버린 것이라고 한다.

맥적의 요리법에 대하여 "『의례(儀禮)』에는 '범적무장(凡炙無醬)'이라 하여 적(炙)은 이미 조리되어 있으므로 먹을 때 일부러 장에 찍어 먹을 필요가 없다"고 했다는 자료도 있다. 『의례』는 중국의 고대왕조인 주(周)나라의 주공(周公)이 지었다고 전해지는 것으로, 후한(後漢)의 정현(鄭玄)의 주석(註釋)과 당(唐)나라의 학자 가공언(賈公彦)의 소(疏)가 『의례주소(儀禮注疏)』라는 책으로 합편되어 발간되었으며, 각종 의식과 행사에 관한 내용을 기록한 것이다.

기원전에 쓰인 원문이나 『의례주소』에서 '범적무장(凡炙無醬)'이란 표현이 나오는지 확인하지 못하였으나, 있다고 하여도 『의례』에 나오는 문구를 맥적의 요리 방법과 연관 짓는 것은 무리가 있어 보인다. 또한 '범적무장(凡炙無醬)'은 '모든 적(炙)에는 장(醬)을 사용하면 안 된다'라고 해석할 수도 있다.

유목민의 후예인 고구려에서는 고기를 구워먹는 풍습이 있었으나, 통일신라시대에는 국가적인 불교 숭배의 영향으로 육식이 금기시되면서 식생활에서 점차 자취를 감추게 되었고, 고려시대에는 불교가 국교로 지정되어 육식 요리는 더더욱 발전할수가 없었다.

그러나 고려 말기에는 몽골족이 세운 원(元)나라의 지배하에 들어가게 됨에 따라 그들의 영향을 받아 수도인 개성을 중심으로 다시 육식을 즐기게 되었으며 설야멱(雪夜覓), 설야적(雪夜炙), 설하멱적(雪下覓炙), 설리적(雪裏炙) 등의 이름을 갖는 요리가 나타났다. 요리 방법은 쇠고기를 넓고 길게 저민 후 꼬치에 꿰어 기름과 소금을 발라 양념이 충분히 스며들면 약한 불에 구운 후 찬물에 담가 식힌 후 다시 굽는 과정을 반복하여 익힌다고 하였다.

많은 인터넷 자료에서 "조선 후기의 학자 조재삼(趙在三)이 1855년에 편찬한 백과사전 성격의 책인 『송남잡식(松南雜識)』에 의하면 '중국 송(宋)나라 태조(太祖)가 눈 오는 밤에 진(晉)을 찾아가니 숯불 위에 고기를 굽고 있었다'는 이야기에서 설야멱(雪夜覓)이란 명칭이 유래되었다"는 내용이 인용되고 있다.

송(宋)을 건국한 조광윤(趙匡胤)은 원래 후주(後周)의 무관이었으나 진교병변(陳橋兵變)이라 불리는 쿠데타를 통하여 송나라의 태조가 된 인물이다. 쿠데타를 일으키기 앞서 송의 개국공신이 된 조보(趙普)의 집에 찾아가 화톳불을 사이에 두고 고기를 구워먹으며 남의 이목을 끌지 않고 천하평정과 국가발전에 대한 논의(쿠데타 모의)를 하였다는 일화가 전해지고 있다. 『송남잡식』에 나온다는 '진(晉)'은 '보(普)'의 착오로 보인다.

설야멱(雪夜覓)은 '눈(雪) 오는 밤(夜)에 방문한다(覓)'라는 의미이며, 설야적(雪夜炙)은 '눈(雪) 오는 밤(夜)에 고기를 굽는다(炙)'라는 뜻이고, 설하멱적(雪下覓炙)은 '눈을 맞으며(雪下) 방문하여(覓) 고기를 굽는다(炙)'라는 뜻이고, 설리적(雪裏炙) 역시 '눈(雪) 속(裏)에서 고기를 굽는다(炙)'라는 뜻으로 일화에 어울리는 이름들이다. 이는 고려 말에 원나라의 영향으로 육식이 보급되며 설야멱(雪夜覓) 등의 이름도 함께 전해진 것으로 보인다.

한편, 식생활문화연구가 김영복은 그의 블로그에서 설야멱(雪夜覓)이란 명칭에 대해 다른 의견을 제시하고 있다. 그에 따르면, 19세기 말에 편찬된 『시의전서』란 책에는 "큰 잔치나 제사에는 일곱 가지 적(炙)을 쓰는데, 고기산적 외에 생선적, 족적, 닭적, 꿩적, 양서리목, 간서리목이다"라는 내용의 글이 있어 적(炙)의 순 우리말이 '서리목'이었음을 알 수 있다고 한다.

'서리'는 '사이' 또는 '가운데'를 뜻하고, '목'은 '몫' 또는 '꿰미'를 뜻하던 우리의 고어(古語)로서 꼬치에 꿰어 굽는 요리를 뜻한다. 따라서 서리목을 비슷하게 발음되는 한자로 옮긴 것이 설리멱(雪裏覓)이며, 이로부터 설리적(雪裏炙), 설야멱(雪夜覓), 설야적(雪夜炙), 설하멱적(雪下覓炙) 등의 이름이 파생되었다고 추정할 수도 있다는 것이다.

우리나라의 역사, 풍속, 명승 등에 대하여 최영년(崔永年)이 읊은 500여 편의 시를 모아서 1925년에 펴낸 『해동죽지(海東竹枝)』에는 설야적(雪夜炙)에 대하여 "눈 오는 겨울밤의 안주로 좋고, 고기가 연하여 맛이 좋다"는 내용이 나온다. 여기서 육식을 하기는 하되 불교의 영향으로 내놓고 먹지는 못하여 눈 오는 밤에 슬며시 먹던 고려 말의 귀족들이 송(宋) 태조(太祖)의 고사(古事)를 인용하여 그럴싸하게 붙인 이름이 설야멱 등의 이름이 아닐까 하는 추측도 가능하다.

불교를 숭상하던 고려와는 달리 유교를 숭상하던 조선에서는 육식이 자유로웠으나, 소는 농사에 중요한 가축이어서 수시로 국가에서 도살금지령을 내렸으므로, 몰래 소고기를 구워먹는 풍습은 조선시대에도 이어졌다. 야유회 등 야외에서 고기를 구워먹는 오늘날의 풍습도 여기서 유래되었다는 주장도 있다.

고려시대부터 설야멱(雪夜覓) 등으로 불리며 전해지는 고기구이 요리는 대나무 꼬챙이에 꿰어 구웠기 때문에 곶적(串炙)이라고도 하였으나, 석쇠나 번철(燔鐵)이 널리 보급되면서 고기를 굳이 꼬치에 꿰어 구울 필요가 없게 되어 너비아니라는 음식으로 발전하였다.

너비아니는 고기를 넙적하고 얇게 저민 후 잔칼질을 많이 하여 육질을 부드럽게 하고 양념이 배어들기 쉽게 한 것이 특징이며, 너비아니에 대한 최초의 기록은 『시의전서』에 나온다. 너비아니는 궁중요리라고 알려져 있으나, 궁중요리에서는 요리 이름을 한글이 아닌 한자로 표기하는 것이 일반적이었기 때문에 너비아니라는 이름은 궁중에서가 아닌 민간 등에서 지어졌을 가능성이 높다. '불에 구운 고기'를 가리키는 서울 방언이 요리의 명칭으로 퍼진 것으로 보기도 한다.

오늘날 대중화되어 있는 육수가 있는 불고기는 우리나라에서 외식문화가 본격화된 1960년대부터 널리 알려지게 되었다. 당시 소고기 값이 비싸 되도록 얇게 저며 양을 늘리고, 단맛이 부족하던 시절이었으므로 설탕을 듬뿍 넣어 달게 만들었으며, 또한 고기가 타는 것을 방지하기 위해 가장자리에 육수를 붓고 조리한 육수불고기는 전국적으로 큰 호응을 얻게 되었다.

석쇠불고기에 비하여 익히는 데 손이 덜 가고, 연기도 발생하지 않으며, 어느 정도 국물도 있으면서 당면, 야채 등의 부재료가 있어 밥을 곁들여 먹기도 적당하였고, 적은 양의 소고기로도 여러 사람이 즐길 수 있다는 장점이 있어서 육수불고기가 대세를 이루는 한편 석쇠불고기는 광양불고기, 언양불고기 등 전통식 요리법을 고수하는 식당에서나 찾아볼 수 있게 되었다.

석쇠불고기가 육수불고기로 발전하는 데에는 일제강점기를 겪으면서 일본식 전골요리인 '스키야키(すきやき)'의 영향을 받았다는 주장도 있다.

불고기란 '불에 구운 고기'란 의미로 오늘날에는 일반화되어 있으나, 이런 이름이 언제부터 사용되기 시작하였는지는 불분명하다. 19세기 말에 저술된 『시의전서』에도 갈비, 너비아니, 서리목 등의 요리명은 있으나 불고기는 나타나지 않는 것으로 보아 그 이후에 쓰이기 시작한 것으로 추정된다.

불고기는 평안도 방언으로 사용되던 것이 1945년의 광복과 1950년의 6·25 전쟁을 겪으면서 전국적으로 퍼지게 되었다는 주장도 있다. 사전에 처음 등재된 것은 한글학회의 『큰사전(제3권, 1950년)』이었으며, "숯불 옆에서 직접 구워 가면서 먹는 짐승의 고기"라고 풀이하고 있다. 1958년에 나온 『고등요리실습』이라는 조리서에서는 너비아니를 "속칭 불고기라고 하지만 상스러운 부름"이라고 적고 있다.

일부 인터넷 자료에 의하면 1950년대 이전에는 불고기란 말이 없었다고 하나 사실이 아니다. 1935년 5월 5일의 《동아일보》 기사 중에 "평양 모란대를 놀이터 삼는 주객에게는 매우 섭섭한 일이나 모란대 명물 불고기는 옥외에서 굽지 못하기로 되었다 한다"라는 내용이 있다.

《개벽(開闢)》이란 잡지의 제22호(1922년 4월)에 연재되었던 현진건(玄鎭健)의 '타락자(墮落者)'란 소설에 "그 녀석의 얼굴은 마치 이글이글 타는 숯불 위에 놓여있는 불고기덩이 같았다"는 대목이 있어 이미 1920년대에도 불고기란 단어가 널리 사용되고 있었음을 알 수 있다.

위에서 살펴본 대로 불고기란 명칭은 19세기 말에서 20세기 초 사이에 생겨난 것으로 보인다. 앞에서 설명한 광양불고기의 유래에서는 이전의 설야멱(雪夜覓) 등의 표현 대신에 화적(火炙)이란 용어가 나오고 있다. 한자 '적(炙)'은 동사로 쓰이면 '불에 굽다'는 뜻이지만 명사로 쓰이면 '구운 고기'라는 뜻이 되므로, 화적(火炙)이란 '불에 구운 고기'가 된다. 선비들이 민간에서 불고기라 부르는 것을 한자식으로 표현한 것으로 보인다.

19.
닭볶음탕

　예전에 소는 농경에 필요하였고, 말은 군사용으로 중요하였으므로 자주 잡아 식용으로 할 수 없었다. 돼지는 충분한 먹이가 없어서 사육이 제한적이었으나, 닭은 먹이를 적게 줘도 잘 자랐고 스스로 먹이를 구할 줄도 알았으므로 쉽게 기를 수 있었다. 따라서 우리 민족이 오래전부터 가장 자주 먹었던 육식은 닭고기였다. 요즘은 프라이드치킨이 대세이지만 종전에는 삼계탕, 백숙과 함께 닭볶음탕이 대표적인 닭고기 요리였다.

　닭볶음탕은 먹기 좋게 토막 낸 닭고기를 고추장, 간장, 파, 마늘 등의 양념을 넣고 볶거나 물을 붓고 국물이 약간 남을 정도로 끓여서 만들며, 부재료로는 주로 큼직하게 썬 감자, 양파, 당근 등이 같이 들어간다. 이름은 탕(湯)이지만, 국물이 많은 탕과 국물이 거의 없는 찜의 중간 형태로 조림에 더 가까운 음식이다. 지역에 따라 조금씩 요리법이 다르나 얼큰한 매운맛이 특징이다.

닭볶음탕이 표준어로 되어 있으나, 일반적으로는 닭도리탕이라는 이름이 널리 사용되고 있고, 그 외에도 닭매운찜, 닭감자탕, 닭매운탕, 닭감자조림 등으로도 불리고 있다. 1980년대에 닭도리탕이 일본어의 잔재라는 주장이 제기되어 닭볶음탕이라는 말이 새로 만들어졌고, 문화부에서 이를 보급하였으며, 1992년 11월에 순화어로서 발표되었다. 우리나라의 각종 어문 규정을 제정하고 홍보하는 국립국어원(國立國語院)에서는 닭볶음탕만을 표준어로 인정하고 있다.

국립국어원에서 닭도리탕 대신에 닭볶음탕을 순화어로 제시한 것은 닭도리탕의 구성을 '닭+도리(とり)+탕(湯)'으로 보았기 때문이었다. 일본어 '도리(とり)'는 '새(鳥)' 또는 '닭(鷄)'이라는 뜻을 지니고 있으며, 이에 따라 1980년대에 국어 순화정책이 시행될 당시 일본어의 잔재라는 이유로 변경하게 된 것이다. 그러나 아직도 명칭 및 유래에 대한 논쟁이 끊이지 않고 있다.

닭도리탕의 어원은 아직 확실하게 밝혀지지 않았으며, 도리가 일본어에서 온 것이 아니라는 주장도 많이 있다. 그중에 대표적인 것은 1925년 송순기(宋淳夔) 등에 의해 편찬된 『해동죽지(海東竹枝)』를 근거로 하고 있다. 여기에 "도리탕(桃李湯)은 계확(鷄濩)으로 평양이 유명하다. 닭 뼈를 가늘게 잘라 버섯과 양념을 섞어서 반나절을 삶아 익히면 맛이 부드러운데 세상에서는 패수(浿水)의 특산물이라고 한다"는 내용이 나온다고 한다.

'확(濩)'은 '삶다', '익히다' 등의 뜻이 있으며, 계확은 '닭을 삶은 요리'라는 의미이며, 패수는 대동강의 옛 이름이다. '鷄濩' 대신에 '鷄臛'이란 한자가 사용되기도 하였으며, '확(臛)'은 탕과는 달리 국물이 별로 없는 고깃국을 말한다. 또한 1924년에 이용기(李用基)가 지은 『조선무쌍신식요리제법』에는 '계초(鷄炒)'라는 요리가 나오며, 이 요리의 설명 마지막에 "송도(松都)에서는 '도리탕'이라고"라는 표현이 나온다고 한다. 송도는 개성의 옛 이름이다.

『해동죽지』에 나오는 도리탕은 고추장이나 고춧가루로 양념을 하지 않아 맵지 않고 감자가 없을 뿐 지금의 닭도리탕과 유사하여 닭도리탕의 원형으로 볼 수도 있다. 『해동죽지』는 우리나라 민속놀이, 명절풍습, 명물음식 등을 한문으로 기록한 책이며, 필요한 경우 한글로 토를 달았다.

국립국어원의 견해를 비판하는 쪽에서는 도리가 일본말이라면 『해동죽지』에서 조탕(鳥湯)이나 계탕(鷄湯)이라고 적거나 그냥 한글로 적으면 될 것을 굳이 한자를 빌려서 '桃李(도리)'라고 음역(音譯)할 이유가 없었을 것이라고 주장한다. 따라서 닭도리탕의 도리는 일본어가 아니라 한자어 '桃李'이거나, 순우리말 도리를 한자로 표기한 것이라고 한다.

순우리말로 보는 시각은 한자어로 볼 경우 '복숭아(桃)'와 자두(李)'라는 뜻과 닭도리탕이라고 하는 음식이 전혀 어울리지 않다고 보기 때문이다. 순우리말로 보는 시각도 여러 가지 견해가 있으며 그중에서 가장 많이 나오는 것은 순우리말 '도리다'의 어간에서 도리가 왔다는 주장이다.

그러나 '도리다' 또는 '도려내다'는 '둥글게 빙 돌려서 베거나 판다'는 뜻의 동사이므로 닭고기를 먹기 좋게 토막 내서 요리하는 닭도리탕의 어원으로는 설득력이 부족하다. 조리 방법에서 온 이름이라면 차라리 '닭토막탕'이나 '닭조각탕'이 자연스럽다.

동사의 어간 도리에 명사인 탕을 붙이는 것도 조어법상 어색하며, '도리다'를 어원으로 한다면 '닭도림탕' 또는 '닭도린탕'이 자연스럽다. 일부에서는 '도려치다' 또는 '도리치다'라는 말에서 유래되었다고도 하나, 어느 지방의 사투리에 그런 말이 있는지는 몰라도 두 단어 모두 사전에는 없는 말이며, 닭도리탕의 어원으로 보는 것은 억지스럽다.

닭도리탕 외에도 꿩도리탕, 토끼도리탕, 오리도리탕 등의 요리가 있는 것으로 보아 도리가 일본어인 '도리(とり)'에서 온 말이 아니라 순우리말이라고도 한다. 그러나 이 경우에도 도리의 어원에 대해 명확한 설명을 못하고 있다. 오히려 닭도리탕이 유

행한 후에 닭도리탕의 어원을 잘 알지 못하는 사람이 조리법이 비슷하다는 이유로 붙인 이름이라는 주장이 설득력 있게 들린다. 이런 식의 조어는 어원을 잘 모르는 외래어로부터 만들어진 단어에서 많이 일어나는 현상이다.

이외에도 도리를 부분의 뜻을 더하는 접미사(예: 윗도리, 아랫도리 등)로 보고 '닭을 부분으로 해체해 끓인 탕'으로 해석하기도 하고, 조리(調理)라는 한자어의 옛날 말인 '됴리'에서 유래되었다는 주장 등도 있으나 모두 근거가 희박하고 신빙성이 없다.

국립국어원의 주장대로 닭도리탕의 구성을 '닭+とり+湯'으로 볼 경우에는 '닭닭탕'과 같은 말이 되어 맞지 않다는 의견도 있으나, 이와 같은 동어반복은 바람직한 현상은 아니지만 우리말의 여러 단어에서 나타나고 있다. '발 족(足)'과 '발'이 합쳐진 '족발', 찹쌀떡을 의미하는 일본어 '모찌(もち)'와 '떡'이 합쳐진 '모찌떡' 등이 그 예이다.

도리탕(桃李湯)의 도리(桃李)를 지명으로 보는 시각도 있다. 복숭아나무와 오얏(자두)나무가 많아 도리리(桃李里)라고 불리던 마을이 있었으며, 1952년에 있었던 군면리(郡面里) 통폐합에 따라 황해도 신평군 고읍리에 편입되었다고 한다. 이 위치는 『해동죽지』에서 언급한 평양이나 『조선무쌍신식요리제법』에서 말한 개성과 지리적으로 매우 가까운 곳이므로 도리탕의 어원이 되기에 충분하다는 것이다.

그러나 지역적인 근접성 하나만 가지고 어원으로 보기에는 부족하며, 보통 지명은 안동찜닭, 수원갈비, 평양냉면 등과 같이 특정 지역의 유명한 음식을 수식하는 역할을 하고 음식명으로 직접 사용된 예가 없다는 점에서 수긍하기 어렵다. 도리리(桃李里)에서 유래되었다면 '도리계탕'이나 이와 유사한 이름이 붙었을 것이다.

확신하기는 어렵지만 1920년대에 도리탕이란 이름을 가진 음식이 이미 있었을 가능성은 있으며, 그 이전에도 닭볶음탕의 원조라 할 만한 음식은 있었다. 방신영(方信榮)이 1917년에 쓴 조리서『조선요리제법』에도 '닭볶음'이 나온다. 그러나 일제강점기 및 해방 후에도 도리탕이라는 명칭은 신문이나 문학작품 등에 전혀 보이지 않다가 1970년대 이후에 갑자기 닭도리탕이란 이름으로 유행하게 된다.

이를 두고 대한민국 정부수립 한참 뒤인 1970년대에 등장한 음식이 일본어의 영향을 받았을 리가 없으므로 도리가 일본어에서 온 것이라고 볼 수 없다는 주장도 있다. 그러나 1970년대에서 약 50년이 흐른 지금까지도 우리의 언어 속에 남아있는 일본어의 영향을 보면 이런 주장은 타당성이 없다.

아직까지도 닭도리탕의 어원은 확실하게 밝혀진 것이 없으며,

도리가 일본어 'とり'에서 온 것이라는 명확한 근거도 없다. 그러나 도리를 일본어로 인식하는 사람들도 많이 있으므로 닭볶음탕이라는 순화어를 만들게 되었다는 것이 국립국어원의 입장이다.

《동아일보》의 1982년 9월 2일 사회란에 "생활 속의 日語(일어) 잔재 씻자"라는 제목의 칼럼이 있으며, 여기에 '닭탕'을 '도리탕'으로 잘못 쓰고 있다는 내용이 있다. 이것은 닭도리탕이란 이름이 유행하게 된 지 얼마 안 되는 당시에도 도리탕(닭도리탕)이 일본어에서 온 것이라는 인식이 있었음을 보여주고 있다.

순화어로 제정된 닭볶음탕의 이름에 대한 반감도 많이 있다. "볶음은 '음식의 재료를 물기가 거의 없거나 적은 상태로 열을 가하여 이리저리 자주 저으면서 익힌 것'을 의미하고, 탕은 '고기, 생선, 채소 따위에 물을 많이 붓고 간을 맞추어 끓인 음식'을 말하는데 이런 볶음과 탕을 조합해 닭볶음탕이라고 한 것은 '물기가 없으면서 국물이 있는 국'이라는 정체성이 없는 음식이 되고 말았다"는 지적이다. 조리 과정에 볶는 일이 없는데 볶음이라고 한 것도 이상하다고 한다.

이에 대해 국립국어원 관계자의 말에 따르면 닭도리탕의 순화어를 만들 당시 닭을 감자, 당근, 파, 무 등 여러 채소와 함께 볶을 때 채소에서 물이 스며나와 마치 탕처럼 국물도 생기기 때문에 볶음이라는 말과 탕이라는 말이 모두 포함된 닭볶음탕이라는 대체 용어가 만들어졌다고 한다.

국립국어원에서 편찬한 『표준국어대사전』에는 닭볶음탕을 "닭고기를 토막 쳐서 양념과 물을 넣고 끓인 음식. 경우에 따라 토막 친 닭고기에 갖은 양념과 채소를 넣고 먼저 볶다가 물을 넣고 끓이기도 한다"라고 설명하고 있다. 요즘은 처음부터 물을 넣고 끓이는 경우가 많지만 이 음식은 원래 볶다가 물을 넣고 끓이는 형태의 요리였다.

확실하지도 않은 추측일 뿐인 어원을 근거로 닭볶음탕이라는 이상한 신조어를 만들고 대중들이 이미 잘 쓰고 있는 닭도리탕이라는 말을 '잘못된 것'으로 규정한다는 것은 분명히 큰 잘못이며, 짜장면처럼 복권을 시키거나 차라리 닭매운탕이나 닭매운찜 등으로 부르는 것이 적합하다는 의견도 있다.

그러나 닭볶음탕이란 이름을 사용한 것도 이미 수십 년 이상 지나 어느 정도 익숙해졌고, 일본어로 의심할 여지가 많은 닭도리탕으로 돌아가는 것도 바람직하지 않으며, 닭매운탕 등의 새로운 이름을 표준어로 삼는 것은 혼란을 가중시킬 뿐이므로 명확한 근거가 들어나지 않는 한 쓸데없는 논쟁은 불필요한 것 같다.

닭볶음탕은 최근에 생긴 음식임에도 불구하고 어원이나 유래, 또는 최초로 이름을 사용한 음식점이나 전국적으로 가장 유명한 음식점 등이 잘 알려져 있지 않기 때문에 여러 주장과 견해가 난무하고 있는 요리이다. 이런 혼란 속에서도 닭볶음탕은 여전히 사랑받는 우리의 음식이며, 얼큰하고 시원한 빨간 국물 속에 야들야들한 살코기와 맛과 간이 쏙 밴 감자가 입맛을 당긴다.

20.
잡채

　잡채는 생일, 결혼, 집들이, 명절 등 잔칫상에 빠지지 않는 음식 중 하나이며 불고기, 갈비, 비빔밥 등과 함께 외국인이 좋아하는 한국음식 중의 하나이기도 하다. 넣는 재료에 따라 다양한 맛을 느낄 수 있는 잡채는 푸른색, 노란색, 붉은색, 흰색, 검은색 등 오방색(五方色)이 골고루 들어가 시각적으로도 아름답다. 잡채는 반찬으로도 훌륭하지만 아이들 간식이나 술안주로도 어울린다.

　잡채(雜菜)는 '여러 채소를 섞은 음식'이란 의미이며 시금치, 당근, 버섯, 고기, 양파 등을 잘게 썰어서 볶은 것에 삶은 당면을 넣고 버무린 음식을 말한다. 잡채는 본래 중국의 '자후이(杂烩, záhuì)'에서 기원한 음식이며, 자후이는 여러 가지 재료를 함께 볶은 요리이다. 요즘 중국음식점에서 볼 수 있는 고추잡채(青椒肉絲)도 자후이의 일종이다.

잡채가 우리나라에 전해진 것은 조선시대이며, 당시의 잡채는 중국의 자후이와 마찬가지로 당면은 들어있지 않고 주로 채소류가 재료로 사용되었다. 그리고 중국에서는 일반 서민의 대중적인 요리였던 자후이가 우리나라에 전해지면서 고급 요리로 변하였다.

문헌상 잡채에 대한 기록은 조선 제15대 왕인 광해군(光海君) 시절 '잡채상서(雜菜尙書)'란 조롱을 받은 이충(李沖)이란 인물에 대한 기록에서 처음 나온다. 벼슬할 실력도 안 되는 이충이 잡채를 바쳐서 호조판서(戶曹判書)에 올랐다고 하여 잡채상서라고 불렀다고 한다.

이와 관련된 기록은 『광해군일기(光海君日記)』, 1630년에 간행된 신흠(申欽)의 문집인 『상촌집(象村集)』 등에 실려 있다. 이충은 음식으로 광해군의 마음을 샀으며, 광해군은 이충이 올리는 반찬이 도착한 뒤에야 식사를 했다고 한다. 아쉽게도 이충이 광해군에게 바친 잡채의 조리법이 나와 있지 않아서 어떤 요리였는지는 알 수 없다.

잡채의 조리법이 처음 소개된 것은 1672년에 장계향(張桂香)이 쓴 『음식디미방(飮食知味方)』이란 한글 요리서이다. 『음식디미방』에 따르면 잡채는 "오이, 무, 표고버섯, 석이버섯, 송이버섯, 숙주나물, 도라지, 거여목, 건박, 호박고지, 미나리, 파, 두릅, 고

사리, 시금치, 동아, 가지, 생치 등을 각각 채 썰어 볶아 담고 그 위에 즙액을 뿌리고 다시 천초, 후추, 생강가루를 뿌린 것"이라 기록하고 있다. 여기서 말하는 즙액(汁液)이란 꿩을 삶은 국물에 된장 거른 것을 섞고 밀가루를 풀어 걸쭉하게 만든 일종의 소스다.

조선 후기의 문신인 서명응(徐命膺)의 저술을 모아 1783년에 나온 『보만재총서(保晚齋叢書)』에서는 잡채 조리법에 대해 "오이, 숙주, 무, 도라지 등 각종 나물을 익혀서 비빈다"라고 기록하였다. 서명응이 설명한 잡채는 『음식디미방』에 나오는 잡채에 비해 간단해졌으며, 100여 년이 흐르면서 상류사회의 고급 음식이던 것이 일반 서민에게도 전파되면서 대중화되는 변화를 보여준다.

1896년에 쓰인 것으로 추정되는 연세대 소장 『규곤요람(閨壼要覽)』에서도 잡채의 조리법을 "숙주나물을 거두절미하고, 미나리는 숙주 길이로 썰고, 곤자소니와 양은 삶아서 썰어 재워서 살짝 볶고, 파는 잔 것으로 골라서 살짝 데쳐 썰어 갖은 고명에 주무른다. 밀가루를 조금 넣고 냄비에 볶아, 달걀 노른자와 흰자를 부쳐서 채 썬 것과 잣가루를 뿌리고 겨자에 무친다"고 하여 당면을 사용하지 않았다.

당면을 사용한 잡채는 1917년에 나온 방신영(方信榮)의 『조선

요리제법(朝鮮料理製法)』에 처음 나온다. 여기에는 당면 외에도 도라지, 미나리, 황화채, 제육, 표고버섯, 석이버섯, 계란지단 등의 재료가 사용되었으며, 양념으로는 파, 간장, 기름, 깨소금, 후춧가루 등을 사용하였고, 마지막으로 잣가루를 맨 위에 뿌려 마무리하였다.

한편 1924년에 이용기(李用基)가 지은 『조선무쌍신식요리제법』에서는 사용된 재료는 『조선요리제법』에 나오는 것과 비슷하였으나 함께 버무리는 것이 아니라 먹을 때 겨자장이나 초장에 찍어 먹는다고 하였다. 또한 "당면을 데쳐서 넣는 것은 좋지 못하다"고 하여 당면을 언급하였지만 좋은 방법은 아니라고 하였다.

비슷한 시기에 나온 두 요리서에서 당면의 사용에 대해 다르게 언급하고 있는 것은 이 무렵 잡채에 당면이 사용되기 시작하였음을 시사한다. 『조선무쌍신식요리제법』에 나오는 잡채는 종전부터 전해오던 방식에 가깝고, 『조선요리제법』의 잡채는 새로운 방식을 반영한 것이라 하겠다. 이 요리서들이 나온 1900년대 초반은 우리나라에 당면이 본격적으로 보급되기 시작한 때와 일치한다.

당면은 녹두, 감자, 고구마 등의 녹말을 원료로 하여 만든 국수를 말하며, 약 300여 년 전에 중국 산둥성(山東省)에 있는 자오위안(招远)에서 처음 만들어졌다고 한다. 당면은 우리나라에서 부르는 이름이고 중국에서는 실(絲)처럼 가늘다고 하여 '펀쓰(粉丝)'라고 통칭하며, 세부적으로는 여러 종류가 있다. 일본에서는 '봄비처럼 가늘다' 하여 '하루사메(春雨)'라고 한다. 중국이나 일본에서는 주로 녹두전분으로 만드나 우리나라에서는 주로 고구마전분으로 만든다.

문헌상 당면이란 단어가 처음 발견되는 것은 1880년에 출간된 『한불자전(韓佛字典)』이다. 이 책은 프랑스 출신의 선교사인 펠릭스 클레르 리델(Félix Clair Ridel) 신부가 신도 최지혁(崔智爀)의 도움을 받아 프랑스한국선교회의 이름으로 출간한 최초의 한불사전이다. 1880년에 출간된 사전에 실린 것으로 보아 19세기 후반에는 당면이란 단어가 우리나라에서 널리 사용되고 있었음을 알 수 있다.

일부 인터넷 자료에서는 당면이 당(唐)나라 때에 도입되었기 때문에 당면(唐麵)이라고 부른다고 하나 이는 잘못된 말이다. 당나라는 서기 618년에서 907년까지 존재하였던 국가였으며, 이 시기에는 중국에서도 당면이 없었다. 당(唐)은 당나라를 의미하기도 하나 일반적으로 중국을 의미하기도 하며, 꼭 당나라 때가 아니라도 중국에서 전래된 사물에 당을 붙이기도 한다. 당면 외에도 당근, 당나귀 등 우리말 중에 당(唐)이 들어간 것은 많이 있다.

일제강점기 때까지도 당면은 분탕(粉湯) 또는 호면(胡麵)이라고도 불렀다. 분탕은 당면을 육수에 넣고 끓인 탕을 의미하기도 하고, 당면 그 자체를 의미하기도 하였다. 호(胡)는 당(唐)과 마찬가지로 중국에서 전래된 사물에 붙여졌으나, 어감상 오랑캐라고 약간 무시하는 듯한 느낌이 있었다. 따라서 호면보다는 당면이 더 고급스러운 이미지였다.

《동아일보》 1923년 10월 16일자에 삼정정미소(三正精米所)의 당면에 대한 광고가 실려 있는데 그 내용을 보면 백근(百斤: 약 60kg)당 가격이 당면은 28원(圓), 분탕은 26원, 호면은 25원으로 나와 있다. 삼정정미소는 '광흥공창(廣興工廠) 제면부(製麵部)'의 대리점이며, 광흥공창은 우리나라 사람이 세운 최초의 당면 공장이었다. 여기서도 알 수 있듯이 당면이란 이름은 최고 품질의 것에 붙여졌으며, 호면은 가장 낮은 품질의 제품에 붙여졌다. 시간이 흐르면서 분탕 또는 호면이라는 명칭은 점차 사라지고 당면으로 이름이 통일되었다.

19세기에 당면이 전래되었을 당시에는 소규모로 집에서 만들었으며, 1906년 경의선(京義線)이 완성되자 종착역인 신의주와 중간 거점 도시였던 사리원을 중심으로 당면을 비롯한 중국 식자재가 유통되기 시작하였다. 1912년 화교로부터 당면 만드는 법을 배운 어느 일본인이 평양에 당면 공장을 세웠고, 이어 1919년에는 양재하(楊在夏)가 황해도 사리원에 광흥공창이라는 대규모 당면 공장을 건설하였으며, 1920년대에는 전국 각지에서 소규모 당면 공장이 생기면서 당면의 공급이 풍족해졌다.

당면은 그 자체로는 별 맛이 없지만 함께 조리하는 재료의 맛을 잘 흡수하여 어떤 요리에나 어울리는 특징이 있다. 또한 보관이 용이하고, 삶은 당면은 특유의 탄력이 있어 씹는 맛이 좋은 장점이 있다. 이에 따라 처음에는 탕 요리, 전골 요리 등에 주로 이용되었으나, 1930년대에는 잡채에 당면을 넣는 요리법이 확산되었다. 당면이 들어가면서 전통 방식의 고급 잡채는 자취를 감추고 당면을 중심으로 시금치, 표고버섯, 양파, 당근 등의 채소 몇 가지와 고기를 넣은 간소화된 형태의 잡채로 변경되었다.

당면이 잡채의 주재료가 되다 보니 '당면잡채'라는 표현이 어색하지 않게 되었고, 심지어는 잡채라는 이름이 빠진 '비빔당면'까지 나오게 되었다. 비빔당면은 6・25 전쟁 때 부산으로 몰려든 피난민들을 대상으로 시장의 좌판에서 고구마나 감자의 전분으로 만든 당면을 삶아 즉석에서 비벼서 판매한 데서 유래하였다고 한다.

처음에는 당면에 참기름과 고추장 양념만으로 비비는 단순한 형태였으나, 점차 고명이 추가되어 지금의 형태를 갖추게 되었다고 한다. 부산의 명물이 된 요즘의 비빔당면은 삶은 당면에 단무지 채, 부추, 어묵 등을 추가하여 참기름과 양념장으로 비비는 형태이다.

잡채에 당면이 들어가면서 생긴 또 하나의 변화는 속칭 왜간장으로 불리는 간장으로 간을 하게 되었다는 것이다. 왜간장은 일제강점기 일본인들에 의해 세워진 공장에서 제조된 간장을 낮추어 부르던 이름이었으며, 재래식 방법으로 제조된 간장은 조선간장이라 하여 구분하였다. 조선간장은 맑고, 짠맛이 강한 데 비하여 왜간장은 색이 짙으며 단맛이 강한 차이가 있다. 아무런 맛이 없고 투명한 당면은 왜간장을 써야만 달짝지근한 맛과 색상을 부여할 수 있으며, 조선간장으로는 불가능한 일이었다.

왜간장으로 간을 한 당면이 들어가면서 오늘날과 같은 형태의 잡채가 완성되었으며, 1930년대부터 잔칫상에 빠질 수 없는 음식으로 자리 잡았다. 8·15 해방 이후에는 한정식 식당은 물론 분식점에도 잡채를 판매할 정도로 대중화됐다. 경쟁이 심해지고 고구마의 작황에 따라 고구마전분의 수급이 원활하지 않게 되자 일부 업체에서 고구마전분보다 값이 싼 옥수수전분을 섞어서 사용하게 되었으며, 이런 경향은 더욱 확산되어 1980년대 초반에는 100% 고구마전분만을 사용한 당면을 찾기가 어려울 정도였다.

고구마전분에 옥수수전분을 섞어서 만드는 것이 당연하게 여겨지던 당면 시장이 100% 고구마전분으로 만든 당면으로 전환되는 결정적인 계기는 1986년 오뚜기에서 나온 '옛날당면'이었다. 옥수수전분을 혼합한 당면은 삶은 후 시간이 지나면 쫄깃함을 잃어버리고 면발끼리 서로 달라붙는 결점이 있으며, 고구마전분만으로 만든 당면은 상당한 시간 동안 탱탱한 물성을 유지한다. 옛날당면은 이런 장점을 마케팅 포인트로 출시되었으며, 옛날당면이 크게 히트하자 다른 경쟁업체에서도 잇달아 100% 고구마전분으로 만든 당면을 내놓게 되었으며, 그 후 옥수수전분을 섞은 당면은 시장에서 사라졌다.

오늘날 잡채 하면 당면을 떠올릴 정도로 당연하게 여기게 되었으나 당면이 들어가지 않은 전통적 잡채도 사찰을 중심으로 이어져오고 있으며, 일반에서도 콩나물잡채, 고추잡채, 청포묵잡채, 버섯잡채, 해물잡채 등 다양한 재료를 이용한 잡채가 집에서 요리되거나 식당에서 판매되고 있다. 잡채는 재료에 제한이 없는 요리이므로 앞으로도 다양한 형태로 계속 발전될 것이다.

21.
묵

　요즘은 보기 드문 풍경이지만 얼마 전까지도 겨울이 오면 밤마다 "메밀묵 사려~ 찹쌀떡!"하는 소리가 동네 골목마다 울려퍼졌다. 아파트 창문의 방음이 잘 되어 소리도 들리지 않게 되고, 야식 배달문화가 발달하여 지금은 사라진 추억의 소리가 되어버렸다. 야식 메뉴에서는 사라졌지만 김치를 잘게 썰어 넣고 양념을 하여 새콤달콤하게 무친 메밀묵은 반찬과 술안주로서 여전히 사랑 받고 있다.

　묵은 우리나라에만 있는 고유한 식품으로, 곡류나 열매 등으로부터 얻은 전분질을 이용하여 호화시킨 후 냉각시켜 성형한 것을 말한다. 묵은 전분이 주성분이어서 자체로는 특별한 맛이 없지만 향이나 매끄럽고 보드라운 질감이 독특하여 양념을 하여 다른 소재와 함께 버무리면 훌륭한 음식이 된다. 묵의 재료로는 녹두, 메밀, 도토리, 칡 등이 사용된다.

- 녹두묵: 녹두로 만든 묵은 '청포(淸泡)' 또는 '청포묵'이라고도 한다. 녹두 묵 중에서 치자(梔子)로 노란 빛깔을 낸 것은 '황포(黃泡)' 또는 '황포묵'이 라고 한다.

- 메밀묵: 메밀의 껍질을 제거하여 가루 낸 것에 물을 부어 밑에 가라앉은 앙 금으로 만든 묵이다.

- 도토리묵: 도토리는 참나무의 열매이며, 도토리를 가루 내어 떫은맛을 제 거한 후 만든 묵이다. 참나무는 어느 한 종(種)을 지칭하는 것이 아니라 참 나무과 참나무속에 속하는 상수리나무, 굴참나무, 떡갈나무, 신갈나무, 갈 참나무, 졸참나무 등 여러 나무를 통틀어 가리키는 명칭이다.

- 칡묵: 화전민이 많았던 강원도 산간지방에서 많이 먹던 음식이었다. 칡의 전분을 '갈분(葛粉)'이라고 하며, 전분 중에서도 질이 좋아 국수 등의 음식 재료로도 사용되고, 병자나 유아의 영양식으로도 사용된다.

강원도의 향토음식으로 '옥수수묵'이라는 것이 있다. 모양이 올챙이 같아서 '올챙이묵'이라고도 한다. 풋옥수수를 갈아서 되 직하게 풀처럼 쑤어 구멍 뚫린 틀에 부어 넣으면 자연스럽게 엉 기면서 떨어지므로 머리는 둥글고 꼬리가 길게 남아 올챙이 모

양이 된다. 떨어지는 것을 찬물에 받으면 바로 굳는데 이것을
건져서 국수처럼 말아서 먹는다. 이름에는 묵이 들어가 있지만
실제로는 일종의 국수이다.

우리나라에서 언제부터 묵을 먹기 시작하였는지는 알 수 없
으나 아주 오랜 옛날부터 먹었을 것으로 추정된다. 문헌상으로
는 1672년에 장계향(張桂香)이 쓴 『음식디미방』에 차게 식힌 오
미자차에 녹말로 만든 면을 말아먹는 음식인 '창면(昌麵)'이 최
초이다.

그 내용은 "녹두녹말 1홉을 물에 되지 않게 타서 양푼에 한
술씩 담아 더운 솥의 물에 띄워 익으면 찬물에 담았다가 썰어
서 오미자즙에 넣어 먹는다"고 기록되어 있다. 여기에 나오는
녹두로 만든 면은 녹두묵을 속성으로 만든 것이며, 녹두분말
풀은 물을 양푼에 얇게 편 후 뜨거운 물로 중탕(重湯)하여 빠
르게 호화(糊化)시키고, 찬물에서 굳힌 후 썬 것이다.

묵이란 단어의 어원에 대하여는 아직까지 밝혀지지 않았으
며, 문헌상 최초의 기록은 1778년에 역관(譯官) 홍명복(洪命福)
등이 지은 외국어 학습서인 『방언집석(方言集釋)』에서 '채두부
(菜豆腐)'를 묵이라 한 것이다. 채두부란 '채소로 만든 두부'란
뜻이니 묵을 두부의 일종으로 본 것이다.

한자 '泡'에는 '거품'이라는 뜻 외에 '두부'라는 뜻도 있으며, 때

로는 묵을 가리키기도 한다. 녹두묵을 청포(淸泡)라고 하는 것도 이 때문이며, 청포묵이라 하는 것은 '역전(驛前)앞'과 같이 우리말에 종종 나타나는 뜻이 같은 말이 겹쳐진 첩어(疊語) 현상이다.

비슷한 시기인 1787년에 서명응(徐命膺)이 펴낸 농업기술서인 『고사십이집(攷事十二集)』에는 "청포는 녹두로 두부처럼 만든다. 그러나 자루에 넣고 누르는 것이 아니라 목기에 담아서 응고시킨 후 이용한다. 가늘게 썰어 초장에 무쳐 나물로 한다"고 하여 녹두묵을 청포(淸泡)로 표현하였다.

조선후기의 조리서인 『옹희잡지(饔饎雜志)』에 녹두묵과 도토리묵에 대한 내용이 있었다고 한다. 『옹희잡지』는 문신인 서유구(徐有榘)가 쓴 조리서이며, 원본은 전해지지 않으나 그 내용은 서유구 자신이 만년에 저술한 『임원경제지(林園經濟志)』에 대부분 인용되었다.

『옹희잡지』의 편찬 시기는 밝혀지지 않았으나 『임원경제지』보다 앞선 것이므로 1800년대 초기로 추정된다. 이에 따르면 청포는 "반드시 녹두로 만드는데, 치자 물로 빛깔을 내면 맑은 노랑색이 나므로 매우 아름답다. 황두(黃豆)로 만든 것은 빛깔, 맛이 다 떨어진다"고 하였다. 황두는 콩을 말한다. 또한 "흉년에 산속의 유민들이 도토리를 가루 내어 맑게 걸러 낸 뒤 쑤어서 청포처럼 묵을 만드는데, 이것은 자색(紫色)을 띠고 맛도 담담하지만 능히 배고픔을 달랠 수 있다"고 하였다.

1870년경에 황필수(黃泌秀)가 쓴 『명물기략(名物紀略)』에서는 녹두묵의 노란 것을 황포(黃泡), 파란 것을 청포(靑泡)라고 하였고, "녹둣가루를 쑤어서 얻은 것을 삭(索)이라 하는데 속간(俗間)에서는 묵(纆)이라고도 한다. 묵(纆)이란 억지로 뜻을 붙인 것이다"고 하였다. 즉, 묵을 한자로는 삭(索)이라 하는데 민간에서는 억지로 纆(묵)이란 한자를 사용하였다는 것이다. 『명물기략』은 각종 사물의 뜻을 밝힌 한자와 한글 어휘집이며, 묵을 삭(索)이라 한 것은 다른 문헌에는 보이지 않는다.

1800년대 말엽에 지어진 것으로 추정되며 저자 미상의 조리서인 『시의전서(是議全書)』에도 메밀묵에 대한 설명이 있다. 그 내용은 "녹말을 가는 체로 받아 물에 가라앉힌 후 물만 따라버리고 쑤되 되면 딱딱하고 불이 세면 눌어붙으므로 뭉근한 불로 쑨다. 소금, 기름, 깨소금, 고춧가루를 넣고 무쳐 담을 때 김을 부수어 뿌린다"고 하여 요즘의 메밀묵 먹는 방법과 크게 다르지 않다.

◆ 탕평채

녹두묵으로 만든 요리에 탕평채라는 것이 있다. 얇고 가늘게 썬 녹두묵에 미나리, 시금치, 숙주나물, 소고기 등을 함께 무쳐서 달걀노른자, 김, 실고추 등으로 고명을 한 음식이며, 외관도 화려하고 맛도 좋아 대표적인 한식요리의 하나로 꼽힌다. 조선 영조(英祖) 때에 탕평책(蕩平策)을 논하는 자리의 음식상에 처음 올라서 탕평채(蕩平菜)라는 이름이 생겼으며 '묵청포'라고도 한다.

탕평(蕩平)은 『서경(書經)』에 나오는 "치우침이 없고 당이 없으니 왕도는 탕탕하며, 당이 없고 치우침이 없으니 왕도는 평평하다(無偏無黨 王道蕩蕩 無黨無偏 王道平平)"라는 구절에서 따온 말이다. 『서경』은 중국 고대 국가들의 정사(政事)에 관한 문서를 공자(孔子)가 편찬하였다고 전해지는 중국에서 가장 오래된 역사서이며, 유교(儒敎)의 기본 경전인 4서5경(四書五經) 중의 하나이다.

조선에서 당파(黨派)가 생기기 시작한 것은 제14대 왕인 선조(宣祖) 초기에 형성된 동인(東人)과 서인(西人)의 분리부터이다. 그 후 동인은 북인(北人)과 남인(南人)으로 분리되었으나 서인에게 밀려 몰락하였고, 서인은 노론(老論)과 소론(小論)으로 분리되었다. 당쟁(黨爭)의 폐해를 극복하고자 탕평(蕩平)이라는 용어를 처음 사용한 것은 제19대 왕인 숙종(肅宗) 때 영의정까지 지낸 박세채(朴世采)라는 인물이었다고 한다.

숙종의 노력에도 불구하고 당쟁은 사라지지 않았으며, 제20대 경종(景宗) 때에는 노론이 소론에게 정치적 탄압을 당하는 신임옥사(辛壬獄事)가 발생하게 된다. 그 결과 왕위에 오르게 된 제21대 영조(英祖)는 탕평정책의 의지를 밝히고 노론과 소론의 인재를 고르게 등용하였다. 이런 노력으로 어느 정도 자리 잡는 듯 하였던 탕평책은 노론과 소론 중에서 청류(淸流)를 자처하는 강경파들의 반대에 부딪혔다.

이에 영조는 혼인 관계를 통해 지지 세력을 만들었으며, 이렇게 만들어진 척신(戚臣)들은 남당(南黨)이라 불리면서 청류 세력인 동당(東黨)과 대립하게 되었다. 그 후 다른 척신 세력이 북당(北黨)이라 하며 남당과 대립하게 되며, 서인(西人)에 기반을 둔 남당, 북당, 동당이 공존하는 형국이 된다.

탕평채에 들어가는 다양한 재료의 색은 각 당파를 상징한다고 한다. 음양오행설(陰陽五行說)에 따르면 푸른색은 동쪽을 의미하고, 흰색은 서쪽을 의미하며, 붉은색은 남쪽을 의미하고, 검은색은 북쪽을 의미한다고 한다. 탕평채에는 푸른색의 미나리, 시금치 등과 흰색의 녹두묵, 숙주나물 등과 붉은색의 소고기, 돼지고기, 실고추 등과 검은색의 김, 석이버섯 등이 사용된다.

영조는 음식에 있어 여러 재료와 양념이 잘 섞어져야만 맛있고 좋은 요리가 만들어지듯이 서로 다른 정파의 신하들이 같이 어우러져 통합의 정치를 할 경우 더욱 부강한 나라를 만들 수 있다는 논리를 펴기 위하여 탕평책을 논의하는 자리의 상차림에 이 음식을 준비하였다고 한다.

탕평채는 1700년대 말의 문헌인『경도잡지(京都雜志)』에 처음으로 소개되었다.『경도잡지』에는 "탕평채라는 것은 녹두유(綠豆乳)와 돼지고기, 미나리 싹을 실같이 썰어 초장을 뿌려서 만든다. 매우 시원하여 봄날 밤에 먹으면 좋다"고 하였으며, 녹두유(綠豆乳)는 녹두묵의 다른 이름이다.『경도잡지』는 실학자 유득공(柳得恭)이 서울(한양)의 문물제도와 세시 풍속에 대해 쓴 책으로 완성연대는 확실하지 않으나 제22대 정조(正祖) 때 쓰인 것으로 보인다.

1855년경에 조재삼(趙在三)이 쓴『송남잡지(松南雜識)』란 책에서는 탕평채라는 음식이 나오게 된 배경으로 송인명(宋寅明)이란 인물을 거론하고 있다.『송남잡지』는 백과사전 성격의 책이며, 조재삼이 자녀를 교육하기 위해 자연과 생활에 관한 지식을 기록한 것이다. 송인명은 영조(英祖) 때에 동부승지(同副承

旨), 이조판서(吏曹判書), 좌의정(左議政) 등을 지냈으며, 당쟁을 억누르면서 탕평책을 강하게 추진한 탕평사업의 주동 인물이었다.

『송남잡지』에 의하면, 송인명이 젊은 시절에 시장을 지나다가 골동채(骨董菜) 파는 소리를 듣고 깨달은 바가 있어 사색(四色)을 섞어 등용해야 함을 깨닫고 탕평사업을 하게 되었다고 한다. 이 책에서는 탕평채를 "청포에 쇠고기와 돼지고기를 섞어서 이것을 만들기 때문에 곧 나물의 골동(骨董)이다"라고 하였다. 골동(骨董)은 분류가 되지 않는 옛날 물건들을 통틀어 부르는 말이며, 여러 가지를 모아 혼합하는 음식을 가리키기도 한다. 예로서, 비빔밥을 골동반((骨董飯)이라고 하고, 여러 가지를 혼합해 조리한 국을 골동갱(骨董羹)이라 불렀다.

조선식찬연구소(朝鮮食饌研究所)를 운영하였던 홍선표(洪善杓)는 1940년에 펴낸 『조선요리학(朝鮮料理學)』에서 탕평채가 영조와 관련이 있다고 하였다. 이 책에서 "예전에는 우리 조선에도 묵을 그대로 기름에 부쳐 먹을 줄은 알았지마는 묵에 숙주나물이나 그 외 나물을 섞어 먹을 줄을 몰랐던 것이나, 200여 년 전 영조 때 노소론을 폐지하자는 잔치에 묵에 다른 나물을 섞어 탕평채라 하였던 것이 초나물의 시작이라 하는 것이다"라고 하여, 탕평채를 식초 맛이 나는 초나물의 일종으로 보고 그 시작이 영조 때라고 하였다.

1849년에 나온 『동국세시기(東國歲時記)』에서는 "녹두포를 만들어 잘게 썰고 돼지고기와 미나리 싹, 김을 버무려 초장을 뿌린다. 매우 시원하여 봄날 저녁에 먹으면 좋다. 그 이름을 탕평채라 부른다"고 적었다. 『동국세시기』는 조선 후기의 문인이며 학자인 홍석모(洪錫謨)가 우리나라 세시 풍속에 대해 12달로 나누어 해설한 책이다.

이 밖에도 조선시대의 여러 문헌에서 탕평채에 대한 기록을 찾아볼 수 있으며, 일제강점기에 나온 각종 요리서에 소개될 정도로 탕평채는 손님 접대용 음식으로 자리를 잡아갔다. 지금도 한정식을 판매하는 음식점에서 탕평채는 빠지면 안 되는 중요한 메뉴가 되어있다. 여러 재료가 골고루 혼합된 탕평채는 외관과 맛도 좋지만 영양적으로도 균형 잡힌 음식이라 하겠다.

22.
빈대떡

    날씨가 다소 궂거나 비가 오는 날에 생각나는 대표적인 음식이 빈대떡이다. 막걸리나 동동주의 안주로서 제격인 빈대떡은 서민의 음식으로 인식되고 있으나, 제사상이나 차례상에도 올라갈 만큼 귀한 음식이기도 하다. 음식을 준비하는 주부들에게는 부담을 주기도 하지만 기름을 두른 프라이팬에서 지글지글 익어가는 빈대떡은 명절 분위기를 높여주는 역할을 한다. 빈대떡은 한국인의 입에 맞는 국민 음식 중의 하나로 술안주뿐만 아니라 반찬이나 간식용으로도 사랑 받고 있다.

    빈대떡은 녹두를 물에 불려 껍질을 벗긴 후 맷돌 등에 갈아 김치, 나물, 쇠고기나 돼지고기 등을 넣고 프라이팬에 부쳐서 먹는 음식을 말한다. 녹두전(綠豆煎), 녹두전병(綠豆煎餅), 녹두부침개, 녹두지짐 등으로도 불리며 빈대떡과 함께 모두 표준어로 인정받고 있으나 빈대떡이란 이름이 가장 많이 사용된다. 예전에는 빈자떡, 빈자병(貧者餅), 녹두적(綠豆炙) 등의 이름도 있었으나 이들은 표준어에서 제외되었다.

한자 전(煎)에는 '달이다', '졸이다', '끓이다', '지지다' 등의 뜻이 있으며, 우리말의 지짐은 "소량의 기름을 프라이팬을 비롯한 조리용 판에 두르고 밀가루나 전분가루 등 곡식가루를 묻혀서 요리하는 것 또는 그렇게 요리한 음식"을 말한다. 기름을 두르지 않고 프라이팬 등에서 가열하는 볶음이나 굽기와는 구분되며, 다량의 식용유를 사용하면 튀김이 된다. 전(煎)은 부침개, 지짐이 등으로도 불리며, 예전에는 '저냐'라고 부르기도 하였다.

생선류, 채소류, 육류 등 다양한 재료를 활용하여 한입 크기로 자르거나 잘게 다져 밀가루와 달걀로 옷을 입혀 조그맣게 부쳐내는 것을 전(煎)이라 부르고, 곡물가루 반죽에 내용물을 혼합해 비교적 크게 부쳐내는 음식을 부침이라고 구분하기도 하나, 엄격한 구분은 아니며 파전, 김치전, 부추전 등 예외도 많이 있다. 대부분의 전은 밀가루를 이용하나 빈대떡에는 반드시 녹두가루를 사용한다.

이웃 중국과 일본의 음식에는 튀김류가 많은데 비해 우리나라 전통음식에는 튀김은 거의 없고, 지짐이 매우 많다. 기름이 귀하기 때문에 이를 절약하기 위해 이런 조리법이 발달한 것이란 시각이 있을 수도 있겠으나, 재료 사용에 그다지 제한을 받지 않았던 궁중음식에도 튀김보다 전이 많다는 사실로 보아 담백함을 좋아하는 우리 민족의 식성이 반영된 조리법으로 보는 것이 타당할 것이다.

우리나라에서 지짐 요리가 언제부터 시작되었는지는 확실하지 않다. 예전에는 번철(燔鐵)이라는 요리 기구를 사용하여 지짐 요리를 하였고, 번철은 가마솥의 뚜껑과 비슷한 모양을 하고 있으며 무쇠로 만들었다. 삼국시대 후기에 무쇠로 만든 솥의 보급이 이루어졌으므로 번철도 만들어졌을 가능성이 있다. 그러나 삼국시대에서 고려시대까지 지짐 요리와 관련된 문헌이나 유물 등이 발견되지 않았으며, 지짐 요리에 대한 최초의 기록은 조선시대에 나타난다.

지금은 퇴색하였으나 조선시대에 유행하던 화전놀이라는 것이 있었다. 이것은 원래 신라시대의 꽃놀이로부터 유래하여 여성들이 삼짇날(음력 3월 3일) 경치 좋은 곳에 가서 음식을 먹고 꽃을 보며 노는 풍습이었다. 조선시대에는 꼭 삼짇날을 지키지도 않고, 여자들만의 행사가 아니라 남자들도 진달래꽃이 필 무렵에 꽃놀이를 가서 진달래꽃으로 화전(花煎)을 지져 먹고 가무를 즐겼다. 현재는 삼짇날도 잊히고 화전도 흔하지 않게 되었으나, 봄철에 야외로 꽃놀이 가는 풍습은 남아있다.

이와 관련하여 『조선왕조실록』 세조(世祖) 3년(1457년)의 기록에 "도성의 남녀들이 떼 지어 술을 마시는 것을 싫어하지 않았다. 매양 한 번 술자리를 베풀면 반드시 음악을 베풀고 해가 저물어서야 헤어져 돌아갔다. (중략) 진달래꽃이 필 때에 더욱 자주 그러하니 이를 전화음(煎花飮)이라고 한다"는 내용이 있다. 여기서 전화(煎花)는 화전(花煎)과 같은 말이며, 화전은 찹쌀가루 반죽 위에 진달래, 국화 등의 꽃을 붙여서 지진 떡을 말한다.

인터넷에 떠도는 자료에 의하면 "전에 관한 최초의 기록은 1609년의 『영접도감의궤(迎接都監儀軌)』에 '어육전'이라는 명칭으로 처음 나타난다"고 한다. 『영접도감의궤』는 조선시대 명(明)나라와 청(淸)나라의 사신을 접대할 때의 영접절차와 각종 의식 및 이에 소요되는 물품조달, 인력동원에 관한 제반사항을 기록한 책이며 현재 16종이 남아있다. 이중 1609년의 『영접도감의궤』는 선조(宣祖)의 국상 및 광해군(光海君)의 즉위 때에 온 명나라 사신에 대한 영접 기록이다. 그러나 위의 『조선왕조실록』에 이미 전화(煎花)에 대한 기록이 있으므로 이 주장은 맞지 않다.

생선전이라고도 하는 어육전(魚肉煎)은 생선살에 밀가루와 계란을 묻혀 기름에 지진 음식이며, 명절이나 잔칫상에 자주 오르는 음식이다. 주로 담백한 명태의 살이 사용되며, 조선시대 궁중에서는 '기름으로 부친 생선'이란 의미로 전유어(煎油魚)라고도 하였으며, 모양이 아름다워 전유화(煎油花)라고도 하였다.

또한 인터넷에서는 1643년의 『영접도감의궤』에서 전을 '간남(肝南)'이라는 이름으로 기록하였다고 한다. 그러나 간남은 전(煎)을 뜻하는 것이 아니라 '귀한 손님에게 차리는 중요한 음식'이라는 의미이다. 한자 간(肝)에는 신체기관인 간이란 의미 외에 진심(眞心), 충심(衷心), 요긴(要緊)함 등의 뜻도 있으며, 유교의 예법에 손님은 북쪽 위치에서 남쪽으로 향하여 앉게 되므로, 손님의 남쪽에 차려진 중요한 반찬이 간남(肝南)이라 불리게 된 것이다.

전도 간남으로 사용되지만 육회, 갈비, 수육 등 고기류 반찬이 주로 간남으로 사용되었다. 간남을 전으로 오해한 것은 제수용 음식인 간납(干納/肝納) 때문인 것 같다. 간납은 육류, 어패류, 채소류 등의 재료에 밀가루를 묻히고 달걀을 입힌 다음 기름에 부쳐 만든 전(煎)이나 적(炙) 등의 제수용 음식을 말하며, 그 어원이 된 것이 바로 간남이다.

빈대떡의 주재료인 녹두(綠豆)는 콩과에 속하는 일년생 초본식물로서 안두(安豆), 길두(吉豆) 등의 이름으로도 불렸다. 원산지는 인도 지방으로 추정되며, 인도를 비롯하여 한국, 중국, 일본, 이란, 필리핀 등 아시아지역에서 주로 재배한다. 우리나라에는 삼국시대 이전에 중국을 통하여 전래된 것으로 추정되고 있다.

충청북도 단양군 적성면 애곡리에 있는 삼한시대의 유적인 수양개유적(垂楊介遺蹟)에서 녹두가 출토되었고, 충청남도 부여군 부여읍 쌍북리에 있는 백제시대 유적인 부소산성(扶蘇山城)의 군창지(軍倉址)에서 불에 탄 녹두가 발견되기도 하여 우리나라에는 삼국시대 이전에 중국을 통하여 전래된 것으로 추정되고 있다. 녹두는 예로부터 빈대떡으로 부쳐 먹는 이외에도 묵, 나물, 죽 등으로도 이용되었다.

빈대떡은 아직까지 처음 시작된 시기도 명확하게 밝혀지지 않았으며, 그 이름의 유래도 확실하지 않고 여러 가지 주장이 난무하고 있다. 이렇게 명확하지 않은 이유는 이 음식이 궁중에서도 먹던 고급 음식이어서 한자(漢字)식 이름도 많으며, 서민의 음식이어서 일반인의 눈높이에 맞춘 이름도 많이 있기 때문이다. 또한 지방에 따라 만드는 방법과 이름이 다르며, 수 세기를 거치면서 이름에도 변화가 생겼기 때문에 유래를 확인하기더욱 어렵게 되었다. 빈대떡이란 이름의 유래에 대하여는 다음과 같은 주장들이 있다.

① 한자에서 유래된 '빙저' 또는 '빙쟈'라는 이름이 변하여 '빈자' → '빈대'가 되

었으며, 여기에 '떡'이 붙어 빈대떡이 되었다고 한다.

② 가난한 사람들이 먹던 음식이어서 '가난한 사람들의 떡'이란 의미의 '빈자병(貧者餠)'이 변하여 빈대떡이 되었다고 한다. 여기에도 세부적으로는 몇 가지 다른 주장이 있다. 첫째는 조선시대 제사상에 기름에 지진 고기를 높이 쌓을 때 제기(祭器) 밑받침용으로 썼는데, 제사가 끝난 후 하인들이 먹어서 빈자병이라 하였다고 한다. 둘째는 흉년이 들면 서울 남대문 밖에 유랑민들이 몰려들었으며, 이들을 위해 당시의 부자들이 큼지막하고 둥글넓적한 전을 만들어 이들에게 나누어 준 데서 유래한다고 한다. 셋째는 고려 때에 어떤 가난한 집에 손님이 찾아오자 마땅히 대접할 것이 없어 녹두로 전을 만들어 대접한 데서 유래한다고 한다.

③ 몸이 둥그렇고 납작한 곤충인 빈대에서 유래하여 빈대떡이 되었다고 한다. 여기에도 세부적으로는 몇 가지 다른 주장이 있다. 첫째는 전의 모양이 빈대와 닮아서 빈대떡이라고 부르게 되었다고 한다. 둘째는 중국의 밀가루떡인 애병(餲餠)의 애(餲)가 빈대를 뜻하는 할(蝎)로 와전되어서 빈대떡이 되었다고 한다. 셋째는 현재의 정동(貞洞) 지역인 서울 덕수궁 뒤쪽에 빈대가 많아 조선시대에는 '빈대골'로 불렸는데 이곳 사람 중에 이를 판 장사꾼이 많아 빈대떡이 되었다고 한다.

④ 옛날 녹두가 귀한 시절에 손님 대접을 위해서 특별히 만들어 내놨던 손님 접대용 음식이란 뜻의 '빈대(賓待)떡'에서 유래되었다고 한다.

인터넷 자료에 의하면 빈대떡에 관한 최초의 기록은 "조선시대 궁중에서 명나라 사신을 접대할 때 내놓은 음식을 기록한 ≪영접도감의궤≫(1634)를 보면 병자(餠煮)라는 음식이 있는데, 이것은 녹두를 갈아 참기름에 지져 낸 것으로 보이고 이를 녹두병(綠豆餠)이라고 했다고 한다"고 되어있다. 병자(餠煮)를 빈대떡으로 본 이유는 이 음식의 재료에 녹두와 참기름이 있기 때문이다. 녹두병(綠豆餠)이라는 이름은 1643년(인조 21년)의 『영접도감의궤』에 나오고, 재료가 병자와 같다.

인터넷 자료에는 16세기 초에 작성된 것으로 추정되는 최세진(崔世珍)의 『박통사언해(朴通事諺解)』에 빈대떡을 의미하는 '병저(餠食者)'라는 음식이 나온다고 한다. 최세진의 『박통사언해』는 중국말 교본이며, 이 책의 내용이 1517년에 완성된 『사성통해(四聲通解)』에서 범례로 인용되고 있어 이 책보다 앞선 것으로 추정되고 있다. 원본은 전해지지 않았으나 1677년 사역원(司譯院)에서 수정하여 간행한 『박통사언해』가 남아있다. 이 자료에는 '병저'의 중국식 발음은 '빙저'이며, 녹두와 찹쌀을 갈아서 부친 전(煎)으로 설명이 붙어 있다.

병저의 한자 표기가 '병식자(餠食者)'로 되어 있는데 이는 컴퓨터 입력 오류로 보인다. '식자(食者)'는 두 글자가 아니라 한 글자로서 지금은 사용하지 않는 '䭑'란 글자였다. 이 글자는 한자의 구성상 부수인 '食'은 뜻을 나타내며, 발음은 '著'에서 따와 '저'로 읽혔다.

병(餠)의 중국어 발음은 '빙(bǐng)'이고, '䭔'의 중국어 발음은 『박통사언해』에는 '저'로 되어 있으나 실제 중국어 발음은 확인할 수 없다. 참고로, 자(者)의 중국어 발음은 [zhě]이다. 이 발음은 한국인에게는 매우 어려운 발음이며 '저' 또는 '쟈'로도 들릴 수 있다.

1672년에 장계향(張桂香)이 쓴 최초의 한글 요리서인 『음식디미방』에는 '빈쟈'라는 음식이 나오며, 그 이름은 '빙져'와 관련이 있어 보인다. 그 조리법은 "녹두의 피를 제거하고 되직하게 갈아 번철의 기름이 뜨거워지면 조금씩 떠놓고 그 위에 피를 제거하여 꿀로 반죽한 팥소를 놓고 다시 그 위에 녹두반죽을 덮어 유자색이 되도록 지진다"고 하여 만드는 방법은 오늘날의 붕어빵을 연상시킨다. 이 설명대로라면 이것은 오늘날의 빈대떡과는 만드는 방법이나 재료, 모양에서 같은 종류의 음식이라고 보기 어렵고, 상당히 고급 음식이었다.

『박통사언해』에서 보인 '빙져'란 단어는 『역어유해(譯語類解)』와 『방언집석(方言集釋)』이란 문헌에도 나온다고 한다. 『역어유해』는 1682년(숙종 8년) 사역원(司譯院)에서 신이행(愼以行) 등이 편찬한 중국어 어휘사전이고, 『방언집석』은 1778년(정조 2년)에 역관(譯官) 홍명복(洪命福) 등이 지은 외국어 학습서이다.

빙허각(憑虛閣)이 1809년에 쓴 가정살림에 관한 내용의 책인
『규합총서(閨閣叢書)』에도『음식디미방』의 '빈쟈'와 비슷한 요리
인 '빙쟈'가 등장한다. 다만 팥 대신에 밤고물을 꿀로 버무리고,
위에 잣을 박고 대추를 사면에 박아 화전(花煎)과 비슷한 모양
으로 만드는 차이가 있다. 이 음식은 녹두를 원료로 하였을 뿐
조선시대 기준으로도 상당히 고급요리이며, 오늘날의 빈대떡과
는 큰 차이가 있다.

『규합총서』와 비슷한 시기에 쓰인『광재물보(廣才物譜)』라는
문헌에는 '빙쯔썩'이라는 단어가 나타난다.『광재물보』는 편찬
자와 간행연대를 알 수 없으나 1798년에 이성지(李成之)가 엮은
『재물보(才物譜)』를 확대한 것이므로 그 이후에 나온 것으로 보
이며, 백과사전 성격의 책이다.『박통사언해』에 나오는 '빙져'가
'빙쯔'로 바뀌고, '썩'이란 말이 붙는 변천과정을 보여주고 있다.

1870년경에 황필수(黃泌秀)가 펴낸『명물기략(名物紀略)』이란
책에는 "중국의 밀가루 떡인 '애병(餲餅)'의 '애(餲)'자가 빈대를
뜻하는 '할(蝎)'자로 와전되어 '빈대떡'이 되었다는 내용이 있다"
고 한다.『명물기략』은 각종 사물에 대해 한자와 그 한자의 우
리말 뜻을 밝혀서 펴낸 어휘집이다.

그러나 이 내용은 인터넷에만 나돌고 있을 뿐 사실 여부가

불확실하다. 참고로, 한자 '蝎'은 '갈' 또는 '할'로 읽히며, 갈로 읽을 때는 전갈을 뜻하고, 할로 읽을 때는 나무굼벵이를 뜻하며, 빈대라는 뜻으로는 사용되지 않는다. 빈대를 뜻하는 한자는 '노/로(蟖)'이다.

1897년 영국인 선교사 게일(James S. Gale)이 편찬한 『한영자전』에 '빈쟈썩'이란 단어가 실려 있으며, 1992년에 김민수(金敏洙) 박사가 발간한 『주시경전서(周時經全書)』에는 '빈자썩'이란 단어가 있다. 『주시경전서』는 30여년에 걸친 작업으로 여러 곳에 흩어져 있는 주시경의 글을 모아놓은 것이다. 주시경은 국어연구회를 조직하고, 한글 연구의 기초를 확립한 국어학자로서 조선말인 1876년에 태어나 한일합방 직후인 1914년에 사망하였다.

교육자이며 요리연구가인 방신영(方信榮)이 1917년에 쓴 조리서 『조선요리제법』에 나온 '빈자떡' 요리법에는 "녹두 갈은 것에 소금으로 간하고 미나리나 배추김치를 썰어 넣기도 하며, 작은 접시만 하게 얄팍하게 부친다고 하였다"고 하여 오늘날의 빈대떡과 차이가 없다.

1924년에 이용기(李用基)가 지은 『조선무쌍신식요리제법』이라는 요리책에서는 빈대떡을 한자로 '빈자병(貧者餅)'이라고 하고 가난한 사람의 음식이라고 했다. 그러나 조선시대 궁중에서 각종 제사나 연회에도 쓰인 음식이기도 하다고 하였다. 넣는 재료는 녹두 외에 야채, 버섯, 달걀, 해삼, 전복, 밤, 대추 등 넣을 만한 것은 다 넣어 함께 부친다고 하였다. 하지만 가난한 사람들의 경우에는 녹두에 미나리나 파를 썰어 넣어 만든다고 하였다.

1938년 문세영(文世榮)이 펴낸 『조선어사전(朝鮮語辭典)』에 '빈대떡'이란 이름이 나오며, 1988년의 표준어 규정에서는 빈대떡을 표준어로 인정하고 빈자떡은 비표준어로 되었다. 요즘은 빈자떡이란 명칭은 거의 사용하지 않으나 1970년대 후반까지도 신문에서 이 단어를 사용할 정도로 널리 쓰였다.

신문에 사용된 예를 보면, 《조선일보》 1976년 12월 28일자 만물상(萬物相)에 "샛강 물소리 멎을 때 북촌(北村) 마님들 빈자떡 주무르듯"이란 표현이 나오며, 《동아일보》 1979년 2월 16일자 '무영탑(無影塔)'에는 "아주(阿洲) 차드國에 또 구데타. 빈자떡 뒤집듯 뒤집어야 속시원한 후진(後進)의 비애(悲哀)"라는 글이 있고, 또한 《매일경제》 1979년 12월 28일의 '정초(正初) 술안주 만들기'라는 기사에도 빈자떡이 나온다.

한편 신문에 빈대떡이란 단어가 나오기 시작한 것은 1920년대 후반부터이다. 그 예로 《동아일보》 1926년 7월 3일 '자정후(子正後)의 경성(京城)'이란 기획 연재기사에 '밀국수와 빈대떡'이 나오며, 《조선일보》 1927년 3월 17일 사회면에 '갑자유치원(甲子

幼稚園)의 스마일링 대회' 식순을 설명하는 내용에 '빈대떡노래'
가 나온다.

또한 《동아일보》 1929년 7월 13일 기사 내용 중 "심상히 보면
풍로불 압헤서 마치질하는 대장쟁이나 폭양 미테서 빈대떡 부
치는 사람이 더 심할 것 갓지마는"이라는 글이 있다. 이로써
1920년대에서 1970년대까지 약 50년 동안은 빈자떡과 빈대떡
이 함께 사용되었던 것을 알 수 있다.

이상에서 살펴본 문헌상의 기록들을 보면, 19세기 초반까지
는 병저에서 유래된 이름이 일반적이었으나 19세기 말에는 빈
자(貧者)라는 이름이 사용되었고, 빈자라는 이름이 사용될 무
렵부터 현재의 빈대떡 모습을 보이고 있다. 이는 고급 떡이던
병저가 대중화되면서 현재와 같은 모습으로 변하게 되었고, 기
존의 병저와 구분되는 빈자라는 이름을 얻게 된 것이란 추정을
가능하게 한다.

수 세기가 흐르는 동안 원래의 병저라는 이름은 전래되지 못
하고 '저(䭔)'라는 한자도 사용하지 않게 됨에 따라 병저에서
유래된 '빈쟈', '빙쟈', '빙즈' 등의 이름은 그 의미가 불분명해지
게 되었다. 이에 19세기 중후반에는 이미 종전의 고급 전(煎)과
는 거리가 멀어져 서민의 음식이 된 전의 이름으로 발음이 비
슷하고 뜻도 부합하는 빈자(貧者)라는 한자가 사용되게 되었을

것이다.

가난한 사람들이 먹던 음식이어서 빈자병(貧者餠)이라는 ②
번 주장의 세 가지 다른 주장은 모두 병저가 빈자떡으로 일반
화되는 다양한 과정을 보여주는 사례라 하겠다. 빈자(貧者) 뒤
에 '떡'이 붙게 된 것은 기원이 된 병저의 '병(餠)'이 '떡'이라는 의
미이며, '빈자(貧者)'만으로는 무엇을 말하는지 알 수 없기 때문
에 '떡'이란 말을 붙여 의미를 확실히 하려는 대중적 의도가 작
용한 것으로 볼 수 있다.

곤충인 빈대에서 유래하여 빈대떡이 되었다고 하는 ③번 주
장은 빈자떡이 빈대떡으로 변해가는 과정을 보여준다 하겠다.
그중에서 『명물기략』이란 책을 인용하거나 빈대골에서 유래되
었다는 주장은 억지스러운 면이 있고, 모양이 빈대와 닮아서
빈대떡이라고 부르게 되었다고 하는 첫 번째 주장이 가장 설득
력이 있다.

한자를 모르는 사람들의 경우 빈자떡이란 이름은 의미가 쉽
게 받아들여지지 않으며, 발음도 비슷하고 그들에게 익숙한 빈
대와 모양이 비슷하여 빈대떡이라고 부르게 되었을 것이다. 빈
대떡의 어감이 좋지는 않으나, '가난한 사람들이나 먹는 떡'이란
의미의 '빈자(貧者)떡' 역시 먹는 사람의 자존심을 건드리는 단
어이다.

귀한 손님 접대용 음식이란 뜻에서 '빈대(賓待)떡'이라 하였다는 ④번 주장은 설득력이 없다. 한자 단어의 구성 형태로 보면, '손님을 접대한다'는 의미라면 '빈대(賓待)'가 아니라 '대빈(待賓)'이어야 자연스럽다. 또한 옛날부터 빈대떡이란 용어를 사용하였다고 하는데, 빈대떡이란 용어가 사용되기 시작한 것은 최근인 1920년대의 일이다. 아마도 음식에 비호감적인 해충인 빈대라는 이름이 붙은 데 대한 반감으로 억지로 지어낸 한자로 보인다.

아파트가 대부분인 요즘은 빈대를 구경하기 힘들게 되었으며, 젊은 층에서는 빈대라는 곤충을 아예 모르는 경우도 있어 빈대떡이란 용어에 대한 저항감도 많이 누그러졌다. 그래도 빈대떡이란 단어에 거부감이 있다면 녹두전, 녹두전병, 녹두부침개, 녹두지짐 등 같은 뜻의 다른 단어를 사용하면 될 것이다. 참고로, 북한에서는 녹두지짐만을 우리의 표준어에 해당하는 문화어로 삼고 있다.

이상을 종합하면 빈대떡은 중국의 음식 '병저'에서 유래하여, '빈자떡'을 거쳐 '빈대떡'이 되었다는 ①번 주장이 가장 타당성이 있어 보인다. ②번과 ③번의 주장은 빈대떡의 유래라기보다는 각각 중간 단계인 '빙쟈', '빙즈' 등에서 '빈자'로 바뀌게 되는 것과, '빈자떡'에서 '빈대떡'으로 바뀌게 되는 과정을 설명하는 것이라 하겠다.

　조선시대 대표적인 서민음식이었던 빈대떡은 1920년대부터 길거리 간이음식점에서 인기 있는 메뉴의 하나가 되었으며, 8·15 해방과 6·25 전쟁 이후에도 빈대떡집은 더욱 확대되었다. 빈대떡집이 유행하게 된 것은 그다지 큰 자본이나 조리기술이 요구되지 않기 때문이기도 하였다.

　조국을 떠났다 귀국한 사람들, 북한을 탈출한 사람들, 그리고 혼란 속에 재산을 잃은 사람들이 너 나 할 것 없이 길거리에서 좌판을 벌이고 판매한 음식이 바로 빈대떡이었다. 이런 시대상을 가장 잘 표현한 것이 1947년에 발표된 가수 한복남(韓福男)의 "돈 없으면 집에 가서 빈대떡이나 부쳐 먹지"라는 가사 내용으로 유명한 노래 '빈대떡신사'이다.

　빈대떡을 많이 먹게 된 것은 녹두의 가격이 비싸지 않았던 이유도 있다. 하지만 벼농사 위주로 농업 정책이 바뀌면서 녹두의 생산량은 날이 갈수록 줄어들었으며, 1967년부터 녹두 값이 매년 급속하게 오르기 시작하였다. 요즘은 녹두 가격이 쌀의 5배 이상이어서 빈대떡은 돈 없는 사람이 먹을 수 있는 음식이 아니다.

　시중에서 판매되고 있는 빈대떡 중에서 가격이 저렴한 것은 순수한 녹두빈대떡이 아니라 밀가루가 섞인 것일 가능성이 높다. 녹두의 가격이 오르면서 빈대떡의 수요가 감소하였으며, 다른 먹거리가 풍부해지자 빈대떡의 인기도 급속하게 떨어졌다. 그래도 빈대떡은 여전히 누구나 즐기는 국민 식품이다.

23.
파전

　밀가루 반죽에 길쭉길쭉하게 썬 파를 넣고 기름 두른 프라이팬에서 지진 파전은 예전만큼은 아니나 지금도 여전히 좋은 안줏거리이자 별식으로 사랑받고 있다. 특히 부슬부슬 비가 내리는 날이면 더욱 간절해지고, 지글지글 기름에 익어가는 소리만 들어도 군침이 돈다.

　특별한 기술 없이 제철 채소와 해산물을 밀가루 반죽에 넣어 기름에 부쳐내기만 하면 되는 전(煎)은 과거 기름진 음식을 거의 못 먹던 서민들에게 지방을 보충할 수 있는 소중한 음식이었다. 파전 외에도 김치전, 배추전, 부추전, 굴전, 무전, 깻잎전 등 재료에 따라 맛과 이름이 다른 여러 전이 있다.

　파는 백합과(百合科)에 속하는 다년생 초본식물이며, 원산지는 중국 서부로 추정되고 있다. 중국에서는 기원전부터 재배되었으며, 우리나라에서 파를 재배하기 시작한 것이 언제인지는 정확히 알 수 없으나 고려시대 이전부터 재배되어 온 것으로 추정된다. 문헌상 파에 대한 기록이 처음 보이는 것은 고려시대인 1236년에 편찬된 『향약구급방(鄉藥救急方)』이란 의약서(醫藥書)에 약재로 실려 있는 것이다.

파전에는 일반적으로 쪽파를 많이 쓰지만 실파나 대파를 쓰는 경우도 있으며, 파 외에 해산물이나 다른 야채를 함께 곁들이기도 하고, 때로는 돼지고기나 소고기를 넣기도 한다. 쪽파와 실파는 생긴 모양이 비슷하여 혼동하기 쉽지만 전혀 다른 품종이며, 쪽파는 영양번식하므로 마늘처럼 생긴 씨쪽파(種球)를 구해서 심어야 하고 실파는 씨앗을 뿌려 재배한다.

외관상 가장 큰 차이는 땅속줄기 부분으로 쪽파는 작은 양파처럼 둥글게 생긴 데 비하여 실파는 땅위줄기와 굵기에서 차이가 없이 길고 가늘다. 실파는 생김새가 실처럼 아주 가느다랗다고 하여 붙여진 명칭이며, 실파가 자라면 대파가 된다. 실파는 쪽파와 유사하게 생겨 쪽파 대용으로 흔히 사용되는데, 일반적으로 실파보다 쪽파가 비싸며 매운맛이 강하다.

전과 비슷하며, 찹쌀가루 반죽 위에 진달래, 국화 등의 꽃을 붙여서 지진 떡을 화전(花煎)이라고 한다. 이처럼 기름에 지지는 떡인 전병(煎餅)은 중국 한(漢)나라 때부터 시작되었다고 한다. 우리나라에는 당(唐)나라 때에 전래되었을 것으로 추정되며, 전병과 요리 방법이 같고 재료만 다른 지짐 요리도 조선시대 이전에 이미 있었을 가능성이 높다.

우리나라에서 지짐 요리가 언제부터 시작되었는지는 확실하지 않으나 지짐 요리에 대한 문헌상 기록은 조선시대에 나타난다. 전기모터에 의한 압착기가 일반화된 요즘에야 기름 짜기가 어렵지 않지만, 조선시대까지도 기름을 짜는 것은 엄청난 노동력이 드는 일이었으며 기름 구하기가 쉽지 않았다. 따라서 기름에 지지는 음식이 일반화되기는 어려웠고 주로 상류층에 해당되는 음식이었을 것이다.

인터넷 자료에 의하면 파전에 대한 문헌상 최초의 기록은 1934년 이석만(李奭萬)이 쓴 『간편조선요리제법』이라는 조리서에 나오는 '파초대'란 음식이라고 한다. 그러나 1930년경에 부산 동래시장의 동문 입구에 있었던 '진주관'이란 고급 요리집에서 파전을 판매하였으며, 부산광역시에서 2002년 부산 향토음식점 제1호로 지정하였고 지금도 영업하고 있는 '동래할매파전'의 개업도 1930년 무렵이라고 하니 『간편조선요리제법』 이전에 이미 파전이 있었음을 알 수 있다.

오늘날 파전 중에서 가장 화려하고 유명한 것은 부산의 대표적인 향토음식인 동래파전이다. 동래파전은 찹쌀과 멥쌀을 갈아서 만든 쌀가루 반죽을 사용하여, 밀가루를 이용하는 다른 지역의 파전과는 확실히 구분된다. 일반적인 파전은 물기가 없이 바삭거리게 부치는데 비하여 동래파전은 좀 질게 하여 부드럽고 연한 편이며, 마지막에 계란을 깨서 올리고 잠시 뚜껑을 덮어 마치 찜을 하듯이 마무리를 하는 조리 방법에서도 차이가 난다.

동래파전에는 쪽파, 미나리, 대합, 홍합, 굴, 새우, 조갯살, 쇠고기, 달걀 등 10여 가지 재료가 들어가고, 한꺼번에 반죽과 섞는 것이 아니라 각 재료를 불의 세기에 따라 차례대로 넣어가며 반죽을 부어 상당히 두껍게 부쳐낸다. 동래파전은 들어가는 재료나 조리 방법으로 보아 서민들의 음식이라기보다는 양반들의 절식(節食)이었을 가능성이 높다. 1930년대에 진주관에서 팔았던 파전이나 동래할매파전의 초창기 파전 역시 서민과는 거리가 먼 고급 요리였다.

동래파전의 동래(東萊)는 부산의 옛 지명이며, 동래파전의 유래에 대한 정확한 문헌 기록은 없고 몇 가지 이야기가 전해오고 있다. 첫째는 조선시대 동래부사(東萊府使)가 삼월 삼짇날 임금님께 진상하던 것에서 비롯되었다는 것이다. 둘째는 임진왜란 때 동래성(東萊城)에 침입한 왜군에 항전할 때에 무기가 모두 떨어지자 파를 던지며 저항하였으나 결국 성이 함락되고 많은 백성들이 희생당하였는데 그들을 기리기 위해 파전을 만들게 되었다는 것이다.

셋째는 조선시대 금정산성(金井山城) 축성과 같이 국가적으로 큰일이 있을 때 부족한 밥 대신 끼니용으로 만들어 준 것이 시초라고 한다. 넷째는 궁중 요리를 하던 사람이 동래에 요리법을 전해서 기생들의 솜씨가 되었다고 한다. 다섯째는 6·25 전쟁 후 동래기생들이 부산으로 진출하여 운영했던 요정의 술상에 으레 동래파전을 올려 동래기생이란 이름과 함께 유명해졌다고 한다.

첫째의 동래부사의 진상품 주장은 민간에 전해져 내려오는 이야기라는 것인데, 왕에게 진상된 것이라면 『조선왕조실록』과 같은 문헌에 기록에 나오지 않을 리가 없다. 또한 조선시대에 부산에서 서울까지 가려면 약 10일이 소요되었을 텐데 음식을 해서 진상한다는 것은 말이 안 된다. 다만 음력으로 3월 3일인 삼짇날은 봄이 시작되는 날로 여겼으며, 이 무렵에 나는 쪽파로 만든 파전이 제일 맛있다는 동래할매파전 주인의 증언도 있어 삼짇날과 파전의 관련성은 검토해볼 만하다.

둘째의 임진왜란 설은 "임진왜란 때 동래성에 침입한 왜군에게 파를 던져 왜구를 물리치고 전쟁에 승리한 뜻을 살려 먹던 음식이었다는 유래가 있다"는 주장도 있으나, 동래성전투는 1592년 5월 임진왜란 초기에 있었던 전투로서 동래성이 함락되고 동래부사 송상현(宋象賢)은 전사한 패전이었다. 파를 던진 것은 파의 매운 속성을 이용하여 눈이 따가워 앞을 보지 못하게 하려는 의도였다고 하는데, 파전의 유래에 그럴듯한 역사성을 부여하기 위해 억지로 지어낸 듯한 느낌이다.

셋째 주장에 나오는 금정산성은 오래전부터 왜구의 침입에 대비하여 축성되었던 것을 숙종(肅宗) 27년에서 29년까지(1701년~1703년) 3년 동안 경상감사(慶尙監司) 조태동(趙泰東)이 석축(石築)으로 개축한 것으로 부산 금정구 금성동에 있으며, 사적 제215호로 지정되어 있다. 그러나 국가적 큰 공사에 동원된 사람에게 파전을 주었다는 기록이 발견되지 않아 이 주장은 근거가 빈약하다.

넷째의 주장은 유래라기보다는 파전이 고급 술안주였음을 말하는 듯하다. 원래 기생은 술자리에서 여흥을 돋우는 것이 역할이었으며 요리를 담당하지는 않았으므로 기생에게 요리법을 전했다는 것 자체가 말이 안 된다. 오히려 동래는 조선시대 대일 외교와 군사상의 요지였으므로 조정의 고관들이 자주 방문하던 곳이었으므로 그들을 접대하기 위한 술자리에서 안주로 내던 것이 파전이었을 것이라는 소설가 최해군(崔海君)의 추론이 타당해 보인다.

다섯째 동래기생 관련설은 유래라기보다는 동래파전의 전파

과정을 보여주는 것으로 보인다. 시기적으로도 6·25 전쟁 후라면 이미 파전이 일반화된 때로서 유래로서는 어울리지 않으며, 동래기생들이 부산으로 진출하였다는 것은 동래와 부산이 같은 곳임을 모르는 사람이나 할 수 있는 소리다. 부산에 있는 고급 요정들을 중심으로 동래파전이 유명한 안주로서 널리 알려졌음을 알 수 있다.

이와 같이 동래파전은 서민들의 끼니용 또는 고급 요리라는 완전히 상반된 유래 설이 있으나, 동래파전에 들어가는 재료나 조리 과정을 볼 때 원래는 고급 요리였던 것이 점차 대중음식으로 변하였을 것으로 추정된다. 이와 같은 변천 과정은 4대째 80년 넘게 이어지고 있는 동래할매파전의 역사를 살펴보아도 알 수 있다.

현재 4대째 주인인 김정희(金貞姬)씨의 남편은 4대 독자여서 동래할매파전은 시어머니에서 며느리로 맥을 이어오게 되었다고 한다. 초대 강매희 할머니는 1930년경에 동래장이 설 때 좌판을 펴고 장사를 시작하였다. 동래장은 지금의 동래구청 부근에서 닷새마다 서는 5일장이었다. 1945년 해방 전까지만 해도 강매희 할머니의 파전은 동래읍 사람은 물론 주변 고을 사람들까지 "동래파전 먹는 재미로 동래장에 간다"고 할 정도로 유명하였다고 한다.

정식으로 허가를 내고 가게를 운영한 것은 2대째 이윤선 할머니 때로 1960년대에 '제일식당'이라는 상호를 사용하였다. 제일식당 시절의 운영 방식은 대단위로 손님을 유치하는 것이 아니라, 동래파전을 선호하는 소수의 고객을 상대로 하였으며, 주로 지역 문인(文人)들이 단골손님으로 드나들었다고 한다. 당시에는 쪽파가 나지 않는 철에는 가게 문을 닫았으며, 가격도 11,000원에서 15,000원 정도로 당시의 가격으로는 매우 비쌌다고 한다.

3대째인 김옥자 할머니가 가게를 물려받은 1970년대의 동래파전은 이제 명품 요리가 아니라 그저 색다른 음식이 먹고 싶을 때 찾는 별미 음식 가운데 하나로 전락했다. 경제개발의 성과가 가시화되었던 1970년대 이후 우리 사회는 급속히 서구화되었고, 이 과정에서 외래 음식이 들어오고 입맛도 서구화되면서 파전은 촌스러운 것으로 여겨졌다.

가격에 비해 음식점 분위기가 고급 레스토랑 이미지도 아니고 하다 보니 점차 설 자리가 좁아졌다. 이렇게 되자 동래시장에서 영업하던 여러 파전집들이 명맥을 잇지 못하고 하나 둘씩 문을 닫기 시작했다. 김옥자 할머니는 이런 변화를 받아들여 동래파전을 대중음식으로 변화시켰고 상호도 '동래할매파전'으로 바꿨다.

이런 분위기는 김정희 대표가 가업을 물려받은 1990년대 중반까지 계속되었다. 예전에 동래파전에는 동래읍성(東萊邑城) 일대에서 나는 미나리를 함께 넣어 부쳤지만, 현재 동래할매파전에서는 미나리를 사용하지 않고 있다. 그래서 쪽파는 동래파전에 들어가는 재료 가운데 유일한 야채이며, 요즘은 사시사철 쪽파가 생산되고 있으므로 공급에는 문제가 없다.

동래파전에는 바닷가에 가까운 이점을 살려 신선한 대합, 굴, 새우, 바지락, 키조개, 조갯살 같은 해산물을 듬뿍 넣지만 전통적으로 오징어는 사용하지 않았다. 현재 부산에는 동래할매파전 외에도 수많은 동래파전 음식점이 있으나, 동래할매파전의 파전은 다소 비싼 편이어서 다른 파전집에 비해 약 2배의 가격이다.

부산의 향토음식인 파전이 전국적으로 대중화된 것은 1960년대에 시작된 분식장려운동 덕분이었다. 쌀 부족으로 시작된 분식장려운동은 우리의 음식문화 구조를 바꾼 일대 사건이었다. 미국에서 무상 혹은 저렴한 가격으로 들어온 밀가루는 쌀을 대체할 '제2의 주식'으로 불리며 급속히 보급되었다. 파전이 대중화될 수 있었던 가장 큰 이유는 밀가루와 파만 있으면 바로 쉽게 가정집에서 만들어 먹을 수 있었기 때문이다.

파만 넣고 전을 만들면 무언가 조금 부족해 보이므로 보통은 다른 재료를 추가로 투입하게 된다. 부재료는 다양하게 사용할 수 있으나 오징어를 비롯하여 조개, 굴, 새우 등의 해산물을 넣은 해물파전이 일반적이다. 해물의 쫄깃한 식감과 파의 아삭함이 어우러져 씹을수록 고소한 맛이 나는 해물파전은 오늘날 막걸리와 잘 맞는 최고의 안주로 자리매김하였다.

1970~80년대에는 주머니 사정이 넉넉하지 않은 대학생들에게 인기여서 대학가 주변에 널리 퍼져 있었다. 그중에서 지금까지 이어지며 유명한 곳이 회기역의 파전골목이다. 서울 지하철 1호선 회기역의 1번 출구로 나와 경희대 방향으로 조금 가다 보면 파전집들이 몰려있는 파전골목이 나온다.

회기역 파전골목은 '경희대 파전골목'으로 더 잘 알려져 있으며, 이곳의 파전은 해산물 외에 돼지고기를 넣어 기름지고, 두께가 약 2cm에 지름이 약 30cm로 푸짐한 것이 특징이다. 겉은 바삭하고 안은 부드러우며 재료의 맛을 고스란히 살리고 있어 동래파전이 대중화된 전형적인 모습을 보여주고 있다.

24.
족발

　족발은 양념한 국물에 돼지의 발을 푹 삶아내어 편육처럼 썰어둔 것으로 남녀노소 누구나 좋아하는 음식이다. 새우젓 국물을 찍어 상추에 싸 먹는 족발 한 점은 술안주로도 좋지만 늦은 저녁 출출한 기분이 들 때 생각나는 야식의 대명사라고 할 수 있다. 야들야들하고 쫀득쫀득한 식감은 같은 돼지고기지만 살코기와는 씹히는 맛이 전혀 다른 것이 족발이 가지고 있는 매력이다.

　인류는 선사시대부터 돼지를 가축으로 사육하여 왔으며, 세계 여러 나라에서 돼지의 다리나 발을 이용한 요리가 발달하여 왔다. 그중에서 우리의 족발과 유사한 것으로 흔히 독일의 훈제요리인 '슈바인스하세(schweinshaxe)'를 예로 드는데, 슈바인스학세는 족발과는 다르게 발 부분은 사용하지 않고 다리 부분만 사용한다.

족발의 경우는 발만 사용하는 것은 아니고 무릎관절 아래의 다리 부분도 사용되며, 발 부분만 사용한 것을 단족(短足)이라 하고 다리 부분이 포함된 것을 장족(長足)이라 하여 구분하기도 한다. 일반적으로 퍽퍽한 뒷다리에 비하여 기름기가 많은 앞다리가 맛이 좋아 선호되는 편이기 때문에 앞다리만 사용한다는 점을 강조하는 족발집도 있다.

족발이란 단어를 언제부터 사용하기 시작하였는지는 알 수 없으나 오래전부터 쓰이던 말은 아니고 비교적 최근에 생겨난 말이다. 족발은 한자인 '발 족(足)'과 우리말인 '발'이 합쳐진 말로서 '역전앞'처럼 같은 뜻의 명사가 중복된 말이다. 맞춤법상 맞지 않는 어법이나 널리 사용되어 이미 일반명사가 되었기 때문에 표준어로 인정되고 있다.

족발은 간장을 기본양념으로 하여 푹 조린 것이며, 설탕의 단맛과 생강의 매운맛에 때로는 여러 한약재의 향이 더해져 있을 뿐으로 조리하기가 어려운 음식은 아니다. 한반도에서는 삼국시대 이전부터 돼지를 사육하여 왔으므로 오래전부터 족발을 먹었을 것으로 생각할 수도 있으나, 조선시대까지도 돼지고기는 풍족하지 않아 제사 음식에나 쓰일 정도였다. 따라서 조리후에 양이 크게 줄게 되는 조림보다는 주로 여러 사람이 나눠먹기 좋은 탕(湯)으로 요리하였다.

조선시대부터 돼지의 족은 갓 출산한 산모에게 좋은 음식으로 널리 알려져 왔다. 민간요법에 따르면 젖이 풍부하지 않은 산모가 돼지 족을 푹 고아 먹으면 젖이 잘 돈다고 한다. 족발에는 젤라틴(gelatin) 성분이 풍부하고 지방은 거의 없다. 젤라틴은 동물의 가죽, 힘줄, 연골 등을 구성하는 천연단백질인 콜라겐(collagen)을 뜨거운 물로 처리하면 얻어지는 유도단백질의 일종으로 족발 특유의 쫄깃쫄깃한 식감은 이 젤라틴 때문이다.

조선시대 이전의 문헌에는 족발의 기원이라 할 만한 음식에 대한 내용이 발견되지 않으며, 가장 유사한 음식으로는 1924년 이용기(李用基)가 펴낸 『조선무쌍신식요리제법』이란 조리서에 나오는 '족탕(足湯)'이 있을 뿐이다. 족탕의 조리법은 우족(牛足)이나 돼지의 족을 살이 흐물흐물해질 때까지 삶은 뒤 먹기 좋게 썰고 간장, 파, 후춧가루, 계피가루 등으로 양념하여 국물에 다시 넣어 끓인 후 소금으로 간하는 것이다.

《경향신문》 1960년 11월 2일자 '100일간의 세계일주'라는 제목의 신태민 특파원의 견문록 기사 내용 중에 "특히 남독일에선 돼지족발이 있긴 하지만 새우젓국물로 찍어먹게 되어 있질 않아 한국식성엔 맞질 않는다"라는 글이 있어 1960년 이전에 이미 족발이라는 단어가 사용되고 있었음을 알 수 있다.

황해도 토속음식 중에도 족발과 비슷한 음식인 돼지족조림이 있다. 돼지족조림의 조리법은 돼지의 족을 푹 삶은 후 갱엿, 간장, 향신료 등을 넣고 뭉근한 불에서 족에 윤기가 날 때까지 서서히 조리는 것이다. 오늘날의 족발에도 표면의 윤기를 내기 위해 물엿을 원료로 사용하고 있는데, 돼지족조림에서 갱엿을 사용한 것과 연관성이 있어 보인다.

다른 가축과는 달리 돼지는 식용 외에는 용도가 없기 때문에 불교 국가였던 통일신라나 고려에서는 환영받지 못한 가축이었다. 조선시대까지도 돼지의 사육이 일반적이지는 않았으며 제사용이나 중국에서 오는 사신의 접대용 등으로 조금 키워졌을 뿐이다. 이런 이유로 중국과 가까운 평안도 및 함경도 지방이 다른 지역에 비하여 돼지의 사육이 많았고, 돼지고기를 이용한 요리가 먼저 발전할 수 있었다.

색이 짙은 왜간장을 사용하여 갈색을 띠는 현재와 같은 스타일의 족발은 1960년대 초에 서울 장충동에서 처음 시작되었다. 현재 장충동 족발골목에는 10여 곳의 족발집이 있으며, 모든 식당이 원조를 주장하고 있다. 그중에서 가장 처음 시작한 곳은 '뚱뚱이할머니집'으로 알려져 있으며, 창업자인 탈북민 출신의 전숙렬 할머니는 어릴 적 집에서 먹던 음식의 기억을 되살려 족발을 만들게 되었다고 한다.

돼지의 발을 사용한 것은 아니지만 중국 요리 중에 이와 유사한 오향장육(五香醬肉)이 있다. 이것은 산초, 회향, 계피, 팔각, 정향 등 다섯 가지 향신료에 간장을 첨가한 국물에 돼지고기 살코기를 조려낸 음식으로 그 맛과 외관은 족발과 비슷하다. 지금도 판매되고 있는 오향장육은 일제강점기 때부터 전문으로 하는 음식점이 있었으므로 어떤 형태로든 족발에 영향을 미쳤을 가능성이 높다.

실제로 뚱뚱이할머니집과 더불어 장충동 족발골목의 원조로 꼽히는 '평안도족발집'의 이경순 할머니는 여러 인터뷰에서 중국집의 오향장육을 응용해서 족발을 개발하였다고 하였다. 평안도족발집은 만화가 허영만(許英萬)의 갖가지 음식 및 요리 재료를 주제로 한 만화『식객(食客)』에도 나오고, SBS 방송 프로인 '생활의 달인' 및 '백종원의 3대천왕'에도 소개될 정도로 장충동 족발골목의 대표적인 음식점 중의 하나이다.

서울 장충동은 6•25 전쟁 때 북쪽에서 내려온 실향민들이 터를 잡고 살았던 곳 중의 하나다. 실향민들은 먹고 살기 위하여 음식점을 주로 하였으며, 장충동의 족발집도 그런 음식점 중의 하나였다. 장충동에서 족발이 성공할 수 있었던 요인 중의 하나로 1963년 2월 1일에 개관한 장충체육관을 들 수 있다.

장충체육관은 우리나라 최초의 실내경기장으로 농구, 배구 등의 구기 종목과 복싱, 레슬링 등의 격투기 종목의 국내외 시합이 자주 있었으며, 자연히 이들 경기를 관람하러 온 사람들이 붐비게 되었다. 족발이 손님들의 입소문을 타면서 장충동 족발골목이 형성되기 시작한 것이다.

장충동에 있는 족발집에는 저마다 원조라고 주장하는 간판이 붙어있을 만큼 원조 경쟁이 치열하다. 이와 관련하여《경향신문》1992년 11월 8일자의 '음식점들 원조(元祖) 경쟁'이라는 제목의 기사에 다음과 같은 글이 있다.

"중구 장충동 장충체육관에서 을지로방향으로 자리 잡은 10여 군데 족발집의 원조는 '뚱뚱이할머니집'의 전승숙(全承淑) 할머니와 '평남할머니집'의 김정연(金貞連) 할머니. 이북이 고향으로 친구지간인 두 할머니는 지난 61년 장충동에 '평안도집'이란 족발집을 열고 6년간 동업을 하다가 독립해 각각 지금의 족발집을 운영하고 있다. 독립 당시 전(全) 할머니의 가게에는「족발의 시조」, 김(金) 할머니의 가게에는「원조족발」이란 부제를 붙여 자신들의 정통성을 강조했으나 10여년 전부터 생기기 시작한 족발가게들도 전부「원조」임을 자처해「ㅎ원조족발」,「원조ㅈ할머니집」,「족발의원조ㅈ집」등으로 어느 곳이 진짜 원조인지 알 수 없는 지경에 이르렀다."

장충동 족발골목에서 원조를 주장하는 족발집들의 개업 연도는 대개 1960년대이며, 장충동뿐만 아니라 다른 재래시장 곳

곳에 족발집이 들어서며 크게 번진 것은 1970년대이다. 이는 양돈산업의 규모가 커지면서 1960년대 말부터 일본에 돼지고기를 수출하게 된 것과 관련이 있다. 돼지를 도축하면 살코기는 수출하였으나 내장, 다리, 머리 등 부산물은 싼 가격에 시장에 유통되었다. 따라서 이들 값싼 원료를 바탕으로 족발, 감자탕, 순대 등의 음식이 유행하게 된 것이다.

워낙 전쟁 후의 어수선한 시절이어서 제대로 된 간판도 없이 장사하던 때이므로 정확히 누가 처음이었는지 알 수는 없으나 뚱뚱이할머니집이 최초의 족발집이었다는 데에는 대체로 공감하는 것 같다. 그러나 뚱뚱이할머니집에 대한 것도 자료마다 조금씩 내용을 달리하고 있어 어느 것이 진실인지는 확인이 필요하다.

위의 《경향신문》 기사에서도 뚱뚱이할머니집을 전승숙 할머니가 개업한 것으로 나오고 있으나 다른 자료에는 뚱뚱이할머니의 이름을 '전숙렬' 또는 '최미순'으로 기록하고 있다. 여러 자료들을 종합해 볼 때 뚱뚱이할머니의 이름은 전숙렬(전숙열)이 맞는 것 같다.

전숙렬 할머니가 장사를 처음 시작한 시기에 대해서도 자료마다 내용이 달라 어느 것이 맞는지 알 수가 없다. 1957년에 '평안도' 또는 '함경도집'이라는 조그만 판자집에서 시작하였다고도 하고, 1960년에 테이블 네 개 규모의 작은 선술집에서 시작하였다고도 한다. 처음부터 족발을 판 것은 아니고 만두와 빈대떡이 주메뉴였으며, 어느 정도 지난 후 새로 선보인 메뉴가 족발이었고 이것의 반응이 좋아 손이 부족하게 되자 고향 친구와 함께 장사하게 되었다는 것이다.

위 기사에 나오는 동업자에 대해서도 다른 자료에서는 평남할머니집의 김정연 할머니가 아니라 '평안도족발집'의 이경순 할머니라고 소개하고 있다. 그런데 또 다른 자료에 의하면 평안도족발집을 처음 시작한 것은 이경순 할머니의 손위동서였으며, 이경순 할머니가 형님과 함께 장사를 시작한 것은 1972년부터라고 한다.

전숙렬 할머니는 친구와 함께 장사를 하다 가게를 넘겨주고 따로 장사를 하였는데 같은 상호를 쓸 수가 없어 손님들이 붙여준 별명을 따서 뚱뚱이할머니집이라 하였다는 것이다. 뚱뚱이할머니집이란 상호를 사용한 것은 1968년부터이다. 그 후 이경순 할머니의 평안도족발집에서 상호명에 원조(元祖)를 붙이자 손님들이 그곳으로 몰리게 되었고, 단골손님의 조언을 얻어 '족발의 시조(始祖)'라고 내세우게 되었다는 것이다.

전숙렬 할머니에 대해서 "평양에서 태어나 당시 가업으로 족발집을 운영하던 아버지에게 평양 족발의 고유하고 독특한 맛을 전수받아 평양에서 13년, 서울 장충동에서 한자리에서만 37년 등 무려 50년을 족발과 함께 살아온 족발의 산 증인"이라고 소개하는 자료들이 있다. 2007년도에 작성된 자료 중에는 앞의 글에서 '37년'을 '42년'으로 바꾸고, '50년을'을 '50년 넘게' 등으로 고친 외에는 그대로 인용하고 있다.

한편《동아일보》2000년 11월 7일자 인터넷뉴스에 따르면 전숙렬 할머니가 "광복 후인 21세 때 남편과 함께 서울로 왔다"는 기록이 있다. 이 기사가 맞는다면, 21세보다 13세 어린 8세에 족발의 비법을 전수받아 평양에서 족발집을 운영하였다는 계산이 나와 믿기 어렵다.

또한 일제강점기 때 평양에 족발집이 존재하였었는지도 확인되지 않아서 앞에 소개된 자료의 신빙성에 의심이 간다. 뚱뚱이할머니집은 프랜차이즈 사업도 하고 있으므로 마케팅 차원에서 꾸며내거나 부풀린 이야기가 아닌가 생각된다. 전숙렬 할머니의 고향도 여러 다른 자료에서는 평양이 아닌 평안북도 곽산(郭山)으로 소개하고 있다.

2021년 3월 장충동 족발골목의 뚱뚱이할머니집 창업자인 전숙열씨가 별세하였고, 이경순 할머니를 비롯한 다른 창업자들도 모두 80세 이상의 고령이어서 1세대의 시대는 저물어가고 있다. 장충동의 원조 족발집들이 옛날 방식을 고수하고 있는 한편으로 시대가 바뀌면서 족발도 진화하고 있다.

얇게 썬 족발에 염장한 해파리와 오이 등의 야채를 올리고 매콤한 겨자소스를 부어 먹는 냉채족발, 족발에 고추장양념을 넣어 매콤하게 버무린 양념족발, 싱싱한 해산물을 곁들인 해물족발 등 젊은이들의 입맛을 공략하는 변형된 족발이 등장하고 있다.

25.
보쌈

삶은 돼지고기에 양념 속을 얹고 소금에 절인 노란 배춧잎에 싸먹는 보쌈은 족발과 더불어 야식으로 가장 많이 찾는 메뉴이다. 김장을 하고 나면 반드시 먹는 풍습이 있어 예전에는 1년에 한 번 먹던 음식이었으나 요즘은 1년 내내 먹는 음식이 되었다. 돼지고기의 구수한 맛과 절인 배추의 달달한 맛에 양념의 매콤함이 어울려 환상적인 맛의 궁합을 보이는 음식이라 하겠다.

보쌈용 삶은 돼지고기는 수육이라 하며, 삶아서 익힌 고기를 의미하는 숙육(熟肉)이 변한 말이다. 수육은 돼지고기만 있는 것이 아니고 소고기나 개고기를 익힌 것도 수육이라 한다. 삶기만 하면 되는 간단한 조리법 덕분에 어지간한 고기는 모두 수육으로 즐길 수 있으며, 고기 특유의 냄새를 제거하는 것이 조리의 핵심이다. 수육은 국물을 먹을 수 있는 장점도 있어서 고기가 귀한 옛날에는 일반적인 조리법이었다.

보쌈용의 수육은 보통 돼지고기를 사용하며, 지방이 거의 없는 등심이나 안심보다는 어느 정도 지방이 있는 삼겹살이나 목살이 주로 사용된다. 쫄깃한 맛을 원하는 사람은 사태를 사용한 수육을 찾기도 한다. 냄새를 제거하기 위해서는 정향이나 팔각과 같은 향신료를 사용하거나 생강, 파, 마늘 등을 함께 넣고 삶는다. 때로는 된장, 커피, 찻잎 등을 넣어 냄새를 없애기도 한다.

보쌈이란 단어는 보자기를 뜻하는 '보(褓)'에 싼다는 의미이며, 원래는 절인 배추로 속을 감싸서 만드는 김치의 종류를 말하는 것이었다. 주로 개성 지역의 향토 김치이며 낙지, 전복, 새우, 생굴 등의 해산물과 밤, 배, 잣, 대추 등의 과일을 양념소와 함께 넓은 배춧잎으로 보자기에 싸듯이 담그는 고급스러운 김치이다. 그러다가 어느 때부터 수육을 절인 배춧잎에 싸서 먹는 것을 보쌈이라 하고, 원래의 보쌈은 '보쌈김치'라고 부르게 되었다.

요즘은 김장을 하는 집도 줄어들었고, 하더라도 양이 예전에 비해 많이 줄었으며, 미리 소금에 절여진 절임배추를 사다가 담그는 일도 많기 때문에 김장이 크게 어렵지 않게 되었으나, 1970년대까지만 하여도 김장은 많은 노동력이 필요한 큰 행사였다. 따라서 이웃 간에 품앗이를 하며 김장을 하는 풍속이 있었다. 이런 김장 문화는 2013년 12월 유네스코 인류무형문화유산으로 등재되기도 하였다.

김장을 할 때에 보쌈을 먹는 것은 예전에 어느 양반집에서 김장을 하고 힘들어 하는 하인들의 원기 회복을 위해 돼지 한 마리를 잡아 김장김치와 함께 먹도록 베푼 데서 유래 되었다는 설도 있으나 확실하지는 않다. 이웃 간에 김장 품앗이를 할 때에는 김장을 담그는 집에서 돼지고기를 삶아 배추 속잎과 김장 양념을 곁들여 술과 함께 대접하는 것이 일반적이었으며, 아파트에서 가족끼리 김장을 하는 요즘에도 보쌈은 당연히 먹어야 하는 것으로 인식되고 있어 하나의 풍습으로 자리 잡았다.

보쌈을 언제부터 먹기 시작하였는지는 알 수 없으나 비교적 최근의 일일 것이라는 추측은 쉽게 할 수 있다. 우선 조선시대까지도 육식은 돼지고기보다는 소고기 중심이었기 때문에 수육도 대체로 소고기를 이용하였다. 현재와 같이 보쌈이 보편화된 것은 양돈산업이 발전하여 돼지고기가 풍부해지고 보쌈 프랜차이즈 사업이 번창하게 되는 1970년대 이후의 일이다.

한때는 10여 개에 이르는 보쌈 프랜차이즈 브랜드가 있었으나 현재는 원앤원의 '원할머니보쌈'과 놀부NBG의 '놀부보쌈' 두 브랜드가 압도적인 우위로 시장을 장악하고 있다. 프랜차이즈 점포 외에도 전국적으로 보쌈과 족발을 취급하는 수많은 소형 음식점들이 산재하여 주로 배달 판매 시장을 형성하고 있다.

원할머니보쌈은 1975년 서울 청계천8가에서 김보배 할머니가 간판도 없는 조그만 보쌈집을 내면서 시작되었다. 그 보쌈집의 보쌈이 맛있다고 소문이 나면서 손님들이 많아졌고, 사람들은 그 음식점을 '할머니보쌈집'이라고 불렀다. 할머니보쌈집은 김 할머니의 사위인 박천희씨가 사업을 물려받으며 크게 번창하게 된다. 박천희 사장은 1989년 상호를 '원할머니보쌈'으로 바꾸고 1991년부터 프랜차이즈 사업을 시작하였으며, 1998년에는 원앤 원주식회사로 법인을 설립하였다.

원할머니보쌈이라는 간판을 보고 원씨 성을 가진 할머니가 만든 보쌈일 것이라고 생각하는 사람이 많으나 이는 잘못 아는 것이다. 원할머니보쌈의 모태가 된 김보배 할머니의 할머니보쌈 집이 인기를 끌자 이를 따라 하는 사람들이 늘게 되었고, 그중 에는 '할머니보쌈'이라는 상호를 사용하기도 하고 오히려 자신 들이 원조라고 주장하기까지 하였다. 이에 박천희 사장은 원조 (元朝)의 원이자 최고를 뜻하는 '으뜸 원(元)'을 붙여 원할머니보 쌈이라고 상호를 변경하게 된 것이다.

놀부보쌈은 1987년 3월 창업자 김순진씨가 '골목집'이란 이름 으로 시작하여, 같은 해 5월에 보쌈을 전문으로 하는 '놀부집' 으로 변경하였고, 1989년부터 프랜차이즈 사업을 시작하였다.

1992년에는 '놀부부대찌개' 브랜드로 부대찌개를 대표하는 기업으로 성장하였으며, 2009년에는 '놀부NBG'로 사명을 변경하고 해외로도 진출하였다. 그러나 그 후 경영 실패로 2011년에 미국계인 '모건스탠리PE'에 인수되어 외국 기업이 되었다.

26.
삼겹살

　삼겹살은 각종 설문조사에서 우리 국민들이 제일 좋아하는 외식 먹거리로 꼽힐 정도로 남녀노소 누구나 좋아하는 식품이다. 돼지고기는 세계적으로 널리 이용되는 식품이지만, 한국인처럼 특히 삼겹살을 좋아하는 민족은 없다고 한다. 우리나라에서는 돼지고기 하면 바로 삼겹살을 떠올릴 만큼 돼지고기의 대명사가 되어 있다. 전세계 삼겹살을 한국인이 다 먹고 있다는 매스컴 기사가 나올 정도로 한국은 세계 최대의 삼겹살 소비국이다.

　삼겹살이란 돼지의 갈비뼈를 떼어낸 복부의 넓고 납작한 부위를 말하며, 살과 비계가 세 겹으로 되어있는 것처럼 보이는 고기이다. 돼지에는 14개의 갈비뼈가 있으며 각각에는 번호가 붙어있는데, 6번에서 14번까지 9개의 갈비뼈에서 떼어낸 고기를 삼겹살이라 부르며, 돼지 무게의 약 10% 정도를 차지한다고 한다.

삼겹살은 우리말 어법(語法)에 맞지 않는 말이며 원래 '세겹살'이라 불렀으나, 삼겹살이라 부르는 것이 보편화되면서 1991년부터 국어사전에 정식으로 등록되었다. 1980년대까지도 삼겹살과 더불어 세겹살이라는 명칭도 사용되었으며, 삼겹살과 세겹살이 모두 표준어이나 현재는 거의 모두 삼겹살이라 부르고 있다.

한국인이 삼겹살을 언제부터 먹게 된 것인지에 대한 정확한 자료는 없으며, 극히 최근의 일로 추정되고 있다. 조선시대까지만 해도 고기는 보통 삶거나, 찌거나, 국으로 끓이거나, 만두처럼 다른 음식에 첨가해서 먹었지 구워서 먹는 경우는 거의 없었으며, 고기 자체가 귀한 음식이어서 소비가 많지 않았다.

문헌상 삼겹살이 나오는 것은 1931년에 출판된 방신영(方信榮)의 『조선요리제법』 6판에서 "세겹살(뱃바지)은 배에 있는 고기로 돈육 중에 제일 맛있는 고기"라는 내용이 있고, 《동아일보》의 1934년 11월 3일자에 '육류의 좋고 그른 것을 분간해 내는 법'이란 기사에서 세겹살에 대한 내용이 나온다.

인터넷 자료에 의하면 다음과 같은 주장들이 삼겹살의 기원이라고 소개되고 있으나, 1931년의 요리책에도 이미 세겹살이 나오고 있으므로 기원으로 보기는 어렵다. 오히려 삼겹살이 널리 유행하게 된 계기라고 보는 것이 맞을 것이다.

- 탄광 광부설: 1970~80년대 강원도의 태백, 영월, 사북 등에서 탄광산업이 한창일 때 탄광에서 분진을 많이 마시며 일하던 광부들이 폐에 붙은 먼지를 돼지비계가 깨끗이 씻어 준다는 속설을 믿고 삼겹살을 먹기 시작한 것이 계기라는 것으로서 여러 설 중에서 가장 많이 알려져 있다.

- 소주 안주설: 1960년대 소주 값이 떨어지면서 그에 어울리는 안주로 값싼 삼겹살을 구워먹게 되었다는 것이나 별로 신빙성이 없다. 흔히 삼겹살을 먹을 때 소주를 곁들이게 되므로, 소주 애호가들이 지어낸 이야기로 보인다.

- 슬레이트설: 1960년대 건축 노동자들이 건축자재인 슬레이트에 삼겹살을 구워먹은 것이 기원이라고 하나 근거가 빈약하다. 기원이라기보다는 오히려 삼겹살이 유행한 후 현장에서 간편하게 구워먹는 방법을 고안해낸 것으로 보인다.

- 우래옥설: 1970년대 말에 서울의 '우래옥(又來屋)'이란 식당에서 처음으로 판매하였다는 것이다. 우래옥은 현재도 영업을 하고 있는 유서 깊은 식당이기는 하나 삼겹살의 기원과 관련이 있다는 증거가 없다.

■ 개성상인설: 장사 수완이 좋은 개성상인들이 살코기 사이에 지방이 끼도록 돼지를 사육하여 시중보다 비싼 가격에 판 것이 기원이라고 하나, 외국의 돼지에서도 삼겹살이 있으므로 논리적으로 신빙성이 없다. 세겹살이 삼겹살로 변경된 것과 관련하여 장사수완이 좋기로 이름난 개성 사람들이 인삼의 본고향인 개성의 삼(蔘)을 돼지고기 세겹살의 삼(三)과 매치시켜 삼겹살로 부르게 됐다는 설이 있으나 근거가 빈약하다.

1980년대 이후 비약적인 경제 발전을 이루면서 육류의 소비 역시 급격한 증가를 이루게 되며, 삼겹살도 본격적으로 온 국민이 즐기는 식품이 되었다. 한국인의 1인당 연간 고기 소비량 통계를 보면 1960년에는 쇠고기 500g, 돼지고기 2.3kg, 닭고기 700g 정도였다고 한다.

1970년에는 쇠고기 1.2kg, 돼지고기 2.6kg, 닭고기 1.4kg이었고, 1980년에는 쇠고기 2.6kg, 돼지고기 8.3kg, 닭고기 2.5kg으로 늘었다. 1980년의 통계를 보면 1970년과 비교할 때 쇠고기나 닭고기에 비하여 돼지고기 소비량이 급격히 증가한 것이 특징이며, 삼겹살의 유행과 관련이 있는 것으로 보인다.

삼겹살이 유행하기 시작한 것은 1980년대 초•중반으로 가스 레인지와 아파트의 확산 시기와 겹친다. 아파트의 확산과 가스 레인지의 보급으로 식으면 맛이 없는 삼겹살을 입식 부엌에서

갓 구워 거실이나 식탁에서 비교적 부담 없는 가격으로 먹을 수 있게 되었다.

우리나라에서 휴대용 가스버너와 일회용 부탄가스는 야외로 놀러가거나 캠핑을 할 때 없어서는 안 되는 필수품으로 자리 잡았으며, 삼겹살의 확산에는 휴대용 가스버너와 일회용 부탄가스도 큰 역할을 했다. 휴대용 가스버너를 '부루스타'라고도 하는데 이는 원래 일본계 기업인 한국후지카공업에서 1980년 국내 최초로 출시한 휴대용 가스버너의 상표명이다. 이 제품이 널리 보급되어 보통명사처럼 쓰이는 것이다.

원래 휴대용 가스버너와 일회용 부탄가스는 1969년 일본의 이와타니산업(岩谷産業)에서 최초로 개발하여 판매한 제품이지만, 현재 전세계 부탄가스 시장에서 우리나라는 시장점유율 약 90%의 압도적 1위로 약 70개 국가로 수출하고 있다. 또한 나라별 소비량에 있어서도 연간 약 2억 개로 1위를 차지하고 있다. 원조인 일본은 약 1억2천만 개를 소비하여 2위이다.

삼겹살이 국민적 식품으로 떠오르게 된 데에는 업계의 끊임없는 변신 노력도 한몫을 했다. 1990년대에는 불판 대신 솥뚜껑을 엎어놓고 굽는 '솥뚜껑 삼겹살', 목재를 대패로 민 것처럼 삼겹살을 얇게 썰어 금방 익혀 먹을 수 있도록 한 '대패 삼겹살' 등이 유행하였다. 우루과이라운드(UR) 협상의 결과에 따라

1997년 7월부터 돼지고기의 수입이 자유화된 것도 삼겹살의 소비를 증가시키는 계기가 되었다.

2000년대에 들어서는 웰빙(well being)이라는 사회적 분위기에 맞추어 '와인 삼겹살'이나 '녹차 삼겹살' 등이 개발되어 소비자를 유혹하였다. 그러나 삼겹살의 소비 증가가 마냥 순조로웠던 것만은 아니다. 2000년과 2002년에 발생한 구제역과 2003년의 돼지콜레라로 인하여 삼겹살을 포함한 돼지고기의 소비가 급격히 감소한 적도 있었다.

구제역이란 돼지를 비롯하여 소, 양, 염소 등 발굽이 둘로 갈라진 동물에게만 감염되는 전염성 질병이며, 돼지콜레라는 돼지 및 멧돼지에만 감염되는 급성전염병으로서 모두 치사율이 높기는 하지만 사람에게는 전염되지 않는 질병이지만 소비자에게 불안감을 주어 소비가 위축되었다. 특히 돼지콜레라의 경우 사람에게 치명적인 콜레라와는 전혀 다른 바이러스에 의한 질병이지만 이름의 유사성으로 인하여 공포감을 심어주었다.

2000년과 2002년 두 차례 발생한 구제역으로 돼지고기 소비가 급감하게 되어 축산농가가 위기에 처하게 되자 이를 극복하기 위하여 제안된 것이 '삼겹살데이'이다. 발렌타인데이, 화이트데이, 로즈데이, 빼빼로데이 등 '○○데이'를 이용한 마케팅이 효과를 보는 것에 착안해, 2003년 파주축협에서 3자가 두 번 겹

치는 3월 3일을 삼겹살데이로 정하고 파주시와 협조하여 시민들을 대상으로 대대적인 홍보행사를 가진 것이 큰 호응을 얻었으며, 이제는 다른 지역의 축협은 물론 대형 유통업체에서도 이 날을 이용한 판촉행사를 강화하고 있다.

한국육류유통수출입협회가 발표한 통계 자료에 의하면 2005년 한국인 1인당 육류 소비량은 돼지고기 17.4kg, 쇠고기 6.6kg, 닭고기 7.4kg 등으로 돼지고기의 소비가 55%를 넘으며, 그 중에서 절반 이상은 삼겹살로 추정된다. 돼지 한 마리를 잡으면 삼겹살은 10% 정도밖에 안 나오는데 우리나라 사람들은 삼겹살에만 집착하여 소비의 불균형 문제를 낳고 있다.

등심, 안심, 뒷다리살 등 다른 부위는 남아도는데 삼겹살만 부족하여 수입에 의존하는 비중이 증가하고 있는 실정이다. 이런 불균형을 해소하기 위하여 대한양돈협회에서는 2001년부터 삼겹살 이외의 다른 부위도 먹자는 캠페인을 꾸준히 실시하고 있으나, 별다른 효과를 보지 못하고 여전히 삼겹살의 소비만 늘어나고 있는 것이 현실이다.

온 국민이 즐기는 삼겹살이지만 영양학적으로는 문제가 많다는 지적이 있다. 삼겹살은 돼지고기 중에서도 지방 함량이 높은 부위로서 100g당 약 330kcal의 열량을 내고, 약 65mg의 콜레스테롤이 함유되어 있으며, 지방산의 조성은 포화지방산의 비율이 40%를 넘는다. 간에서 콜레스테롤을 합성할 때 원료로 사용되는 것이 포화지방산이므로 삼겹살은 콜레스테롤 증가 및 비만의 원인 식품이라 할 수 있다.

삼겹살을 먹을 때에는 상추나 깻잎 등의 야채에 싸서 먹으므로 비만이나 콜레스테롤의 위험이 적다는 주장도 있다. 틀린 말은 아니지만, 삼겹살을 먹을 때에는 이들 야채만 먹는 것이 아니라 흔히 술, 특히 소주를 함께 마시는 것이 일반적이다. 소주를 마시다 보면 삼겹살이 생각나고, 삼겹살을 먹다 보면 소주가 생각날 만큼 삼겹살과 소주는 궁합이 맞는다. 야채로 비만이나 콜레스테롤의 위험을 감소시키는 것보다 소주를 곁들임으로써 위험이 증가될 가능성이 높다.

삼겹살을 불에 구우면 발암물질인 벤조피렌(benzopyrene) 등이 생성되어 몸에 해롭다고 한다. 벤조피렌은 세계보건기구(WHO) 산하 국제암연구소(IARC)에서 발암물질 중에서도 발암성이 가장 높은 1그룹으로 분류하고 있는 물질이다. 벤조피렌은 가스불로 구울 때보다 숯불로 구울 때 더 많이 생성되며, 석쇠 등에서 직화로 굽게 되면 불판 등에서 굽는 것보다 더 많이 생성된다.

유통업계에 따르면 삼겹살이 체내의 먼지나 중금속을 해독한다는 속설이 있어 황사철이 되면 소비가 증가한다고 한다. 이

속설은 상당히 널리 알려져 있어서 탄광의 광부나 건설공사장의 인부 등과 같이 분진이 많은 환경에서 작업하는 사람들은 일과 후 자주 삼겹살을 찾는다.

그러나 삼겹살의 이와 같은 효능은 아직 객관적인 증거가 부족하다. 삼겹살이 중금속 배출 효과가 있다는 논문이 발표되기도 하였으나, 과학적인 근거가 부족하여 다른 과학자들에 의해 인정받지는 못하였다. 코를 통하여 폐로 들어가는 먼지를 식도를 통하여 위로 넘어가는 삼겹살이 씻어낼 수는 없으므로, 삼겹살을 먹어 먼지를 제거한다는 주장 역시 근거 없는 속설에 불과하다.

맛이 있어 즐겨 찾는 기호식품이기는 하나 건강을 생각한다면 과다 섭취는 삼가야 할 것이다. 최근에는 여러 가지 맛있는 먹거리가 많이 생기고, 다이어트가 유행하면서 삼겹살을 기피하는 경향도 나타나고 있으나, 삼겹살은 여전히 사랑받는 메뉴이며 양질의 단백질과 비타민B_1이 풍부한 점에서는 좋은 식품이라 할 수 있다. 삼겹살의 유혹을 뿌리칠 수 없다면 굽지 말고 수육이나 찜으로 요리하여 지방을 제거하고 먹는 것도 고려해 볼 만 하다.

27.
닭튀김(프라이드치킨)

　닭튀김은 청소년들이 가장 좋아하는 대표적인 음식이며, 맥주의 안주로 자리 잡아 불황 속에서도 수요가 줄지 않기 때문에 소자본으로 창업하고자 하는 사람들이 가장 많이 선택하는 아이템이기도 하다. 최근에는 비만, 조류독감, 트랜스지방산 등이 사회적 문제로 대두되기도 하였으나 닭고기는 우리나라 사람들이 돼지고기 다음으로 많이 소비하고 있는 육류로서 꾸준한 사랑을 받고 있다.

　삼계탕이나 백숙과 같은 전통적 요리를 제외한 닭고기 전문점은 1970년대 동네 통닭집의 닭튀김으로 시작하여, 급격한 사회 여건의 변화 속에서도 지속적인 성장을 하였다. 그동안 튀김, 양념, 전기구이, 숯불구이, 찜 등 유행하는 닭고기 요리방법은 계속 변하여 왔으며, 수많은 브랜드가 생겨나고 사라져 갔으나, 요즘에도 튀김이 여전히 주류를 이루고 있다.

신라의 건국신화에도 닭이 등장하듯이 우리나라에서 닭을 기른 역사는 아주 오래되었으나, 옛날에는 농가에서 몇 마리의 닭을 내놓아 기르는 정도였으며 대량으로 사육하는 경우는 없었다. 우리나라의 양계업은 19세기 이전까지는 판매보다는 주로 자가소비를 목적으로 하는 초보적인 형태였다.

20세기 초 일본으로부터 개량종이 도입되면서 농가의 부업 또는 겸업 형태로 전환되었다. 그러나 태평양전쟁과 6·25 전쟁을 겪으면서 양계업은 몰락하였다. 그 후 외국의 원조로 복구가 시작되었으며, 정부에서도 증식과 보급이 용이한 닭과 돼지의 사육을 적극 장려하였기 때문에 배합사료 공장이 설립되는 등 기반이 조성되었다.

1960년대부터는 닭 사육만을 전문으로 하는 양계 농가가 생겨나기 시작하여 양계산업이 본격적으로 성장하게 되었다. 처음에는 계란을 목적으로 한 산란계(産卵鷄) 위주였으나, 1960년대 중반부터 닭고기를 목적으로 한 육용계(肉用鷄)를 전문으로 사육하는 양계장이 등장하였다.

1980년대 중반부터는 마니커(1985년), 하림(1986년) 등 대형 닭고기 생산업체가 등장하면서 닭고기의 생산과 유통이 대량화, 규격화되면서 닭고기의 소비가 급격하게 증가하게 되었다. 현재는 사조해표가 된 동방유량에서 1971년 '해표식용유'란 이름으로 국내 최초로 식물성기름을 대량생산하기 시작한 것은 닭을 튀기는 요리법이 급증하는 계기를 마련하였다.

우리의 전통적인 닭 요리는 백숙, 삼계탕 등 주로 물로 끓이는 방식이었으며, 기름에 튀기는 요리법은 최근에 도입되었다. 2002년에 개봉되어 크게 인기를 끌었던 영화 '집으로'에서 프라이드치킨을 먹고 싶어 하는 손자에게 할머니는 백숙을 내놓는 장면이 나온다. 이것은 세대에 따른 닭 요리에 대한 관념 차이를 잘 드러내고 있다.

닭튀김은 튀김옷을 닭고기에 입혀서 기름에 튀겨내는 음식을 말하며, 우리의 전통적인 조리 방법이 아니라 서양의 조리법을 들여온 것이기 때문에 '프라이드치킨(fried chicken)'이라는 이름이 더 자주 사용되며, 때로는 줄여서 '프라이드' 또는 '치킨'이라고 불린다.

'양념통닭'이나 '양념치킨'이라고 불리는 것은 닭튀김에 다시 고추장, 간장, 마늘, 파 등의 한국식 양념(소스)을 입힌 것을 말하며, 프라이드치킨에 매콤하고 달콤한 맛을 부여하여 한국식으로 현지화한 요리이다. 닭고기에 튀김옷을 입히지 않고 바로 기름에 튀긴 것도 닭튀김이라 할 수 있으나, 일반적으로 말하는 닭튀김은 튀김옷을 입힌 것을 말한다.

우리나라 국민의 1인당 닭고기 소비량은 1970년 1.4kg, 1980

년 2.5kg, 1990년 4.0kg, 2000년 6.3kg 등으로 계속 증가하여
왔으나, 2003년 말에 발생한 조류독감(AI)의 영향으로 급감하
여 2003년에 7.9kg이던 소비량은 2004년에 6.6kg으로 감소하였
다. 이를 극복하기 위하여 농림부에서는 2003년부터 매년 9월
9일을 '구구데이'로 정하고 닭고기와 계란의 소비를 증대시키기
위한 행사를 하고 있다. 구구데이라는 명칭은 예로부터 닭을
불러 모을 때 "구구"라고 부르던 것에서 따왔다.

　AI로 한때 위축되었던 닭고기 소비는 조류독감이 인체에 감
염될 위험이 적으며, AI 바이러스는 75℃ 이상에서 5분 이상 가
열하면 죽기 때문에 닭을 충분히 익혀서 먹는다면 감염될 우려
가 없다는 점이 널리 인식되면서 다시 소비가 증가하였다.
2007년의 닭고기 소비량은 7.8kg으로 2003년 수준을 회복하였
으며, 꾸준히 증가하여 2016년에는 13.6kg으로 1970년의 약 10
배 수준이 되었다.

　닭고기의 소비 증가는 프랜차이즈시스템(franchise system)
이 도입되면서 비약적으로 증가하기 시작하였다. 우리나라에서
는 1977년 림스치킨이 국내 최초로 체인점 형식으로 닭튀김을
판매하기 시작하였으나, 본격적으로 프랜차이즈 사업이 번성하
게 된 것은 1984년 두산그룹이 세계적인 프랜차이즈 브랜드인
KFC를 도입하면서 부터이다.

KFC는 할랜드 샌더스(Harland Sanders)가 1952년 '켄터키프라이드치킨(Kentucky Fried Chicken)'이란 이름으로 시작하여 1991년에 'KFC'로 이름을 변경하였으며, 현재 전세계 80여 국가에 1만 개가 넘는 가맹점을 두고 있는 프랜차이즈이다. 국내 KFC의 점포수는 2019년 기준으로 193개이다.

튀김옷을 입혀 튀겨내는 프라이드치킨은 1970년대 이후 닭고기 요리의 주종을 이루고 있으나, 새로운 유행이 계속 나타난 것이 닭고기 시장의 특징이며, 닭고기의 소비를 증가시켜온 원동력이 되었다. 1970년대에는 전기구이 통닭이 유행하였으며, 1980년대에는 양념치킨이 인기를 끌어 페리카나(1982년), 멕시칸(1986년), 처갓집(1988년) 등 다수의 체인점이 생겨났다. 1986년의 서울아시안게임 및 1988년의 서울올림픽을 계기로 닭튀김이 간식으로 자리 잡는 기회가 되었다.

1990년대에는 튀김 외에도 다양한 시도가 이루어져 1970년대에 유행했던 전기구이가 다시 시도되기도 하고, 숯불이나 장작에 구운 바비큐 스타일도 유행하였으며, 1990년대 후반에는 닭갈비, 꼬치구이, 찜닭 등이 인기를 끌었다. 1990년대에 등장한 주목할 만한 브랜드로는 '교촌치킨'과 'BBQ'가 있다.

교촌치킨은 1991년 경북 구미시에서 '교촌통닭'이란 이름으로 출발하였으며, 수도권이 아닌 지방에서 시작하여 전국으로 체

인점을 확대한 드문 케이스이다. 교촌치킨은 간장을 기본으로
한 고유의 소스로 맛을 냈으며, 종전의 맵고 달콤한 맛이 특징
인 양념치킨과 차별화하여 소비자들의 호응을 얻어 성장하였
다. 2019년 기준으로 1,157개의 가맹점을 보유하고 있으며, 2020
년 기준 매출액은 4,476억 원으로 업계 1위를 차지하고 있다.

1995년에 문을 연 BBQ는 약 1,600개의 가맹점을 보유하고
있으며, BBQ로 시작하여 '닭익는마을', '참숯바베큐치킨', '우쿠
야', '올떡볶이' 등의 브랜드를 보유한 국내 최대 프랜차이즈 기
업인 제네시스(Genesis)로 성장하였다. 2003년 중국을 시작으
로 2005년에는 스페인에 매장을 여는 등 전세계로 진출하고 있
다. 2000년에는 업계 최초로 자체 교육기관인 '치킨대학'을 개설
하여 프랜차이즈 사업에 필요한 교육을 실시하고 있다.

2000년대 초반에는 '불닭'이라는 이름의 극도로 매운맛이 유
행하기도 하였다. 1997년의 외환위기 이후 불황으로 인한 스트
레스를 매운맛으로 해소하려는 사회심리학적 요소가 작용하여
특히 직장인과 젊은이들 사이에서 인기가 있었다. 2005년에는
트랜스지방산이 사회적 이슈가 됨에 따라 그동안 튀김 기름으
로 사용하던 경화유 대신에 올리브유, 카놀라유 등을 사용하
는 업체가 늘어났으며, 아예 기름을 사용하지 않고 굽는 치킨
이 다시 주목을 받기도 하였다. 2005년에 1호점을 낸 '굽네치킨'

이 대표적인 예이다.

오늘날 우리나라는 '치킨 공화국'이라고 부를 정도로 닭튀김을 좋아하여 2020년 기준으로 7조 원 이상을 소비하였다고 하며, 전국의 치킨집 수는 약 9만 개에 이른다고 한다. 우리뿐만 아니라 외국인에게도 인기가 있어 농림축산식품부가 실시한 '2020 해외 한식 소비자 조사'에서 외국인들이 가장 선호하는 한식으로 그동안 한식의 대명사였던 김치, 비빔밥, 불고기 등을 제치고 '한국식 치킨'이 꼽혔다고 한다. 원래 서양 음식이었던 프라이드치킨이 이제 외국인에게도 한식으로 인식되고 있는 것이다.

28.
피자

　얼마 전까지는 어린이들이 제일 좋아하는 음식이 짜장면이었으나, 이제는 그 자리를 피자가 대신하고 있다. 어린이들이 간식으로 자주 먹는 것도 피자이며, 생일파티에 가장 자주 등장하는 음식도 피자이다. 외식산업의 성장과 식생활의 서구화에 따라 피자는 우리나라에 소개된 지 30여 년 만에 젊은 층을 중심으로 확고하게 자리 잡았다.

　피자는 이탈리아의 대표적인 음식이지만 그 어원은 확실하지 않다. 가장 유력한 설은 그리스어로 '납작하게 눌려진' 또는 '동그랗고 납작한'을 의미하는 '피타(pitta)'에서 유래되었다는 것이다. 이름의 유래는 잘 알 수 없으나, 요리의 초기 형태는 그리스•로마시대로부터 먹던 효모발효 없이 기름과 식초로만 반죽하여 납작하게 구운 '모레툼(moretum)'이란 빵에서 비롯되었다. 피자(pizza)라는 단어가 문헌에 나타난 가장 오래된 것은

16세기경이며, 그 당시의 피자는 오늘날의 포카치아(focacia)와 유사하였던 것으로 보인다.

포카치아는 소맥분에 이스트, 소금, 올리브유 등을 넣고 반죽하여 발효시킨 후 아무것도 얹지 않고 그대로 구운 빵이다. 포카치아는 불에 구워 부패하지 않으므로 보존하기 쉽고, 가지고 다니기 쉬우며, 맛이 담백하여 여러 요리에 잘 어울리는 장점이 있다. 따라서 육류나 해산물을 얹어서 먹기도 하는 등 각 지역마다 특산물을 활용하여 포카치아와 함께 먹는다.

오늘날과 유사한 피자가 등장한 것은 이탈리아에서 토마토가 식용으로 이용되기 시작한 18세기의 일이다. 남아메리카 안데스산맥 고원지대가 원산지인 토마토는 16세기에 유럽으로 전해졌으며, 처음에는 관상용으로 재배되다가 18세기 이후 이탈리아에서 본격적으로 식용으로 재배되었다. 18세기 말에는 토마토퓨레, 안초비, 치즈, 식용유, 마늘 등을 사용하여 오늘날의 피자와 같은 형태가 자리 잡았다.

피자의 종류는 빵의 두께에 따라 '팬(pan) 피자'와 '신(thin) 피자'로 나뉘며, 피자의 크기에 따라서 구분하기도 한다. 팬 피자는 두껍고 양이 많아 식사대용으로 저합하고, 신 피자는 빵이 얇아 담백하며 아삭거리는 식감이 특징이다. 피자를 구성하는 대표적인 재료는 다음과 같다.

■ 도우(dough): 밀가루 반죽에 이스트, 식용유 등을 넣고 발효시킨 것으로 생지(生地)라고도 한다. 피자의 바탕을 이루는 빵의 굽기 전의 상태를 말한다.

■ 소스(sauce): 소스는 도우 위에 발라 피자의 맛을 내는 역할을 하며, 주로 토마토소스가 사용된다.

■ 토핑(topping): 소스를 바른 도우 위에 얹는 재료들을 말하며, 취향에 따라 모든 고형물 식재료를 사용할 수 있다. 불고기피자, 페퍼로니피자, 파인애플피자 등 주로 어떤 토핑을 사용하였는가에 의해 피자의 이름이 결정되는 경우가 많다.

■ 치즈(cheese): 치즈는 피자의 맛을 부여하기도 하지만 토핑을 안정시키는 역할도 하기 때문에 열을 가하면 쉽게 녹고 실처럼 길게 늘어나는 것을 사용한다. 주로 모차렐라치즈(mozzarella cheese)를 사용하지만 파마산치즈(parmesan cheese), 로마노치즈(romano cheese), 리코타치즈(ricotta cheese) 등을 섞어서 사용하기도 한다.

19세기 후반 이탈리아의 근대화가 추진되면서 빈부격차가 확대되어 미국으로 다수의 이민자가 건너가게 되었으며, 이들에 의해 미국에 피자가 소개되었다. 상업적인 최초의 피자점은 1905년 뉴욕에서 제나로 롬바르디(Gennaro Lombardi)라는 사람이 시작하였으며, 그 후 이탈리아 이민자를 중심으로 많은 피자점이 생겼다.

미국에서 피자점이 비약적으로 발전하게 된 것은 1940년대 중반 가스오븐이 개발되어 한꺼번에 많은 양의 피자를 구울 수 있게 된 것이 계기였다. 미국에서 번성하게 된 피자는 20세기 들어 두 차례의 세계대전을 계기로 각국에 알려지게 되었으며, 각 나라의 고유음식과 조화를 이뤄가며 세계적인 식품이 되었다.

우리나라의 경우 미군에 의해 소개되어 처음에는 호텔, 레스토랑 등에서 일부 소수 상류층만이 즐겼으나, 1985년 2월에 피자헛 1호점이 서울의 이태원에서 개점되면서 본격적인 피자 시대를 열었다. 1986년의 아시안게임, 1988년의 올림픽을 계기로 국내에서 외식산업이 발전하는 토대가 마련되었으며, 피자 시장도 함께 성장하였다.

1980년대 후반기가 피자 시장의 초장기라면 1990년대에서 2000년대 전반기까지는 성장기라고 하겠다. 이 시기에는 피자헛, 미스터피자, 도미노피자 등 80여 개의 피자 브랜드가 난립하며 경쟁하였고, 매년 100%에 가까운 성장을 하였으며, 2007

년에 약 1조3천억 원까지 규모가 확대되었다. 당시에는 샐러드바와 피자를 함께 즐기던 패밀리레스토랑이 성장을 주도하였으며, 피자 매장은 가족단위 외식이나 초중고교생의 생일파티 장소로 가장 인기 있었던 곳 중 하나였다.

짧은 시간에 피자 시장이 이렇게 크게 성장한 것은 우리나라에는 전통적으로 부침개라는 피자와 유사한 음식이 있어서 거부감 없이 받아들일 수 있었으며, 까다롭고 빠르게 변하는 국내 소비자의 기호에 맞추기 위하여 신제품 개발에 노력해 온 피자업계의 노력도 큰 역할을 하였다. 특히 2004년 선풍적인 인기를 끌었던 '고구마토핑'은 피자 시장의 성장에 큰 공헌을 하였으며, 그 외에도 불고기, 김치 등 한국적인 토핑 재료는 물론 고추장소스까지 등장하여 피자의 한국화에 성공하였다.

급속한 성장을 보이던 피자 시장은 2000년대 중반 이후 포화상태에 이르고 한계에 부딪히며 완만한 성장 또는 정체를 보이게 된다. 이에 따라 피자는 외식메뉴에서 배달메뉴로 차츰 변해갔다. 1999년부터 등장하기 시작한 배달영업은 수요가 확대됨에 따라 시장을 선점하기 위한 업체 간 경쟁이 치열하게 전개되었다. 이에 따라 배달영업은 2000년대 중반에는 확고하게 자리 잡게 되었으며, 피자는 레스토랑에서 먹는 외식메뉴가 아닌 배달해 먹는 음식으로 위상이 변하였다.

2010년대에는 피자 시장이 프랜차이즈 브랜드 중심에서 대형 마트의 저가 피자 중심으로 이동하는 변환기였다. 기존 피자 시장의 성장이 둔화하고 장기불황까지 겹쳐 고전을 면치 못하는 상황에서 2011년에 이마트, 롯데마트, 홈플러스 등 대형마트가 초저가 경쟁을 펼치면서 1만 원대 마트 피자를 내놓자 프랜차이즈 피자는 심각한 타격을 받았다. 이런 와중에 2017년에 발생한 갑질 논란까지 겹친 미스터피자는 한때 업계 1위였던 영광을 뒤로 하고 몰락의 길로 갔으며, 결국 2020년에는 치킨업체인 페리카나에 인수되었다.

2010년대 중반 이후에 나타난 변화 가운데 하나는 냉동피자의 등장이다. 2015년 냉동피자 시장의 규모는 50억 원 정도였으나, 오뚜기에서 참여하기 시작한 2016년에는 약 250억 원 수준으로 늘었으며, 2017년에는 약 900억 원 규모로 성장하였고, 2018년에는 약 1,300억 원을 기록하여 쇠락하는 프랜차이즈 시장과는 달리 급속한 성장을 하였다. 현재 냉동피자 시장은 오뚜기, 풀무원, CJ제일제당 등의 3사가 주도하고 있다.

2020년에는 코로나19의 영향으로 집에서 주문•배달시키는 수요가 많아지고 가성비(가격 대비 성능)를 따지는 소비 습관이 일반화되면서 냉동피자의 수요가 급증하여 2019년 대비 약 30%나 매출이 증가하였다. 현재 우리나라에는 약 130개의 프랜차이즈 브랜드가 있으며 생존을 위해 저가 경쟁을 하고 있는 형편이다. 한편에서는 소위 '동네피자'라고 불리는 프랜차이즈에 가맹되지 않은 개인 피자집 역시 저렴한 가격을 무기로 소비자에게 다가가고 있다.

29.
떡볶이

　우리나라의 대표적인 간식거리이며 길거리 음식은 떡볶이라 할 것이다. 고추장이 주재료인 새빨간 떡볶이는 매운 음식을 잘 먹지 못하는 아이들조차 즐겨 먹을 정도로 누구나 좋아하는 음식이다. 어릴 적에 학교 앞 분식집이나 시장 골목 안 노점상에서 사먹던 떡볶이는 추억을 떠올리게 하는 먹거리이다. 요즘은 외국인 관광객들도 한 번쯤은 꼭 먹어보는 관광상품이 되었다.

　떡볶이는 가래떡을 적당한 크기로 잘라 여러 가지 채소를 넣고 양념을 하여 볶은 음식을 말하며, 양념은 주로 고추장으로 하나 고춧가루나 간장이 사용되기도 한다. 떡볶이는, '떡'과 '볶다'의 어간 '볶' 뒤에 명사를 만드는 접미사 '이'가 붙은 '볶이'가 결합하여 만들어진 말이므로 '떡볶이'가 표준어이고, '떡볶기', '떡뽁기' 등의 표현은 잘못된 것이다.

떡볶이를 한국국립국어원이 발표한 영문표기법으로 표기하면 'tteokbokki'가 된다. 하지만 이 철자는 너무 길고 복잡하여 기억하기 어려우며, 외국인이 발음하기도 어렵다. 농림수산식품부는 떡볶이의 세계화를 위해선 보다 친숙한 영문 표기가 필요하다고 판단하여 2009년에 언어학자, 요리전문가, 영어권 및 비영어권 외국인을 대상으로 의견을 수렴했다. 그 결과 외국인에게 이국적이면서도 강한 청각적 이미지를 줄 수 있다는 점을 고려하여 'topokki'가 떡볶이의 국제 이름으로 선정되었다.

떡국용으로 주로 사용되는 가래떡과 떡볶이용 떡은 굵기와 길이만 다를 뿐 같은 떡이다. 떡볶이용 떡은 양념이 쉽게 배어들도록 가늘게 뽑은 것이며, 먹기 편하도록 짧게 자른 것이다. 원래 떡볶이용 떡은 쌀만 100% 사용하였으나, 요즘은 밀가루가 섞인 것도 있다. 1970년대 정부에서 쌀 소비를 줄이기 위해 분식장려운동을 하면서 밀가루가 섞이게 되었으며, 쌀이 남아돌게 되어 밀가루를 섞을 필요가 없게 되었음에도 밀가루가 섞인 떡볶이용 떡을 선호하는 사람도 있어서 두 종류가 모두 판매되고 있다.

떡볶이의 유래는 우리나라의 떡국 문화와 연결돼 있다고 볼 수 있다. 떡볶이는 떡국을 끓여 먹고 남은 가래떡을 활용하는 가장 좋은 조리법이었다. 인터넷 자료에 의하면 17세기 무렵 파평 윤씨(坡平尹氏) 종가(宗家)에서 떡과 쇠갈비를 간장 양념에 볶아 먹기 시작한 것이 시초로, 이것이 궁중에 전해져 궁중떡볶이의 기원이 되었다고 하나 이를 입증할 문헌 자료를 밝히지 못하고 있어 신빙성이 떨어진다.

떡볶이와 유사한 음식으로 떡산적이 있으며, 이는 가래떡을 소고기, 버섯, 야채와 함께 양념하여 대꼬챙이에 꿰어 불에 굽거나 지진 음식이고, 한자로는 병적(餠炙)이라고 적었다. 떡산적에서 대꼬챙이를 빼면 떡볶이와 유사하여 떡볶이의 기원이라고 할 수도 있다.

병적(餠炙)이 문헌에 처음 나오는 것은 세조(世祖) 6년(1460년) 왕의 명에 따라 어의(御醫) 전순의(全循義)가 편찬한『식료찬요(食療纂要)』란 책이다.『식료찬요』는 환자를 위한 식이요법(食餌療法)을 기록한 것이며, 병적 역시 환자를 위한 음식이었고, 떡과 고기에 후추, 간장 등을 양념해 만들었다. 조선 중기의 학자 유운룡(柳雲龍)의 시문집인『겸암집(謙菴集)』에도 각종 제사 때 병적을 놓는다는 내용이 있다.

영조(英祖) 27년(1741년)의『승정원일기(承政院日記)』에도 병적이 나오며, 그 내용은 "모친(淑嬪崔氏)께서는 매번 나에게 식사를 빨리 하도록 하교하시지만 근래에는 한 번의 식사에도 거의 한 시진이 걸린다. 다식과 같은 음식물도 남들은 많이들 즐겨 먹는데 나는 반의반 입도 먹지 못한다. 모친께서는 절편이나 병 적을 드시지만 나는 그것도 먹지 못한다"는 것으로 영조가 치 아에 문제가 있어 잘 먹지 못한다는 기록이다.

병적이 아닌 떡볶이에 관한 기록은 1800년대의 문헌에서 자 주 등장한다. 1800년대 말엽에 지어진 것으로 추정되며 저자 미상의 조리서인 『시의전서』에는 떡볶이를 당시의 한글 표기로 '떡복기'라고 하였으며, 그 제조법에 대해 "다른 찜과 같이 조리 한다. 흰떡을 탕에 들어가는 무처럼 썰어 잠깐 볶는다. 다른 찜 과 같은 재료가 모두 들어가지만 가루즙은 넣지 않는다"라고 설명하였다.

1896년에 쓰인 저자 미상의 조리서인 연세대 소장 『규곤요람』 에서도 '떡복기'라고 표기하고, 만드는 법을 "전복과 해삼을 물 러지도록 삶은 후 썰어 냄비에 담고, 가래떡을 1치 길이로 썰어 넣는다. 녹말과 후춧가루, 기름, 석이버섯 등 여러 가지 재료들 을 간장에 양념하고, 이를 냄비에 볶는다"고 하였다.

은진 송씨(恩津宋氏)의 집안에서 전해져 온 『주식시의(酒食是 儀)』라는 책에서는 떡볶이 만드는 법을 흰떡 만드는 법 뒤에 '복 기'라고 하여 "흰떡을 닷푼 길이로 잘라 네 쪽씩 내어 솥에서 달구다가 기름을 많이 두르고 소고기를 가늘게 썬 것을 넣어 같이 볶는다. 송이와 도라지를 납작납작하게 썰고, 계란을 부처 채치고 숙주나물을 장에 주물러 넣고 간을 맞춘다. 생강, 파, 후추, 잣가루를 넣고, 김을 구워 부수어 넣고 애호박, 오이, 갖은 양념을 넣는다"고 하였다. 『주식시의』는 송영로(宋永老)의 부인인 연안 이씨(延安李氏)가 시작하여 이후 며느리들이 세대를 거듭하며 보충한 것이다.

빙허각(憑虛閣) 이씨(李氏)의 『규합총서』를 1908년에 순한글로 번역한 『부인필지(婦人必知)』란 책에서는 떡볶이 만드는 법을 "숙육과 양(깃머리), 등심살을 풀잎같이 저며 유장을 맞추고 파, 표고, 석이를 가늘게 썰어 솥에 넣어 같이 볶다가 익을 만하거든 썰은 흰떡과 양념을 넣고 유장을 더 넣어 다시 볶아 흠씬 익은 후 퍼서 깨소금 후춧가루 통잣을 많이 넣는다"라고 하였다.

19세기에서 20세기 초까지의 떡볶이를 보면 그 재료가 고급이어서 궁중 또는 양반가에서나 먹을 수 있는 음식이었다. 간은 주로 간장으로 맞추었고 고추장이나 고춧가루를 사용하지는 않았다. 오늘날 간장을 베이스로 한 고급 떡볶이를 궁중떡볶이라고 부르고 있으나, 당시에는 이런 명칭이 없었으며 궁중떡볶이라는 이름은 후대에 붙인 것이다.

일제강점기 때인 1924년에 이용기(李用基)가 지은 『조선무쌍신식요리제법』이라는 책에서는 떡볶이를 '병오(餅熬)'라고 하였다. 잘 만든 흰떡을 칠 푼 길이쯤 되게 썰어 각각 둘로 쪼개어 사용하며, 다른 원료로는 정육, 양깃머리, 표고버섯, 석이, 송이, 파, 미나리, 목이, 황화, 숙주, 애호박 등이 들어가서 여전히 고급 요리였다.

19세기에 '찍복기'로 표현되던 것이 언제부터 '떡볶이'로 변하였는지는 알 수 없으나 1930년대에는 떡볶이라는 표현이 일반화되었다. 인터넷에서는 "떡볶이라는 이름과 명칭이 처음 등장하는 것은 1942년 방신영의 『조선요리제법』이다"라는 글이 널리 퍼져 있으나 이는 잘못이다. 교육자이며 요리연구가인 방신영(方信榮)의 『조선요리제법』은 1942년이 아니라 1917년에 나왔으며, 1942년 이전에 이미 떡볶이라는 이름이 사용되었다.

《동아일보》의 1936년 1월 11일자 사회면 '조선요리성분계산표'에 '떡볶이 7人分'이라고 표기되어 있으며, 1938년 3월 21일 사회면의 '남녀아기 구별이 잇는 돌상 차리는 법'이란 기사에는 "정이월에는 갈비찜, 떡볶이, 삼월에는 갈비찜, 도미나 조기찜"이란 내용이 나온다. 여기에서 소개되는 떡볶이는 오늘날의 떡볶이와는 다르게 고급 요리였으며, 사용되는 원료들은 서민들의 수준에는 맞지 않았다.

이렇게 귀하고 특별한 날에나 먹던 떡볶이가 대중화된 것은 6·25 전쟁 이후의 일이며, 그 시작은 1950년대 서울시 중구 신당동(新堂洞)에서 비롯되었다. 지금은 '신당동 떡볶이 타운'이라는 명물거리가 조성되기도 하였고, 전국의 떡볶이집에서 가장 많이 사용하는 떡볶이의 대명사가 되다시피 한 '신당동 떡볶이'는 마복림(馬福林)씨의 고추장 떡볶이에서 유래되었다. 마복림씨가 고추장 떡볶이를 개발하게 된 계기는 어느 중국음식점 개업식에 참가했다가 실수로 떡을 짜장면 그릇에 떨어뜨렸는데 춘장이 묻은 떡이 의외로 맛이 좋아 고추장 떡볶이를 생각하게 되었다고 한다.

마복림씨는 신당동에서 노점상으로 1953년부터 고추장 떡볶이를 팔기 시작하였는데 반응이 좋아 그 이웃에 떡볶이집이 늘어나서 떡볶이 골목으로 조성되어 갔으며, 1970년대에는 전국으로 확산되었다. 6•25 전쟁 이후 미국의 원조물품으로 밀가루가 들어오고, 정부에서 쌀 소비를 줄이기 위해 분식장려운동을 하면서 1970년대에는 밀가루를 섞은 떡볶이가 일반적이었으며, 저렴한 가격 덕분에 서민들도 부담 없이 먹을 수 있게 되었다.

2000년대 초에 떡볶이 프랜차이즈 사업이 시작되면서 떡볶이는 더욱 활성화되게 된다. 떡볶이 프랜차이즈는 비교적 작은 점포에서 적은 자본으로 시작할 수 있고, 계절을 타지 않아 불황에도 큰 영향을 받지 않으며, 소스 및 대부분의 식자재가 표준화되어 반가공 형태로 공급되므로 조리과정이 간단하고 전문 조리인력이 필요 없어 인건비 부담이 적다는 장점이 있었다.

우후죽순처럼 새로운 브랜드가 생겨나고 날로 번창하던 떡볶이 프랜차이즈였으나 2010년대에 들어서면서 변화의 조짐이 보이기 시작하였다. 편의점에서도 떡볶이를 취급하고, 공장에서 만든 떡볶이가 대형마트에 진열되면서 프랜차이즈 시장이 위축되기 시작하였다

처음에는 그냥 고추장을 베이스로 대파, 양파, 양배추 등의 채소류를 첨가하여 떡볶이를 만들었으나 수십 년의 세월이 흐르면서 간식이 아닌 한 끼 식사로 충분한 하나의 요리로 변해 갔다. 요즘은 떡볶이에 계란, 당면, 어묵, 쫄면, 라면사리는 기본이고 물오징어에 새우, 치즈까지 들어간 다양한 떡볶이가 판매되고 있다.

고추장의 매운맛을 싫어하는 어린이 등을 위해 고추장은 조금만 넣고 케첩, 카레, 춘장 등으로 맛을 낸 떡볶이도 있으며, 크림소스를 이용한 퓨전 떡볶이까지 나왔다. 떡볶이는 일반 가정에서도 쉽게 만들 수 있고, 넣는 재료나 양념에 따라 다양한 맛과 재미를 제공하기 때문에 앞으로도 계속 변화를 보이며 성장할 것이다.

30.
순대

예전에 순대는 잔칫날이나 손님이 왔을 때처럼 특별한 날에 준비했던 귀한 음식이었으나, 이제는 일반 서민들이 사랑하고 즐기는 일상적인 음식이 되었다. 순대는 값싸고 맛도 좋은 데다 양도 푸짐하여 부담 없이 즐길 수 있는 대표적인 술안주이며 간식거리이다.

그러나 순대는 내장에 피까지 들어가다 보니 호불호(好不好)가 매우 심한 음식이기도 하다. 순대를 주문하면 돼지의 간, 허파, 위 등이 곁들여 나오는 것이 보통이다. 전국의 유명한 순대와 순댓국은 모두 재래시장을 중심으로 발달하였으나, 요즘은 프랜차이즈 위주로 발전하고 있다.

원래 순대는 돼지의 창자 속에 고기, 두부, 숙주나물, 선지, 당면, 찹쌀 등을 파, 마늘, 생강 등으로 양념을 하여 넣고 양쪽 끝을 동여맨 후 뼈 국물에서 삶아 익힌 비싸고 귀한 음식이었으나 요즘은 선지와 당면에 약간의 부재료만 넣어 저렴하게 만든 순대가 일반적이다. 공장에서 제조하여 공급하게 되면서 지역별 특색도 많이 희석되어 전국 어디서나 비슷하게 되었다.

먹는 방법도 서울을 포함한 중부권에서는 소금, 후추, 고춧가루를 섞은 것에 찍어 먹고, 부산을 비롯한 경상남도 지방에서는 막장에 찍어 먹으며, 광주를 비롯한 전라남도 지방에서는 초장에 찍어 먹고, 제주도에서는 간장에 찍어 먹고, 북한에서는 새우젓에 찍어 먹는 등 차이가 있었으나 요즘은 지역적인 특색은 희석되고 개인적인 취향에 따라 선택하는 경우가 많다.

인류는 먼 옛날부터 동물의 창자에 고기와 야채 등을 채워서 먹거나 보관하였으며, 우리나라에서는 순대로 발전했고 서양에서는 소시지(sausage)로 발전했다. 소시지란 돼지고기, 쇠고기 등의 육류를 갈아서 양념한 후 동물의 창자 또는 인공 케이싱(casing)에 채워 삶거나 훈연처리 해서 만든 가공식품을 말하며, 기원전부터 만들어 먹었던 기록이 남아있다. 소시지와 순대는 넓은 의미에서 같은 종류의 음식으로 볼 수도 있다.

중국 문헌에 나오는 순대와 관련된 가장 오래된 기록은 『제민요술(齊民要術)』이라는 책에 나오는 '양반장도(羊盤腸擣)'라는 요리이며, "양의 피와 양고기 등을 다른 재료와 함께 양의 창자에 채워 넣어 삶아 먹는다"고 설명하고 있어 순대의 제조 방식과 흡사하다.

『제민요술』은 6세기 초기에 북위(北魏)의 고양태수(高陽太守)를 지낸 가사협(賈思勰)이 저술하였으며, 농업에 관한 책으로는 중국에서 가장 오래된 것이다. 『제민요술』이 저작될 당시 우리나라는 삼국시대였고, 중국과의 교류가 많았으므로 삼국시대에도 순대와 유사한 음식이 있었을 것이라 주장하는 사람들도 있다.

그러나 순대가 우리나라에 전래된 것은 다른 육류 요리들의 경우와 마찬가지로 고려 말 원(元)나라에 의해서라는 것이 일반적인 견해다. 고려가 1270년 몽골족이 세운 원(元)나라의 속국이 된 이후 몽골식의 풍습, 음식 등이 고려에 영향을 끼치게 되었다. 몽골군은 돼지의 창자에다 쌀과 야채를 혼합하여 넣은 후 말리거나 냉동시켜 휴대하여 기동전(機動戰)을 효과적으로 수행하였다고 한다. 이것이 우리나라에 전해져 순대로 발전하게 되었다고 보고 있다.

인터넷 자료에 의하면 순대의 어원을 만주어인 '순타(sunta)' 또는 '셍지두하(senggi-duha)'에서 나왔고, '셍지'는 피를 의미하며 '두하'는 창자를 의미한다고 한다. 그러나 두 가지 모두 신빙성이 높지는 않으며, 누군가가 작성한 내용을 검토 없이 인용한 것으로 보인다.

조선시대의 문헌을 보면 순대로 추정되는 음식이 여러 곳에서 발견되며, 처음에는 개장, 우장증방(牛腸蒸方), 우장증(牛腸蒸) 등으로 불리다가 19세기 말에서야 '슌대'라는 이름이 나오는 것을 보면 순타 또는 생지두하에서 유래하여 발음이 변하였다는 주장은 설득력이 약하다. 아직까지 순대의 어원은 확실하게 밝혀지지 않았다.

국내 문헌에서 순대와 관련된 기록이 처음 나오는 것은 장계향(張桂香)이 1672년에 저술한 『음식디미방』이다. 이 책에서는 개의 창자를 이용한 순대의 요리법이 자세히 설명되어 있으며, 음식의 이름을 '개장(犬腸)'이라 적었다. 지금은 순대를 돼지의 창자로 만들고 있지만 당시에는 돼지보다는 개가 많이 사육되었으므로 개의 창자를 이용하였던 것으로 보인다. 또한 개장을 굉장히 고급스러운 음식으로 언급하고 있어 잔칫날 등에나 맛볼 수 있는 귀한 음식이었음을 짐작하게 한다.

1766년에 유중림(柳重臨)에 의하여 발행된 『증보산림경제』에는 '우장증방(牛腸蒸方)'이란 소의 창자를 이용한 순대의 조리법에 대한 내용이 나온다. 빙허각(憑虛閣)이 1809년에 쓴 『규합총서』에도 『증보산림경제』와 비슷한 내용의 조리법을 적었다. 다만 소의 창자에 넣는 살코기로 소고기는 물론이고 꿩고기와 닭고기도 사용한다고 하였다.

또한 1800년대 중반에 작성된 작자 미상의『주방문(酒方文)』
이란 책에서도 소의 창자를 이용한 '우장증(牛腸蒸)'이란 찜요리
가 등장한다. 이 책은 이성우(李盛雨)라는 사람이 책력(冊歷)의
뒷면에 옮겨 적었기 때문에, 1600년대 말엽에 쓰인 것으로 보이
는 같은 이름의『주방문(酒方文)』과 구분하기 위하여『역주방문
(歷酒方文)』이라 불린다. 1908년에 발행한『부인필지』라는 책에
서도 소의 창자를 이용한 순대에 대한 내용이 나온다.

오늘날과 같은 돼지의 창자로 만든 순대는『시의전서』라는 책
에서 처음으로 나오며, '도야지순대'라는 이름으로 소개하고 있
다. 도야지는 돼지의 옛말이며, 지금도 제주도에서는 돼지를 도
야지라고 부르고 있다. 이 책의 원저자는 알려지지 않았으며.
상주군수(尙州郡守)였던 심환진(沈晥鎭)이 1919년에 필사한 것
이 전해지고 있다. 심환진이 베낀 연도가 1919년이므로 원본은
그보다 앞선 1800년대 말에 작성된 것으로 추정된다.

『시의전서』에서는 도야지순대 만드는 법을 "돼지의 창자를 깨
끗이 씻고 숙주, 미나리, 무를 데쳐 배추김치와 같이 두부를 섞
은 다음 파, 마늘, 생강을 많이 다져 넣고 깨소금, 참기름, 고춧
가루, 후춧가루 등 각색 양념을 섞어 피와 함께 주물러 창자에
넣고 부리를 동여 삶아 쓴다"고 하였다. 돼지 창자 속에 무엇을
넣느냐는 그때마다 다르겠지만 무척 다양한 재료가 들어갔음

을 알 수 있다.

이 책에는 도야지순대와 함께 '어교(魚膠)순대'도 나오며, 생선의 내장을 들어낸 후 소고기, 숙주, 미나리, 두부 등을 다져서 갖은 양념과 함께 주물러서 넣은 후 삶아서 만든다고 하였다. 또한 이 책보다 100년 이상 앞선 『소문사설(謏聞事說)』이라는 책에서도 생선을 이용한 순대인 '어장증(漁腸蒸)'이란 요리가 나온다. 『소문사설』은 통역관이었던 이표(李杓)라는 사람에 의해 1740년대에 쓰인 것으로 추정되며, 일상생활에 필요한 여러 가지를 정리한 백과사전 성격의 책이다.

조선시대의 순대는 값싼 서민의 음식이 아니었으며, 수라상이나 제사상에 올릴 정도로 귀한 음식이었다. 조선 제10대 왕인 연산군 때의 기록인 『연산군일기(燕山君日記)』에는 "식용으로 쓸 돼지창자는 전생서(典牲署)에서 기른 것으로 쓰라"는 연산군의 지시가 보이는데, 전생서는 제사에 쓸 동물을 별도로 길렀던 곳이다.

이외에도 제사에 쓰이는 물품과 제물의 배열법을 기록한 『제물등록(祭物謄錄)』과 태조(太祖)의 옛집인 함흥 본궁에서 있었던 의식 내용을 제22대 왕인 정조(正祖)가 직접 저술한 『함흥본궁의식(咸興本宮儀式)』에도 "소, 돼지, 양의 창자를 사용했다"고 하여 순대가 쓰였음을 알 수 있다.

북한의 조선료리협회에서는 1996년에 『조선료리전집』을 발행하였으며, 8년 후에 그 내용을 보완하여 한민족 고유의 전통요리를 포함한 6천여 가지 요리법을 집대성한 같은 이름의 책을 재발행하였다. 이 책에는 돼지순대뿐만 아니라 개순대, 곰순대 등도 언급하고 있다. 순대의 속을 채우는 순대 소는 "돼지 피에 다진 돼지고기, 배추시래기, 분탕(쌀), 녹두나물, 파, 마늘, 깨소금, 간장, 후추가루, 생강즙, 참기름을 넣어서 만든다"고 하였다.

순대에 관한 책으로 가장 최근에 나온 것은 '순대실록'이라는 브랜드의 체인점인 '희스토리푸드'의 대표이기도 한 육경희가 2017년에 쓴 『순대실록』이다. 이 책은 저자가 3년 6개월이 넘는 긴 시간 동안 국내는 물론이고 세계 곳곳을 누비며 천 명이 넘는 사람들을 만나고 한국, 중국, 유럽의 문헌과 자료를 연구함으로써 전 세계 순대에 관한 모든 것을 총망라하였다.

조선시대부터 전국적으로 순대를 만들어 먹었으나 함경도, 평안도 등 추운 북쪽 지역에서 순대를 즐겨 먹었기 때문에 순대는 북한 음식이라는 이미지가 강하다. 원래 귀한 음식이던 순대가 값싼 서민 음식이 된 것은 6·25 전쟁의 영향이 크다. 6·25 전쟁을 겪으면서 많은 사람이 북에서 남으로 내려오며 북한이 순대가 전파되었으며, 어렵던 시절 구하기 쉽지 않은 순대를 여러 사람이 나누어 먹을 수 있도록 순댓국이 발달하게 되었다. 주로 술안주로 이용되던 순대가 순댓국이 되면서 한 끼 식사로 될 수 있었다.

순대가 저렴해지게 된 데에는 1960년대부터 정부에서 양돈업을 장려한 것도 한몫을 하였다. 1960년대 말부터는 대규모 돼지 축산 농가가 생겼으며, 1970년대 초반에는 주요 대도시에 대형 도살장이 생겨서 돼지의 창자를 비롯한 부산물들을 손쉽게 구할 수 있게 되었다.

여기에 1960년대 말부터 당면공장에서 발생하는 부스러기 당면을 사용하면서 순대는 더욱 저렴해지게 되었다. 이에 따라 1970년대 초반부터 전국의 재래시장에서는 순대와 순댓국이 유행하게 되었다. 1970년대까지도 순대는 공장보다 가내수공업 형태로 제조되었으나, 1980년대에 들어서 구로공단 근처에 순대를 전문적으로 가공하는 공장이 생겨나면서 순대의 대량생산 시대를 맞이하였다.

우리나라의 순대는 지방마다 역사와 배경에 따라 독특하게 발전하여 왔으며, 대표적인 순대로는 다음과 같은 것들이 있다.

■ 찹쌀순대: 찰순대, 당면순대, 시장순대, 포장마차순대 등의 다른 이름도 있으며, 전국적으로 보통 순대라고 하면 이것을 말한다. 이름은 찹쌀순대이지만 사실상 주재료는 당면이며, 찹쌀은 조금 들어가거나 아예 없는 경

우도 있고, 다른 부재료도 거의 없다.

당면공장에서 당면 건조 중에 발생하는 부스러기를 처리할 방법을 고민하다가 탄생하게 되었다고 한다. 탈북자들이 남한에서 받은 문화충격을 이야기 할 때 이 찹쌀순대를 언급하기도 한다. 공장에서 대량으로 생산되는 것이 보통이며, 재료가 단순한 것에 비해서 제조사에 따라 맛과 식감의 차이가 있다.

■ 아바이순대: 아바이란 함경도 사투리로 '나이 많은 남성'을 뜻하며, 강원도 속초시 청호동에는 6·25 전쟁 때 남하하여 정착한 함경도 실향민들이 모여 살고 있어 '아바이마을'로 불리는 곳이 있다. 이 마을에서 1999년도에 '함경도 향토음식 축제'를 열었고, 함경도 지방에서 전해오던 순대도 출품하였다.

축제에 참가한 사람들에게 인기가 있어서 알려지게 되었으며 아바이순대로 불리고 있다. 보통의 순대는 작은창자를 이용하나 아바이순대에서는 큰창자를 이용하여 크기가 큰 것이 특징이다. 속 재료로는 돼지고기와 허파, 돼지기름, 선지, 배추, 파, 참깨, 들깨, 멥쌀, 좁쌀 등이 들어간다.

■ 오징어순대: 아바이순대와 함께 '함경도 향토음식 축제'에 출품된 이후 속초시의 명물이 되었다. 원래 명태의 내장을 제거하고 순대 소를 채워 쪄먹던 함경도 해안가의 향토음식인 명태순대에서 유래되었으며, 명태를 구하

기 힘들어서 명태 대신 구하기 쉬운 오징어를 이용하여 만든 것이다.

오징어 속에 찰밥과 무청, 당근, 양파, 깻잎 등을 넣어 쪄먹는 요리로, 쫄깃하면서도 담백한 맛이 일품이다. 일반 순대와는 달리 자른 후에 내용물이 잘 빠지는 단점이 있기 때문에 요즘에는 계란물을 입혀 전처럼 부치는 형태가 유행하고 있다. 때로는 오징어순대를 아바이순대라고 부르는 사람도 있다.

■ 고기순대: 평양의 향토음식으로 '북한순대'라고도 한다. 돼지의 작은창자에 돼지고기와 찹쌀, 선지 및 각종 채소를 넣어 만들며, 당면을 사용하지 않아 순대의 원형에 가깝다고 할 수 있다. 고기순대라는 명칭은 다른 순대와 구분하기 위해 붙인 이름이며, 북한에서는 그냥 순대라고 한다. 참고로, 북한말로 고기순대라고 하면 소시지를 의미한다.

■ 개성순대: 개성은 고려의 수도로서 원나라의 지배를 받게 된 이후 몽골족문화의 영향을 가장 크게 받은 곳이며, 한반도에서 육류 음식 문화가 가장 번성한 지역이었다. 개성순대는 선지를 사용하지 않아 색깔이 하얀 것이 특징이며, 찹쌀이나 당면도 사용하지 않는다. 돼지고기와 야채를 주로 하여 만들기 때문에 담백한 맛이 난다.

■ 막창순대: '암뽕순대'라고도 불리며, 전라남도 지방에서 주로 먹는 순대

이다. 막창은 돼지의 큰창자 중에서 항문과 연결되는 마지막 부분인 길이 30~50㎝ 정도의 직장(直腸)을 말한다. 암뽕은 암퇘지의 자궁 부위를 말하며, 이름은 암뽕순대이나 암뽕으로 순대를 만드는 것은 아니고 막창순대를 시키면 암뽕이 같이 제공되어 이런 이름을 얻게 되었다. 당면이나 찹쌀과 함께 콩나물 등의 야채도 들어가나 선지가 많이 들어가며, 막창 특유의 부드럽고 쫄깃한 식감이 특징이다.

- 피순대: 전라북도 및 충청남도 지방에서 주로 먹는 순대이다. 다른 순대와는 달리 찹쌀이나 당면, 고기, 야채 등이 주가 아니라 선지가 주를 이루는 순대이다. 거의 선지로 속을 채웠기 때문에 색상은 검붉은 색이 지나쳐 검게 보이기도 한다. 선지 특유의 고소하고 진한 맛이 있으며, 선지를 싫어하는 사람은 먹기 힘든 순대이다.

- 병천순대: 병천(竝川)은 우리말로 '아우내'라 하며, 유관순 열사의 만세운동이 있었던 아우내장터에서는 지금도 5일장이 열리고 있다. 현재의 행정구역으로는 충청남도 천안시 동남구 병천면에 속하며 예로부터 교통의 중심지였다. 아우내장터에는 30여개의 순댓국 식당이 몰려있어 '순대거리'로 불린다. 전국적으로 지명도가 높아 순대집이 이름 중에 가장 많은 것이 병천순대이며, 체인점도 여럿 있다.

  순대거리에 있는 여러 식당 중에서 가장 오래된 것은 '청화집'으로 알려져 있다. 청화집은 병천 순대거리가 생기기 훨씬 전인 1930년대부터 순대를 팔았으며, 초기에는 간판도 없이 장날에만 좌판을 펴고 순댓국을 팔았다고 한다. 1967년에 정식으로 식당을 내면서 군청에 등록한 이름이 청화집이었다. 창업자 김일분의 며느리에서 손녀로 3대에 걸쳐 이어져 오고 있으며, 현재는 큰딸 내외가 장사를 거들고 있어 4대째 이어지게 되었다.

병천의 순대가 유명해지게 된 것은 1960년대에 돼지고기를 취급하는 햄 공장이 병천면에 들어선 것이 계기가 되었다. 햄을 만들 때 돼지 내장을 비롯한 각종 부산물이 발생하며, 값싼 부산물을 이용하여 자연스럽게 순대를 만들게 되었다. 일반적으로 수제순대라고 하는 것은 대부분 병천순대와 유사한 순대이다.

병천순대의 특징은 고기는 거의 안 들어가고 양배추, 마늘, 양파 등 각종 채소를 주재료로 하여 돼지 특유의 누린내가 적고 담백한 맛이 난다는 것이다. 종종 당면을 사용하는 집도 있으나 당면보다는 찹쌀을 주로 사용하며, 선지를 많이 넣기 때문에 색이 진하다.

■ 백암순대: 경기도 용인시 처인구 백암면의 백암시장은 조선시대 중기부터 형성되어 오랜 역사를 자랑하는 전통 5일장이다. 백암은 예로부터 돼지를 많이 사육하던 곳이었으며, 시장을 중심으로 순댓국이 발전하게 되었다. 병천순대 다음으로 전국적으로 많이 알려진 순대이다.

백암순대는 개성순대와 가장 유사하며, 선지를 적게 사용하여 색상이

밝은 것이 특징이다. 찹쌀이나 당면 외에 양파, 양배추, 부추, 콩나물, 숙주, 당근 등의 야채류와 함께 고기와 기타 돼지고기 부속물이 많이 들어있어 푸짐하게 보이며, 맛이 깔끔하다.

■ 무봉리순대: 공장에서 제조하여 프랜차이즈 위주로 영업을 하고 있으며, 프랜차이즈 브랜드로는 1위의 업체이다. 1994년 김종복씨가 경기도 포천시 소흘읍 무봉리에서 '무봉리순대국'으로 창업하였고, 1997년에 소흘읍 이동교리로 본점을 이전하면서 '무봉리토종순대국'이란 브랜드로 프랜차이즈 사업을 개시하였다.

　현재 전국에 300개가 넘는 체인점을 운영하고 있으며, '찰순대'와 '토종순대'라는 대표 메뉴가 있다. 찰순대는 당면과 선지를 주원료로 하는 전형적인 공장제 저가 제품이고, 토종순대는 백암순대와 유사하게 야채와 고기로 속을 채웠으며 선지를 적게 사용하여 붉은색이 옅은 편이다.

■ 백순대: 백순대는 순대의 종류가 아니고 양념이 없이 깻잎이나 양파, 양배추 등의 간단한 야채와 함께 순대를 넣고 하얗게 볶은 순대볶음를 말하며, 고추장 등의 양념을 넣어 붉은 색이 도는 순대볶음과 대비되는 이름이다. 백순대는 서울시 관악구 신림동에서 시작되었다.

　1977년경 신림시장에 있던 한 순대 가게에서 순대볶음 요리를 판매하기 시작하였고, 손님들의 반응이 좋자 같은 업종의 식당이 이웃에 생겨났다. 1984년에 완공된 서울 지하철 2호선의 영향으로 접근성이 좋아지자 소문을 타며 식당이 20여 집으로 증가하면서 자연스럽게 순대타운이 형성되었다. 현재는 '민속순대타운'이라는 건물에 순대 가게들이 집단적으로 입주하여 있어서 '순대타워'라고도 불린다.

31.
김밥

김밥은 별도의 반찬 없이 먹을 수 있고 휴대가 간편한 장점 때문에 도시락이나 여행용 간이식으로 애용되고 있다. 예전에는 학생들의 소풍이나 운동회 때에 빠지지 않았던 추억의 음식이기도 하였으며, 지금도 간단한 야외 나들이의 경우 즐겨 애용하는 일상적인 음식이다. 또한 가볍게 한 끼를 때울 때 부담 없이 찾게 되는 분식집의 대표 메뉴 중 하나이다.

김은 바닷가 바위의 옷과 같다 하여 예전에는 '해의(海衣)'라고 하였으며, 요즘도 사용되고 있는 '해태(海苔)'라는 이름은 일본어에서 온 것이다. 우리 민족이 언제부터 김을 식용으로 하였는지는 알 수 없으나, 김에 대한 기록은 조선시대의 여러 문헌에 나타난다.

김은 채취한 상태 그대로 이용되는 경우는 드물고 주로 종이와 같이 얇게 건조하여 이용하게 된다. 김을 사각형의 얇은 판으로 가공하여 이용한 것이 언제부터였는지도 알 수 없으나 아주 오래전부터였을 것으로 추정된다. 김을 건조하는 방법은 한지(韓紙)를 제조하는 방법과 비슷하며, 한지를 만들 수 있으면 쉽게 응용이 가능하다. 중국에서 발명된 제지술은 우리나라에는 삼국시대에 전래된 것으로 알려져 있다.

우리나라에서 현존하는 가장 오래된 종이는 신라시대인 704~751년경에 제조된 국보 제126호 『무구정광다라니경(無垢淨光大陀羅尼經)』이다. 어쩌면 삼국시대부터 사각형의 종이와 같은 형태의 김이 존재하였을 수도 있다. 문헌상 종이 형태의 김에 대한 내용은 효종(孝宗) 1년(1650년) 때의 기록에 "김 1첩(海衣一貼)"이란 표현이 나오며, 1첩은 10장을 의미하므로 종이와 같은 형태로 건조된 김이었음을 알 수 있다.

김 양식을 최초로 시작한 사람은 조선시대 김여익(金汝翼)이다. 그는 병자호란 때 의병을 일으켰으나 1637년 인조(仁祖)가 청(淸)나라에 항복하자 전라남도 광양의 태인도에 들어가 여생을 마친 인물로서, 해변에 떠내려 온 나무에 김이 붙어 자라는 것을 보고 김 양식법을 개발하였다고 한다. 광양시 태인동에는 최초로 김을 양식한 김여익을 기리기 위한 건물인 광양김시식지(光陽김始殖地)가 있으며, 전라남도 기념물 제113호로 지정되어 관리되고 있다.

해의(海衣)로 불리던 것이 언제부터 김이라 불리게 되었는지에 대한 정확한 기록은 없다. 어쩌면 한자로 기록된 해의(海衣)와는 별도로 민간에서는 원래부터 김이라고 하였을 수도 있다. 현재는 태인도 주민들이 김여익에게 양식법을 배워 그 지방 특산물이 되면서 그의 성(姓)을 따서 김이라 부르게 된 것이 시초라고 하는 설이 일반적이다.

일설에는 "1640년경 특산품으로 진상되어 맛있게 드신 인조(仁祖)께서 음식의 이름을 물었으나 아는 사람이 없고, 한 신하가 '광양 땅에 사는 김 아무개가 만든 음식입니다'라고 아뢰자, 임금께서 '그러면 앞으로 그 사람의 성을 따서 김으로 부르도록 하라'고 분부하여 그때부터 김이 되었다"고 한다. 그러나 이 주장은 그다지 신빙성이 있어 보이지는 않고 누군가가 지어낸 이야기로 보인다.

인조에 이어 제17대 왕이 된 효종(孝宗) 때의 기록인 『효종실록』에 보면 "御供海衣一貼, 價至木綿二十匹云矣(임금께 바치는 김 1첩이 목면 20필과 같은 값까지 치솟았다)"는 내용이 나온다. 김을 해의(海衣)라고 하였는데, 위의 주장에 따르면 실록을 담당하는 사관(史官)이 선왕(先王)의 어명을 무시하고 김(金) 대신에 해의(海衣)라고 기록한 것이 된다. 애초에 왕에 관한 내용이라면 시시콜콜한 것까지 기록한 『조선왕조실록』에서 위의 내용이 『인조실록』에 없다는 것 자체가 말이 되지 않는다.

김밥의 유래에 대해서는 한국고유음식설과 일본유래설이 있으며, 한때 한일 네티즌 사이에서 활발한 논쟁이 벌어지기도 하였다. 일본유래설의 요점은 일제강점기 때 김에 싸먹는 일본음식인 '노리마키(海苔卷き)'의 일종인 '후토마키(太卷き)'에서 유래했다는 것이다. 그러나 역사적으로도 김을 먼저 식용으로 한 것은 한국이고, 일본의 노리마키는 한국의 김밥과는 차이점이 있어 김밥의 유래라고 보기에는 무리라는 반론이 있다.

일본에서 김에 대한 가장 오랜 기록은 나라시대(奈良時代) 초기에 편찬된『상륙국풍토기(常陸国風土記)』에 나오며, 왜무천황(倭武天皇)이 승빈(乗浜)이라는 곳에 갔더니 속칭 '노리(のり)'라고 하는 해태(海苔)를 건조하고 있었다는 내용이 있다. 또 비슷한 시기인 701년에 집행된 대보율령(大宝律令)에 해태(海苔)가 조세의 대상으로 기재되어 있다. 참고로, 나라시대 초기는 백제 멸망(660년) 직후이며, 백제의 유민이 일본으로 망명하여 문화, 사회적으로 큰 영향을 준 시기이다.

일본에서 김 양식이 확립되고, 종이의 제조기술을 이용하여 현재 시판되는 것과 같은 김이 나온 것은 에도시대(江戸時代) 중기인 1700년대로 추정되며, 그 후 김 양식기술이 일본 전역으로 전해지게 된다. 우리나라에서 김여익에 의해 김의 양식이 시작된 것이 1640년경이므로 우리나라보다 60년 이상 늦은 것이며, 아마도 당시 문물이 앞섰던 조선의 영향을 받았을 가능성도 있다.

일본에는 오래전부터 식초로 간을 한 밥을 생선 등으로 싸서 먹는 '스시(寿司)'라는 음식이 있었으며, 김의 양식에 의해 대량 생산이 가능해지자 자연스럽게 김으로 말은 김초밥이 나타나게 된다. 김초밥의 경우 일본 관동지방(関東地方)과 관서지방(関西地方)에서 부르는 이름이 다르며, 관동에서는 노리마키라고 하고, 관서에서는 '마키즈시(巻き寿司)'라고 한다. 여러 문헌의 자료를 종합하면 김초밥은 1700년대 중반에 현재의 도쿄(東京)를 중심으로 하는 관동지방에서 시작된 것으로 보인다.

김밥의 유래에 대해서 한국고유음식설을 주장하는 사람들은 우리의 대보름 풍습 가운데 밥을 김이나 취나물, 배추잎 등에 싸서 먹는 복쌈(福裏)이라는 것이 있으며, 이는 『삼국유사』에 나온다고 한다. 그러나 이것은 지나친 비약이다. 대보름 풍습으로 복쌈을 언급하고 있는 것은 『열양세시기』, 『동국세시기』 등의 문헌이다. 『열양세시기』는 김매순(金邁淳)이 1819년에 서울의 연중행사에 대해 적은 책이며, 『동국세시기』는 홍석모(洪錫謨)가 1849년에 편찬하였으며, 우리나라 세시 풍속에 대해 12달로 나누어 해설한 책이다.

대보름 풍습은 『삼국유사』에 나오는 '사금갑(射琴匣) 설화'에서 기원하였으며, 그 내용은 488년 신라의 비처왕(毗處王)이 까마귀의 도움으로 죽을 위기를 모면하였고, 까마귀에 보답하기 위해 그때부터 정월 16일을 오기일(烏忌日)이라 하여 찰밥(糯飯)으로 제사를 지낸 것이 민간에도 행해지게 되었다는 것이다.

사금갑 설화 어디에도 김이나 복쌈에 대한 내용은 없으며, 찰밥이 나올 뿐이다. 이 찰밥은 후에 약식 및 오곡밥 등으로 변하여 대보름 음식으로 자리 잡게 된다. 위의 주장은 『동국세시기』 등에 대보름 음식으로 소개된 복쌈이 대보름의 유래와 뒤섞여 『삼국유사』에 복쌈이 나온다고 와전된 것이다.

복쌈의 풍습이 언제부터 시작된 것인지는 알 수 없으나 상추, 배추, 취, 호박잎, 깻잎, 생미역 등으로 밥을 싸서 먹는 쌈은 우리 민족의 오랜 식습관이었다. 밥을 싸서 먹는 일은 복을 비는 마음의 발로에서 나온 것이다. 김은 재료의 특성상 단독으로 먹기보다는 밥을 싸서 먹는 쌈 형태의 음식으로 소비되었을 것이다. 김으로 밥을 싸는 음식에 관한 기록은 조선 후기에 주로 보인다.

1800년대 중엽에 이규경(李圭景)이 쓴 백과사전 형식의 책인 『오주연문장전산고(五洲衍文長箋散稿)』에는 구운 김 가루로 밥을 뭉쳐 먹는다고 하였고, '둥글게 뭉친다(作團)'라고 표현했으니 주먹밥 형태였을 것이다. 그런데, 단순한 주먹밥이 아니라 채소, 생선 알, 홍합 등 다양한 재료를 넣는다고 하였다.

1800년대 말엽에 지어진 것으로 추정되는 『시의전서』에는 "김쌈은 김을 손으로 문질러 잡티를 뜯는다. 손질한 김을 소반 위에 펴 놓고, 발갯깃으로 기름을 바르며 소금을 솔솔 뿌려 재우고 구웠다가 네모반듯하게 잘라 담고 복판에 꼬지를 꽂는다"라는 내용이 나오며, 이것은 오늘날의 식탁용 김을 만드는 법과 유사하다.

1924년에 이용기(李用基)가 지은 『조선무쌍신식요리제법』에는 해태포(海苔包)라고 하는 김쌈이 있으며, 그 요리법은 "김에 참기름을 바르고 소금과 설탕을 뿌려 재워 두었다가 석쇠에 구워 반듯하게 썰어 쌈으로 한다"고 하였다. 김쌈은 지금도 다양한 형태로 응용되어 만들어 먹고 있는 음식이며, 김밥과는 구분된다. 김쌈은 꼭 밥만 싸는 것이 아니라 내용물은 임의로 변하며, 기름에 튀기기도 한다.

《경향신문》 1962년 12월 20일자 '연말연초 술안주'라는 기사에 김쌈 만드는 법이 자세히 소개되어 있다. 그 내용을 요약하면, "돼지고기 30돈쭝과 생선 30돈쭝을 곱게 다져서 섞어놓은 후 생강, 간장, 정종, 소금, 후추로 양념하고 계란을 넣어 잘 주무른다. 살짝 구운 김을 9등분하여 재료를 연필 굵기로 말고,

끝을 계란에 찍어 붙이고, 기름에 튀겨낸 후 잣가루를 묻힌다"
고 하였다.

김밥이라는 단어가 언제부터 사용되었는지는 알 수 없으나,
1930년대의 신문에서 찾아볼 수 있어서 이 무렵부터 시작된 것
으로 추정된다. 《동아일보》 1935년 1월 15일자 사회면 '휴지통'
에 "문어 점복에 김밥을 싸먹고 목욕한후 바위등에 누우면"이
란 글이 있고, 1938년 6월 10일 사회면의 '애기네판'이란 기사에
는 "고기 잡으러 가는데 김밥을 해 줘야된다구 떼를 쓰더니 순
이는 한 마리두 못잡앗답니다"란 내용이 나온다. 《조선일보》
1939년 6월 18일 사회면 기사 중에는 "내일 벤또 반찬은 김밥"
이라는 내용이 나온다.

김밥이란 단어와 함께 오늘날과 같이 내용물을 넣고 길게 말
은 형태도 일제강점기 때부터 시작된 것으로 추정되어 일본 노
리마키의 영향을 받은 것으로 보인다. 그러나 노리마키가 그대
로 도입된 것은 아니고, 우리나라에 원래부터 있던 음식인 김
으로 밥 등을 싸서 먹는 김쌈이 노리마키의 영향을 받아 김밥
이라는 음식으로 발전하였다고 보는 것이 타당할 것 같다.

김밥의 유래와는 별도로 한국의 김밥과 일본의 김초밥인 노
리마키는 일상화 여부에서 큰 차이를 보이고 있다. 한국은 김
밥을 전문으로 하는 식당은 물론 모든 분식집, 뷔페식당에서도

팔고 일반 가정에서도 수시로 해먹는 등 식생활에 깊숙하게 스며들어 있다.

그러나 일본에는 노리마키만을 전문으로 파는 식당이 없으며, 초밥집이나 도시락 판매점에서 다른 음식과 함께 취급하고 있을 뿐이다. 1인당 김의 소비량에 있어서도 한국인은 일본인의 약 2배 정도이다. 요즘은 일본에서도 한국식의 김밥이 '김빠(キンパ)'라는 이름으로 유행하고 있는 등, 김밥은 세계적으로 한국을 대표하는 음식의 하나로 인식되고 있다.

김밥이 일제강점기에 등장하게 된 배경에는 일본에 의해 서양식 학교가 세워지기 시작하면서, 학생들이 소풍이나 야외활동을 할 때 도시락으로 싸가지고 갈 필요성이 생긴 것도 큰 이유이다. 예전에도 여행을 갈 때 휴대하기 간편한 주먹밥을 이용하기도 하였으며, 김밥이 그 자리를 대체하기 시작한 것이다.

밥과 국, 반찬으로 구성된 우리의 전통적인 식탁을 전부 야외로 옮기기에는 매우 번거로울뿐더러 사는 형편 또한 넉넉지 못하여 간단한 방법으로 준비한 도시락이 김밥이었다. 일제강점기에 일본인이 만든 음료회사에서 사이다가 생산된 것도 김밥과 좋은 궁합을 이루었다.

초기의 김밥은 매우 단순한 형태로 참기름과 소금으로 양념한 밥에 시금치나 단무지 등을 얹어 김으로 싸는 정도였으나,

점차 다양한 재료들이 사용되면서 내용물이 풍부한 김밥으로 발전하였다. 계란지단, 어묵, 소시지, 오이, 참깨 등이 첨가된 아주 다양하면서도 각 가정의 개성이 살아있는 김밥이 되었다.

지금은 여러 가지 먹거리가 풍부하여지고 도시락 용기도 다양해져서 도시락의 개념도 변하였으나 달걀과 김밥, 그리고 사이다는 소풍을 가거나 운동회를 하는 날의 특식으로 1960년대에서 1980년대에 어린 시절을 보낸 한국인들에게 추억으로 남아있다.

다양한 재료를 사용하는 김밥과는 반대로 맨밥만을 김으로 싼 '충무김밥'은 독특한 경우이다. 충무김밥은 1930년대부터 지금은 통영시(統營市)로 명칭이 바뀐 경상남도 충무시(忠武市)에서 시작된 것으로 알려져 있으나, 언제 누가 처음 만들기 시작하였는지는 확실하지 않다. 충무는 해상 뱃길의 중심지였기 때문에 뱃사람들의 왕래가 잦았고, 이 사람들을 상대로 팔기 시작하면서 충무의 명물이 되었다.

바다에 나가서 일하는 뱃사람들은 새참을 배달할 수 없기 때문에 도시락을 싸갈 수밖에 없었으며, 1930년대부터 새롭게 유행하게 된 김밥을 싸는 것은 자연스러운 변화였을 것이다. 그러나 뜨거운 햇살로 인해 김밥의 속재료가 쉽게 쉬어버리는 문제가 있었고, 이에 따라 김밥에는 밥만 싸고, 잘 상하지 않는 반찬을 따로 싸는 해결책을 생각하게 된 것이 충무김밥의 탄생 배경이다. 충무김밥과 함께 제공되는 반찬은 오징어무침과 깍두기가 일반적이나, 꼬치구이나 어묵 등이 나오기도 한다.

삼각형 모양의 밥 속에 여러 가지 재료를 넣고 김으로 포장하여 만든 '삼각김밥'이라는 것이 있다. 이것은 김밥이라는 이름이 붙어있기는 하나 김밥이라기보다는 주먹밥에 가까운 음식이다. 그 유래는 일본의 전통적 휴대식량인 '오니기리(おにぎり)'라는 주먹밥이며, 상품으로 처음 개발된 것도 일본이다.

집에서 만든 삼각김밥은 김이 쉽게 눅눅해져 맛이 떨어지는 단점이 있었으며, 이런 단점을 해결하기 위해 김이 밥에 닿지 않게 김 양쪽이 비닐에 쌓여 있는 형태의 제품이 1980년대 일본에서 개발되었다. 우리나라에서는 초기에 높은 가격 때문에 호응을 얻지 못하였으나 생산 자동화가 되어 가격이 저렴해지면서 2000년대부터 편의점의 대표상품이 되었다.

1980년대까지는 주로 집에서 특별한 날에 만들어 먹던 김밥이었으나 1990년대부터 김밥전문점이 생겨나기 시작하였으며, 그 배경에는 86아시안게임과 88올림픽이 있다. 88올림픽을 계기로 KFC, 맥도날드, 피자헛 등 세계의 유명한 프랜차이즈 브랜드들이 국내에 들어왔으며, 그 영향으로 우리나라에서도 외식산업이 발달하게 되었고, 자생적인 브랜드의 프랜차이즈 및 전문점들이 탄생하게 되었다.

1990년대부터 본격화된 김밥 시장은 여러 업체의 경쟁 속에 참치, 소고기, 김치, 치즈, 멸치 등으로 재료가 다양해졌다. 재료뿐만 아니라 '누드김밥', '꼬마김밥' 등 형태를 달리한 제품도 있으며, 최근에는 김밥의 색채에 포인트를 둔 이른바 '컬러김밥'도 나왔다. 앞으로도 김밥의 진화는 계속될 것이며, 한국을 대표하는 음식으로 사랑 받을 것이다.

32.
어묵(오뎅)

　어묵은 붕어빵, 호떡, 떡볶이 등과 함께 대표적인 길거리 음식으로 꼽힌다. 어묵은 사계절 먹을 수 있으나 특히 추운 겨울이면 생각나는 간식이다. 김이 모락모락 나는 어묵을 간장에 찍어 먹고, 어묵을 비롯한 여러 재료를 넣고 한참을 끓여 고소하게 우러난 국물을 호호 불어 가며 마시면 추위를 잊게 된다. 나이든 사람들에게는 포장마차나 오뎅바에서 술을 마실 때 안주로도 일품이다.

　'생선의 살을 으깨어 소금 따위의 부재료를 넣고 익혀서 응고시킨 식품'을 의미하는 표준어는 어묵이지만 오뎅이라는 일본식 표현 역시 널리 사용되고 있다. 우리나라에서는 음식의 이름도 어묵국이나 어묵탕보다는 일본식으로 오뎅이라 부르는 경우가 많고, 그 음식을 만드는 주재료인 어묵 역시 오뎅이라고 부르고 있어 혼동을 주고 있다.

어묵국 또는 어묵탕은 다시마, 가다랑어포, 멸치 등을 끓여 우린 국물을 간장으로 간을 한 후에 각종 어묵과 무, 곤약, 삶은 달걀, 대파 등의 재료를 넣고 장시간 끓인 요리이며, 일본어로는 '오뎅(おでん)'이라고 한다. 요리의 재료가 되는 식품인 어묵을 일본에서는 '가마보코(かまぼこ)'라고 한다.

8·15 해방 후에 일제의 잔재를 청산하자는 취지에서 일본식 단어를 우리말로 변경하는 운동이 있었다. 그때 제시된 오뎅의 순화어가 '꼬치' 또는 '꼬치안주'였으나 일반인에게 받아들여지지 않아 지금은 어묵(오뎅)의 의미로는 거의 사용되지 않고 있다. 한때 덴뿌라(てんぷら), 고기떡, 생선묵이란 용어가 혼용되기도 하였으나 지금은 거의 사용되지 않는다. 북한에서는 지금도 어묵을 고기떡이라고 한다.

어묵이라는 단어는 1960년대부터 사용되기 시작하였으며, 1986년 〈식품공전〉을 전면 개정하면서 그동안 다양한 이름으로 불리던 것을 어묵으로 통일하였다. 이에 따라 생선살을 주원료로 하여 만든 식품의 이름은 어묵으로 불리게 되었으나, 요리 이름인 어묵국은 여전히 오뎅이라는 이름이 일반적으로 사용되고 있다.

일본어 오뎅이란 단어는 '덴가쿠(田楽, でんがく)'라는 단어에서 유래한 것으로 알려져 있다. 덴가쿠는 헤이안시대(平安時代)

의 중기인 10세기 말부터 시작된 것으로, 일본 농부들이 풍년을 기원하며 높은 장대 위에서 추던 춤이었다. 원래는 우리의 농악(農樂)과 비슷한 것이었으나 점차 대중화하여 놀이로도 발전하였다.

요리의 이름으로서 덴가쿠가 사용되기 시작한 것은 14세기 무로마치시대(室町時代)였다. 원래는 꼬치에 꿴 두부에 조미를 한 된장(みそ)을 발라서 구운 요리였으며, 장대 위에서 춤을 추는 무용수의 모습과 비슷하여 '덴가쿠(でんがく)' 또는 '미소덴가쿠(みそでんがく)'라 불리게 되었다고 한다.

처음에는 두부만 꼬치에 꿰었으나 차츰 두부 외에 곤약, 가지, 토란, 고구마 등 다른 재료도 함께 사용하게 되었으며, 에도시대(江戸時代: 1600년~1867년)에는 종전의 된장을 발라 굽는 요리법 외에 여러 재료를 넣고 함께 끓인 된장에 찍어 먹는 요리법도 나타나게 되었다. 이에 따라 종전의 구운 요리를 '야키덴가쿠(焼き田楽)'라고 하고, 끓인 요리는 '니코미덴가쿠(煮込み田楽)'라고 하여 구분하게 되었다. 그 후 니코미덴가쿠를 오뎅이라고 부르게 되자 덴가쿠는 야키덴가쿠를 지칭하는 말이 되었다.

오뎅은 원래 덴가쿠를 지칭하던 여성어(女性語)였으며, '오뎅가쿠(御田楽)'를 줄여서 '오뎅(御田)'이라고 부른 것이 널리 퍼져

일반화된 것이다. 일본어에서 접두사 '오(御, お)'는 존경을 의미하며, 여성어에서는 특히 '오(お)'를 붙인 단어가 많다. 원래는 여성어였으나 현재는 일반화된 명사로는 오뎅 외에도 오차(お茶: 차), 오카네(お金: 돈), 오코메(お米: 쌀), 오미즈(お水: 물) 등 수없이 많이 있다.

에도시대의 오뎅은 아직 두부가 중심이었고 국물도 거의 없는 형태의 요리였다. 그 후 메이지시대(明治時代)에는 '다시(出汁)'에 간장, 설탕, 미림 등을 넣어 끓인 국물이 있는 오뎅을 먹기 시작하였다. 이에 따라 된장을 사용한 본래의 니코미텐가쿠는 '미소오뎅(みそおでん)'이라고 따로 구분하여 부르게 되었다. 국물이 있는 오뎅을 처음 팔기 시작한 것은 메이지 20년(1887년) 도쿄의 '논키(呑喜)'라는 음식점이었다고 한다. 이곳의 창업자는 서양요리인 수프를 보고 국물이 많은 오뎅을 '개량오뎅(改良おでん)'이라고 하여 판매하였다고 한다.

두부 중심의 오뎅에서 오늘날과 같은 가마보코 중심의 오뎅으로 변한 것은 20세기 초 다이쇼시대(大正時代)부터이다. 오뎅은 시대의 흐름에 따라 요리법과 먹는 방법이 변화되어 왔으며, 각 지방에 따라 국물의 맛이나 사용하는 어묵의 종류 및 함께 사용되는 재료가 다양하며 특색이 있다. 오늘날 오뎅은 일본의 대표적인 서민음식으로 손꼽히며, 편의점이나 자판기에서도 쉽게 접할 수 있다.

가마보코가 문헌상 처음 등장하는 것은 헤이안시대(平安時代)의 『루이쥬죠요쇼(類聚雑要抄)』라는 자료이다. 여기에 의하면 1115년 후지와라노타다기네(藤原忠実)라는 귀족의 이사를 축하하는 연회에 대한 기록에 가마보코가 나온다고 한다. 업계 단체에서는 이것을 인용하여 1115년을 의미하는 11월 15일을 '가마보코의 날(蒲鉾の日)'로 정하여 기념하고 있다.

초기의 가마보코는 대나무 막대기에 원통형으로 어육을 바른 후 구운 형태였으며, 그 모양이 습지에 자생하며 꽃꽂이의 소재로도 자주 사용되는 식물인 부들(蒲)의 핫도그를 닮은 이삭(穗)과 비슷하였다고 한다. 가마보코(蒲鉾)라는 이름의 유래는 그 모양 때문에 처음에는 '가마노호(蒲の穗)'라고 불리던 것이 그 후에 그 모양이 무기인 창(鉾, ほこ)과도 비슷하므로 '가마호코(がまほこ)'라고 불리다가 '가마보코(かまぼこ)'가 되었다고 한다.

초기의 가마보코는 현재와 같이 바다생선을 원료로 한 것이 아니라 담수어인 메기를 원료로 하였다고 하며, 대나무를 제거하면 구멍이 있는 대롱 모양의 어묵이 된다. 그 후에 판(板) 위에서 성형한 '이타카마보코(板蒲鉾)'가 나오게 되자 구분을 위해 '치쿠와카마보코(竹輪蒲鉾)'라고 부르게 되었다. 세월이 흐르며 원조인 치쿠와카마보코는 가마보코가 탈락하여 그냥 '치쿠와(竹輪)'라고 부르고, 이타카마보코는 역으로 이타가 떨어져 나가서 '가마보코'라고 부르게 되었다.

흰살생선은 비쌌기 때문에 이를 원료로 한 가마보코 역시 고급 요리로 취급되었으며, 선물용이나 명절의 특별 요리로 이용되었다. 무가(武家)의 결혼식에는 도미가 빠질 수 없는 음식이었으나, 경제적으로 형편이 안 될 때는 모조품인 '가기리카마보코(飾り蒲鉾)'로 대신하기도 하였다. 차츰 서민의 결혼식에도 사용하게 되었으며, 다양한 모양의 가마보코가 탄생하게 되었다. 가마보코가 상품으로서 판매되기 시작한 것은 에도시대(江戸時代) 이후라고 한다.

가마보코는 모양만 다양해진 것이 아니라 만드는 방법에서도 굽는 것, 찌는 것, 튀기는 것 등으로 다양해졌다. 가장 먼저 나온 것은 굽는 방법으로 치쿠와가 대표적이며, 공장에서는 스테인리스 파이프에 원료를 감아서 굽는다. 다음으로 판에서 찌는 것이 나왔으며 모양은 반달, 별, 동심원 무늬 등 다양하고 대부분의 가마보코가 이 방법으로 만든다. 마지막으로 튀기는 것은 우리나라 재래시장에서 흔히 볼 수 있는 방법으로 덴뿌라(てんぷら)라고도 불렀다. 오늘날 덴뿌라는 어패류나 야채 등의 식재료에 밀가루 옷을 입혀 튀긴 요리를 의미한다.

우리의 문헌에 가마보코가 나오는 것은 역관(譯官) 이표(李杓)가 1740년대에 쓴 『소문사설(謏聞事說)』이라는 조리서이다. 이 책에는 가마보코를 한자로 표기한 것으로 보이는 '가마보곶(可麻甫串)'이라는 음식이 나오는데 요리 방법이 가마보코와 달라 같은 음식인지는 불확실하다.

가마보곶을 만드는 방법은 "생선살을 얇게 저민 후 그 위에 돼지고기, 쇠고기, 버섯, 해삼, 파, 고추 등을 다져서 만든 소를 바르고, 그 위에 생선살을 올린 후 다시 소를 바르는 식으로 3~4켜 쌓은 후 두루마리 말듯이 둥글게 말아 삶아낸다"고 하였다.

『소문사설』보다 앞선 1719년, 조선의 제19대 왕인 숙종(肅宗)의 육순 잔치에 대한 기록인 『진연의궤(進宴儀軌)』에는 '생선숙편(生鮮熟片)'이란 어묵과 유사한 음식이 나온다. 그 재료를 "큰 생선 3마리, 간장 3홉, 녹말 1되 5홉, 참기름 3홉, 잣 5작"이라고 하였다.

대전보건대 전통조리과 교수를 지낸 김상보(金尙寶)는 2006년에 펴낸 그의 저서 『조선시대의 음식문화』에서 "생선숙편은 생선 으깬 것에 녹말가루, 참기름, 간장을 넣고 차지게 섞어 틀에 넣고 쪄낸 다음 납작하게 썰어서 잣가루 넣은 간장에 찍어 먹는 것"으로 추정하였다. 김상보의 주장에 따르면 생선숙편은 오늘날의 어묵과 아주 유사한 음식이었으나 그 후의 기록에서 다시 찾아볼 수 없으며 요리법이 전해지지도 않았다.

1876년 부산포(釜山浦)가 개항되면서 일본인들이 대거 정착하게 되었으며, 그들과 함께 일본식 어묵이 전래되었다. 일제강점기 때 부산은 일본과 가까워 일본인들이 많이 살았고, 부산 연근해에서 잡히는 신선한 생선의 공동어시장이 있어 어묵의 원료가 풍부하였기 때문에 자연스럽게 국내 최대 어묵 생산지로 성장을 하게 되었다.

일제강점기 부평시장(富平市場)에서 시작된 어묵이 우리나라 어묵의 시초이다. 1924년 조선총독부가 발행한『조선의 시장(朝鮮の市場)』에서 부평시장에 대해 "쌀, 어묵, 채소, 청과물 등이 주종을 이루었다"고 기록할 정도로 어묵은 하나의 큰 식품군이었다.

처음에 어묵은 일본인들의 간식이나 술과 요리를 팔던 요정(料亭)을 중심으로 소비되던 고급 식재료였으나 차츰 일반인들도 부담 없이 즐길 수 있는 오뎅집의 술안주가 되었다. 오뎅집은 오뎅을 기본으로 약간의 간단한 안주와 일본술인 정종을 팔던 규모가 작은 대중적인 술집이었다.

판매하는 술의 종류나 안주는 변하였으나 지금도 오뎅집이란 간판을 달고 비슷한 분위기의 영업을 하는 술집이 많이 남아있다. 요즘 유행하고 있는 오뎅바 역시 인테리어나 영업 시스템, 취급 품목 등에서 현대적 요소를 가미하였으나 오뎅집의 연장이라 하겠다.

일제강점기 오뎅집을 중심으로 어묵의 소비가 많았으나 일본이 패망하면서 일본인들이 떠나가자 소비량과 생산량이 급속히 줄어들게 되었다. 그러나 일본인들에게 기술을 배운 사람들이 일본인이 남겨두고 간 설비를 인수하거나 새로 공장을 설립하면서 우리 실정에 맞게 어묵을 생산하기 시작하였다. 당시엔 냉동기술과 설비가 열악하여 어묵공장이 거의 다 바닷가를 중심으로 운영됐다. 한국인이 운영한 최초의 어묵공장은 1945년 이상조가 부산 부평시장에 세운 '동광식품'으로 알려져 있으나 지금은 남아있지 않다.

우리나라에서 현존하는 가장 오래된 어묵 제조업체는 '삼진어묵'이다. 1950년경 창업주 박재덕은 부산 봉래시장 입구에서 상호도 없이 판잣집을 임대하여 영업을 시작하였으며, 1953년에 '삼진식품가공소'라고 정식 상호를 정하였다. 삼진어묵은 창립연도를 1953년으로 잡고 있다.

그 후 1980년대 중반에 '삼진식품'으로 상호를 변경하였고, 현재는 '삼진어묵'이라는 상호를 사용하고 있다. 삼진어묵은 2013년 업계 최초로 베이커리 형태의 매장을 선보였으며, 같은 해

부산 영도구에 있는 본사 2층에 '어묵체험역사관'도 개설하여 좋은 반응을 얻고 있다.

6·25 전쟁으로 인하여 많은 피난민이 부산으로 몰려들면서 부산의 어묵은 호황을 맞이하였다. 특별한 먹거리가 없었던 피난민들에게 값싸고 영양가 높은 어묵은 큰 인기가 있었다. 1950~60년대에 부산에는 동광식품, 삼진식품, 환공어묵, 미도식품, 대원식품, 영진식품 등 수많은 소규모 어묵 제조 공장이 번창하였다.

전쟁이 끝나고 피난민들이 부산을 떠나면서 부산의 어묵이 전국적으로 널리 알려지게 되었으며, 어묵이 길거리 음식으로 발전하는 계기가 되었다. 부산의 어묵이 유명해지자 부산이 아닌 곳에서 만든 어묵에도 부산어묵이란 이름을 붙이는 경우도 있다.

1950~60년대의 어묵은 작거나 상품가치가 없는 생선을 뼈와 내장이 있는 채로 맷돌에 갈아서 즉석에서 정어리기름이나 고래기름으로 튀기는 방식이었으며, 빛깔은 조금 검고 뼈가 씹혔지만 맛은 고소하였다. 당시의 제조 방법은 매우 비위생적이어서 "만드는 과정을 보면 어묵을 못 먹는다"는 말이 있었을 정도였다. 이는 쓰레기통이라도 뒤져서 끼니를 때우던 당시의 우리 현실을 반영한 것이기도 하다. 현재는 뼈와 내장을 완전히 제거

한 살코기만 사용하며, 2012년부터는 HACCP 의무적용 대상 품목으로 지정되어 위생적으로 제조되고 있다.

어묵은 배합하는 소재의 종류가 많고, 성형이 자유로우며, 가열방법이 다양하여 종류가 많다. 어묵의 재료로는 갈치, 조기, 노가리, 밴댕이, 쥐치, 실꼬리돔, 명태 등 다양한 흰살생선이 사용되며, 요즘에는 국내 어획량이 줄어 대부분 냉동연육(冷凍練 肉, frozen surimi) 형태로 수입한다.

연육은 '생선의 껍질, 내장 및 뼈를 제거한 생선살을 주원료로 하여 당분과 인산염을 첨가하여 혼합한 것'을 말한다. 명태 연육은 주로 미국에서 수입하고, 실꼬리돔 등 기타 어류의 연육은 베트남, 중국 등에서 수입한다. 과거에는 명태의 비중이 높았으나, 어획량이 감소하며 수입단가가 높아져서 현재는 기타 어류의 연육이 주로 수입되고 있다.

어묵에는 연육 외에도 밀가루, 전분, 식염, 설탕 등 부재료가 들어가며, 전체에서 연육이 차지하는 비율은 제품에 따라 다르지만 보통 70% 내외이고, 고급 제품에는 80% 이상이 들어간다. 연육의 어종 배합 비율은 어종의 어획량(수입단가)에 따라 변경되기도 하고, 완제품의 가격에 따라 사용하는 연육이 달라지기도 한다. 대체로 고급 제품에는 명태 등 고급 어종의 연육이 사용된다.

우리나라 어묵의 종류는 튀긴 어묵, 찐 어묵, 구운 어묵, 맛살로 구분할 수 있다. 튀긴 어묵의 비중은 전체 어묵의 약 60%로 추정되며, 시중에서 흔히 볼 수 있는 사각형의 얇은 어묵이 대표적인 튀긴 어묵이다. 튀긴 어묵의 비중이 이처럼 높은 것은 부산에서 처음 시작한 것이 튀긴 어묵이었고 밥반찬이나 술안주, 간식, 길거리 음식 등으로 수요가 증가하였기 때문이다.

이에 비하여 찐 어묵이나 구운 어묵은 차별화 전략의 일환으로 생산되기 시작하였으나 아직 시장에서의 비중이 미미한 편이다. 맛살은 찐 어묵의 일종이나 별도의 품목군으로 취급되며, 전체 어묵의 약 35%로 추정되고 샐러드, 김밥, 술안주 등에 사용된다.

맛살은 '색상, 모양, 식감을 게의 다리에 가깝게 만든 어묵'으로 일부 고급형을 제외한 대부분의 제품에는 게살이 전혀 들어가지 않는다. 1974년 일본의 오사키수산(大崎水産)에서 '가니스칫쿠(カニスチック)'란 상품명으로 판매한 것이 시초이다. 일본에서는 '게(蟹) 풍미의 가마보코'라는 의미에서 '가니카마보코(かにかまぼこ)'라고 하며, 보통은 줄여서 '가니카마(カニカマ)'라고 가타카나로 표기한다.

우리나라에서는 1982년 한성기업에서 '한성게맛살'을 출시한 것이 처음이다. 원료 중에 게살은 넣지 않고 향료와 색소로 '게의 맛을 낸 제품이었기 때문에 '게살'이란 이름을 쓰지 못하고, '게 맛의 살'이란 의미에서 '게맛살'이라고 하였다. 실제로는 게살 대신에 명태 연육을 사용하였다. 요즘은 대부분의 사람들이 게맛살에 게가 없다는 것을 알고 있으며, 그냥 '맛살'이라고 부르는 것이 보통이다.

어묵과 맛살로 대표되는 어육가공품 시장은 꾸준한 증가세를 보이고 있다. 공식적인 통계에 잡히지 않는 소규모 생산자까지 포함하면 현재의 국내 어묵시장 규모는 약 1조 원 정도로 추정된다. 최근에는 고급화를 내세운 프리미엄 제품과 베이커리형 어묵이 전체 어묵시장의 성장세를 주도하고 있다.

33.
붕어빵

길 모퉁이에서 붕어빵을 굽는 모습이 늘어나기 시작하면 겨울이 왔음을 느낄 수 있을 만큼 붕어빵은 우리에게 아주 친숙한 대표적인 길거리 음식이다. 우리나라 사람이라면 남녀노소 누구나 좋아하고 날씨가 추워지면 더욱 생각나는 붕어빵은 과거 가난했던 시절에 배고픔을 견디게 하였던 음식이며, 어린 시절의 추억을 떠올리게 하는 간식거리이다.

붕어빵은 밀가루, 계란, 우유, 설탕, 소금, 베이킹파우더 등의 원료를 섞어서 배합한 반죽을 붕어 모양의 틀에 붓고 팥소(앙꼬)를 넣어서 구운 것으로 붕어를 닮은 모습을 하고 있기 때문에 붕어빵이란 이름을 얻게 되었다. 붕어빵에는 빵이란 단어가 붙어있으나 일반적인 구분에 의하면 빵보다는 과자라고 하는 것이 적합할 것이다. 생긴 모양은 다르지만 단팥빵은 붕어빵과 원료가 거의 같으며, 베이킹파우더 대신에 이스트를 사용하여 발효시켰다는 점에서 차이가 있다.

일반적으로 빵이나 과자는 밀가루, 계란, 설탕, 유지 등을 반죽한 후 굽거나 기름에 튀겨서 만들게 되며, 빵은 이스트를 사용하여 발효시키는데 비하여 과자는 화학적 팽창제인 베이킹파우더를 사용한다는 차이가 있다. 다만, 이런 일반적인 구분에는 예외가 많으며, 이런 구분에 의하면 케이크, 카스텔라, 티라미스, 무스케익 등은 모두 과자류에 해당하지만 우리나라의 〈식품공전〉에서는 이들을 모두 빵류로 분류하고 있으므로 붕어빵을 빵이라고 하여도 크게 틀린 것은 아니라 하겠다.

붕어빵은 우리 고유의 음식은 아니며, 서양에서 발달한 빵이 일본에 전해져 일본식으로 개량된 후 우리나라에 들어오게 된 것이다. 붕어빵의 유래에 대해서는 몇 가지 설이 있으나 일본의 '다이야키(鯛焼き)'를 모방한 것이라는 주장이 가장 신빙성이 있다. 다이(鯛)는 우리 이름으로는 도미 또는 돔이라고 부르는 생선이며, 도미를 본뜬 다이야키를 보고 우리에게 익숙한 물고기인 붕어 모양으로 구운 것이 붕어빵이라는 것이다.

일본에는 16세기말에 포르투갈 선교사에 의해 빵이 전래되었으며, 다이야키의 원조라 할 수 있는 '이마가와야키(今川焼き)'는 에도시대(江戸時代)인 18세기말에 처음 판매되기 시작한 것으로 알려지고 있다. 이마가와야키는 밀가루에 계란을 가하여 만

든 반죽을 형(型)이 있는 철판에 흘려 넣은 후 그 위에 '앙꼬(あ
ん こ)'를 얹고 다시 반죽을 부어 구운 화과자(和菓子)를 말한다.

  이마가와야키란 명칭의 유래에 대해서는 다음과 같은 두 가
지 설이 있다. 하나는 도쿄의 옛 이름인 에도(江戸)에 있던 이마
가와바시(今川橋) 근처에 있던 상점에서 이마가와야키란 이름으
로 판매하기 시작한 것이 일반명사화되었다는 것이다. 이마가
와바시는 17세기말에 지어진 다리로서 지금은 사라지고 없으
며, 그 이름만 도쿄의 간다(神田)에 교차로의 이름으로서 남아
있다.

  다른 하나는 일본에서 전국시대(戦国時代)라고 불리는 15세
기 말에서 16세기 말까지 전쟁이 빈번하게 발생했던 시기의 유
명한 무가(武家)였던 이마가와(今川)의 가문(家紋)과 닮아서 그
런 이름이 생겼다는 것이다. 가문이란 한 집안에서 자신들을
상징하는 것으로 정한 문장(紋章)을 말한다.

  그러나 그 이후인 에도시대(江戸時代)의 문헌에서 이와 관련
된 기록을 찾아볼 수 없어 신빙성이 떨어진다. 이마가와야키가
이마가와의 가문과 닮은 점은 단지 둥근 모양뿐이며, 둥근 모
양을 가문으로 디자인한 예는 이 밖에도 많이 있다. 단지 이름
이 같기 때문에 이런 주장을 하는 것으로 보인다.

  이마가와야키는 지역이나 상점에 따라 오반야키(大判焼き),

고반야키(小判焼き), 니쥬야키(二重焼き), 가이텐야키(回転焼き), 기시야키(義士焼き), 다이코만쥬(太鼓饅頭) 등 여러 가지 이름으로 불린다. 이중에서 오반야키가 전국적으로 널리 사용되고, 도쿄를 중심으로 하는 관동지방에서는 이마가와야키라고 부르는 경우가 많다.

'오반(大判)'이란 에도시대에 사용되던 타원형의 금화(金貨)를 말하며, 이마가와야키의 모양이 이것과 닮아서 오반야키라 부르게 된 것이다. 이마가와야키는 원래 어느 정도 두께가 있는 동그란 모양이었으며, 이것이 전국으로 퍼져나가면서 타원형으로 변형되었기 때문에 오반야키라고 부르게 된 것이다. 최근에는 원래의 동그란 모양으로 돌아와서 타원형의 것은 거의 없음에도 여전히 오반야키라고 부르고 있다. 오히려 우리나라에는 타원형의 두꺼운 풀빵을 '오방떡'이라 하여 오반야키의 옛 모습이 남아있다.

다이야키는 오반야키가 변형된 것으로서 1909년 도쿄의 '나니와야(浪花家)'라는 상점에서 처음 만들었다고 한다. 상호의 나니와(浪花)는 오사카(大阪)의 옛 이름이며, 창업자인 간베 세이지로(神戸 清次郎)의 고향이 그곳이었기 때문에 사용하게 되었다고 한다.

다이야키는 오반야키와 재료나 만드는 방법이 똑같으나 모양과 식감에서 차이가 있다. 오반야키는 반죽이 두껍고 부드러워 폭신폭신한 식감이 있는데 비하여 다이야키는 반죽이 얇고 바삭바삭한 식감이 특징이다. 다이야키와 오반야키 모두 전에는 내용물로 팥소를 기본으로 하였으나 요즘은 이외에도 크림, 초콜릿, 캐러멜, 커스터드 등 다양한 소재를 사용하고 있다.

오반야키의 동그란 모습이 단순하여 독특한 모양으로 변화를 주려는 시도에서 탄생한 다이야키는 왜 도미의 모양을 하게 된 것일까? 우리나라에서도 도미는 귀한 생선으로 여기고 있으나, 일본인들은 특히 도미를 '백어의 왕(百魚の王)'이라고 하여 모든 생선 중의 으뜸으로 여기고 있다. 우리 속담에는 "썩어도 준치"라는 것이 있는데, 일본에서는 이를 "썩어도 도미(腐っても 鯛)"라고 한다. '나니와야'에서 처음 제품을 내놓을 때 도미 형상으로 한 의도를 어렵지 않게 유추할 수 있다.

다이야키와 비슷한 의도로 오반야키에 변화를 주기 위해 국화 모양의 틀로 구워낸 것도 있다. 우리나라에서는 국화빵이란 이름으로 팔리고 있으나 일본에서는 따로 부르는 이름은 없고 오반야키의 한 종류로 취급하고 있다. 국화는 벚꽃과 함께 일본을 상징하는 꽃이며, 국화 모양의 '야에기쿠(八重菊)'는 일본 황실을 상징하는 문장(紋章)이다. 일본 황실의 문장은 16개의 국화잎으로 되어있어 국화빵과 일치하지는 않지만 충분히 연상되는 모양이다.

오반야키가 우리나라에 들어온 것은 일제강점기인 1930년대로 알려지고 있으며 처음에는 '풀빵'이란 이름이 가장 널리 사용되었다. 풀빵의 '풀'은 초본식물을 의미하는 풀(草)이 아니라 도배를 하거나 봉투를 만들 때 사용하는 끈끈한 물질을 말한다. 예전에는 도배를 하거나 할 때 주로 밀가루를 끓여서 풀을 만들었으며, 풀빵의 반죽이 풀과 비슷하여 이런 이름을 얻게 되었다. 처음에는 팥도 넣지 않고 밀가루에 소금 간만 한 반죽을 구운 풀빵도 있었다고 한다.

국화 모양의 오반야키, 타원형의 오반야키, 다이야키 등 여러 가지가 동시에 전래되었으나, 국화 모양의 국화빵이 가장 일반적이었다. 국화빵이 가장 인기가 있었던 것은 다이야키에 비해 크기가 작아 같은 양으로 여러 개를 만들 수 있었고, 빵을 굽는 틀을 만들기도 쉬웠기 때문이었을 것이다. 반죽에 계란, 우유, 설탕 등을 넣는 요즘의 풀빵과는 달리 초기에는 밀가루만 사용하였기 때문에 밋밋한 오방떡보다는 바삭하게 구워진 국화빵이 그나마 맛있게 느껴졌을 것이다.

풀빵이 가장 번성하였던 시기는 6·25 전쟁 직후인 1950~1960년대였다. 1954년 5월에 미국과 '잉여농산물도입협정'을 맺으면서 미국산 밀이 무상 또는 싼값으로 도입되기 시작하였다. 이는 우리의 식생활에 큰 영향을 끼쳤으며, 가난과 배고픔에서 벗어나게 한 밀가루 음식들이 발달하게 되는 계기가 되었다.

풀빵이 일반화되면서 1950년대 말에 붕어빵이 등장하게 되었다. 이는 일본에서 오반야키에 변화를 주기 위해 다이야키가 등장한 것과 유사한 자연스러운 현상이었다. 국화빵과 다른 모습의 풀빵을 찾게 되었을 때 도미 모양을 한 다이야키가 영향을 주었을 것이다.

다이야키가 우리나라에서는 도미가 아닌 붕어 형상으로 바꾸게 된 이유는 도미가 비싸고 귀한 것이기는 하나 일반인들에게 잘 알려진 생선은 아니었으므로, 누구에게나 익숙한 붕어를 선택한 것은 어쩌면 자연스러운 발상이었을 것이다. 다이야키와 붕어빵은 모양만 다를 뿐 재료나 만드는 방법이 완전히 일치한다.

1960년대에 유행하였던 풀빵은 1970년대와 1980년대를 거치면서 다른 간식거리에 밀려 점차 길거리에서 자취를 감추게 되었다. 1990년대 들면서 1950~60년대를 회상하고 그리워하는 복고적인 정서가 대중화되면서 다시 인기를 끌게 되어 오늘날까지 이어오고 있다.

여전히 국화빵도 팔리고 있으나 풀빵의 주류는 붕어빵이라 하겠다. 요즘은 내용물도 단팥 외에 고구마, 슈크림, 초콜릿, 야채 등 다채로운 소재가 들어가고, 땅콩이나 호두를 첨가한 것도 있다. 모양과 크기도 다양해져 미니붕어빵, 초대형붕어빵, 잉어빵, 용가리빵, 새우빵 등 여러 변화를 시도하고 있다.

이런 다양한 시도 중에 비교적 성공을 거둔 것은 1999년에 나온 '황금잉어빵'이다. 이는 대전광역시 대덕구 대전로에 본사가 있는 '황금어장식품'의 한규철 대표가 개발한 것으로 기존의 붕어빵보다 맛과 품질에서 더 좋아졌으므로 붕어보다 더 귀하게 여겨지는 잉어를 이름으로 붙였다고 한다. 색깔도 기존의 붕어빵보다 노란색을 더 진하게 하여 '황금'이라는 이름을 사용하여 차별화하였다. 크기는 붕어빵보다 조금 크고 가격도 비싸다.

붕어빵은 밀가루 반죽이라 담백한 맛이 있고, 황금잉어빵의 경우에는 반죽에 버터나 마가린이 들어가고 찹쌀도 추가되어 기름기가 있고 촉촉하게 느껴진다. 붕어빵은 단단하고 속 내용물이 잘 보이지 않으나 황금잉어빵은 반죽이 약간 더 묽고 얇아서 내용물이 비쳐 보인다.

황금어장식품은 체인점 형식으로 운영하여 전국에서 황금잉어빵을 판매하고 있다. 공장에서 반죽과 단팥, 슈크림, 고구마 등의 내용물을 생산하여 길거리 상점에 공급하는 시스템이다. 황금잉어빵의 성공에 자극 받아 '원조붕어빵', '금빛잉어빵', '참

붕어빵', '장군잉어빵' 등 다양한 이름을 달고 10여 개가 넘는 프랜차이즈 업체가 등장하였다. 예전에는 노점마다 반죽과 팥소를 직접 만들었기 때문에 집집마다 맛이 달랐지만 지금은 프랜차이즈 브랜드에 따라 맛이 정해지게 되었다.

34.
호떡

  예전만큼은 아니지만 아직도 호떡은 우리나라의 대표적인 간식거리이며 사랑받는 길거리 음식이다. 특히 추운 겨울날에는 그 맛이 더욱 달콤하고 쫄깃하게 느껴지며, 둥그런 반죽이 기름을 두른 철판 위에서 납작해지고 구워지는 시간을 기다리기 힘들 정도이다. 과거 가난한 사람들의 배를 채워주던 호떡이 이제는 외국인 관광객들까지 선호하는 음식이 되었다. 호떡은 본래 우리나라의 음식이 아니었으나 이제는 짜장면의 경우처럼 우리의 음식으로 여겨지고 있다.

  요즘은 여러 가지로 변형된 호떡이 나오고 있으나 일반적인 호떡은 밀가루를 반죽하여 적당히 발효시킨 후 흑설탕과 계피가루를 넣어 기름을 두른 불판 위에서 지그시 눌러 이힌 것이다. 호떡의 '호(胡)'는 '오랑캐'라는 의미이며, 우리말에서는 호박, 호주머니 등과 같이 원(元)나라나 청(淸)나라 때 전래된 사물에

'호'를 붙이기도 한다. 호떡은 '청나라에서 전래된 떡'이란 의미이다.

호떡은 떡이라는 이름이 붙었으나 떡보다는 빵이나 만두에 가까운 음식이다. 일반적으로 떡은 쌀을 주원료로 하여 증기(蒸氣)로 쪄서 익히며, 빵은 주로 밀가루를 사용하여 이스트(yeast)로 발효시킨 후 오븐(oven)에서 구워서 만든다. 호떡은 최근에 찹쌀가루를 사용하는 제품이 나오기도 하였으나 주로 강력분 밀가루를 사용하고, 반죽을 발효시킨다는 점에서 빵과 유사한 면이 있다.

우리의 만두에 해당하는 중국의 '바오쯔(包子)'는 밀가루 반죽을 발효시켜 고기나 채소로 만든 소를 넣고 찐 것으로서 껍질이 두꺼워 우리나라의 찐빵과 같은 모양을 하고 있다. 호떡의 피를 조금 두껍게 하고 납작하게 눌러서 굽는 대신에 둥근 모양 그대로 찐다면 바오쯔와 유사한 음식이 될 것이다.

어떤 음식이 한 나라에서 다른 나라로 전파될 때는 그 나라 실정에 맞게 변형이 일어나며, 이름도 변경되는 일은 흔히 발생한다. 우리나라 떡의 종류 중에는 '전병(煎餅)'이라고 하여 기름에 지지는 것이 있으며, 호떡을 굽는 모습이 전병을 만드는 것과 비슷하여 떡이라고 불렀을 것이다.

호떡이 우리나라에 전래된 것은 비교적 최근의 일이나 그 근원은 아주 오래된 음식이다. 쌀보다 밀이 더 많이 생산되는 이란, 이라크 등 중동지역이나 중앙아시아 지역에서는 기원전부터 밀가루를 물로 반죽하여 불에 구운 것을 주식으로 먹었으며 이것이 빵의 원시 형태이며, 호떡도 여기서 파생된 음식이다. 터키, 인도 등지에서 먹는 빵인 '난(naan)'이 호떡의 기원이라 할 수 있다. 호떡이 처음 중국에 전해진 것은 기원전 2세기경인 한(漢)나라 때 실크로드를 통해서였다.

중국인들은 지금의 중앙아시아와 아랍 사람들을 오랑캐란 뜻으로 '호인(胡人)'이라고 불렀으며, 서역(西域)에서 건너온 물건들에는 '호(胡)'를 붙였다. 처음 호떡이 중국에 전해졌을 때는 '후빙(胡餅/胡饼)'이라고 불렀으며, 얇고 둥근 모양의 빵이었다. 후빙(胡餅)은 우리말로 번역하면 호떡이 된다.

처음에는 단순한 형태의 빵이었으나 점차 발전하여 당(唐)나라 시대에는 고기와 채소가 들어가 황제가 먹을 만큼 고급요리가 되기도 하였다. 중국에는 호떡과 유사한 것으로 '카오빙(烤饼)' 또는 '샤오빙(烧饼)'이라 불리는 음식이 있다. 카오빙은 밀가루에 야채나 고기를 넣고 함께 반죽하여 동글납작한 모양으로 만들어 구운 빵이며, 샤오빙은 속에 파나 고기 등이 소를 넣어서 구운 것으로 표면에 참깨를 뿌려서 먹기도 한다.

중국에는 기원전에 이미 존재하였던 후빙이 우리나라에는 훨씬 후대인 조선시대 말기에야 나타나게 된 것은 밀을 구하기 힘들었기 때문으로 보인다. 한반도는 밀을 재배하기에 부적합한 기후여서 예로부터 밀의 수확이 많지 않았다. 옛 문헌을 보면 조선시대까지도 밀이 귀하여 밀가루로 만든 음식은 궁중에서도 특별한 날에만 먹을 수 있었다.

호떡이 우리나라에 전래된 것은 1882년에 임오군란(壬午軍亂)이 일어나자 조선의 요청으로 청(淸)나라 군사들이 조선에 파병되었는데 이때 함께 따라온 상인들에 의해서라는 것이 대다수의 견해이다. 청일전쟁(淸日戰爭)에서 패배하면서 청의 군대는 철수했으나, 상인들은 돌아가지 않고 생계를 유지하기 위해 만두와 호떡 같은 음식을 만들어 팔게 되었다. 그러나 호떡이 본격적으로 일반화된 것은 일제강점기인 1920년대의 일이다.

1920년대 당시 한반도에는 대형 건설 현장이 많이 있었고, 1923년에 발생한 관동대지진(關東大地震)의 여파로 일본 내에서 일자리를 잃은 '쿠리(クーリー)'들이 한반도로 유입되었다. '쿠리(coolie)'는 짐꾼, 광부, 인력거꾼 등 날품팔이 막노동자를 의미하며, 주로 중국인 노동자를 부르던 호칭이었다. 한자로는 '고력(苦力)'이라고 썼다.

1927년 봄에는 매일 1천명이 넘는 쿠리가 인천으로 들어왔을 정도라고 하며, 당시 한국에 정착해있던 화교들이 이들에게 호떡을 팔기 시작하면서 크게 유행하게 되었다. 1930년 당시 우동 한 그릇은 30전 정도인데 비하여 호떡은 5전 정도로 가격이 싼 덕택에 가난한 노동자들에게 가장 인기 있는 음식이었다.

쿠리가 몰리는 항만도시나 대도시를 중심으로 차이나타운이 형성되고 호떡집도 늘어났다. 1920년대 호떡집의 한자식 표기는 '호병가(胡餅家)' 또는 '호병상((胡餅商)'이었다. 당시의 호떡집은 지금의 중국과자점과 만두가게를 혼합한 형태였다. 조선총독부가 1930년 10월에 실시한 국세조사 자료를 보면 전국의 호떡집은 1,139개였으며, 거주 화교인구 비율과 관계없이 전국 농촌의 군 지역까지 분포해 중국인뿐만 아니라 한국인에게까지 대중화했음을 보여준다. 이에 따라 점차 우리나라 사람들의 입맛에 맞게 호떡 안에 조청이나 꿀, 흑설탕 등을 넣게 되었다.

호병가의 정식 메뉴였던 호떡은 테이크아웃(take out)하기에 적합하고 만드는 방법이 비교적 간단하여 점차 포장마차 형태의 길거리 음식으로 발전하였다. 시간이 흐르면서 호떡은 다양한 형태로 변하면서 국민간식으로 자리 잡았으며 부산의 '씨앗호떡', 군산의 '중동호떡', 아산의 '삼색호떡', 속초의 '찹쌀씨앗호떡', 당진의 '황가네호떡' 등 지역별로 명물이 된 호떡도 있다. 그 중에서도 부산의 씨앗호떡이 가장 유명하다.

씨앗호떡은 '찹쌀호떡'이라고도 하며 6·25 전쟁 때 부산으로 피난 온 피난민들이 호떡 안에 여러 종류의 곡물 씨앗을 넣어 먹은 것이 유래가 되어 1980년대 후반 남포동에서 각종 견과류를 넣어 판매하면서 탄생하였다. 이후 서면, 해운대와 같은 상업지구로 점차 퍼져나가 현재는 부산을 대표하는 토속음식이 되었다. 사용되는 견과류는 건포도, 해바라기씨, 아몬드, 호박씨, 땅콩 등이며 내용물이 알차기 때문에 간식으로 먹기에 부족함이 없다.

기본적인 호떡은 흰 밀가루 반죽에 흑설탕을 넣은 것이지만 녹차가루를 넣고 반죽하여 녹색인 '녹차호떡', 옥수수가루를 넣은 '옥수수호떡', 찹쌀가루를 섞어 바삭한 맛을 강조한 '찹쌀호떡', 흑미를 넣고 반죽하여 검은색의 '깜돌이호떡', 당면과 야채를 넣은 '잡채호떡', 볶음김치를 넣은 '김치호떡' 등 다양한 변신을 시도하고 있다. 한때 기름에 굽지 않고 화덕에 구운 호떡도 있었으나, 포장마차와 같은 간이시설에 화덕을 설치하는 것이 어렵기 때문에 점차 시장에서 사라졌다.

대표적인 길거리 음식인 호떡도 시대에 따라 변화하여 요즘은 인터넷이나 홈쇼핑에서도 판매되고 체인점이 생겨나기도 하였다. 또한 호떡을 가정에서 쉽게 만들 수 있게 고안된 상품이 삼양사, 오뚜기, CJ제일제당 등의 업체에서 개발되어 판매되고 있다.

35.
호두과자

　장거리 여행을 할 때 고속도로 휴게소나 달리는 기차 안에서 가장 인기 있는 간식은 단연 호두과자일 것이다. 천안의 명물로 유명한 호두과자는 우리나라 사람뿐만 아니라 최근에는 일본을 비롯한 외국 관광객들에게도 인기가 높아지고 있다. 하얀 종이 안에 하나씩 정성 들여 싼 호두과자는 간식으로는 물론이고 선물용으로도 손색이 없다.

　호두과자는 밀가루에 계란, 설탕, 식염, 베이킹파우더 등을 섞어서 반죽한 것을 호두 모양의 틀에 붓고 팥앙금과 호두를 넣어서 구운 과자이다. 사용되는 재료나 만드는 방법으로 볼 때 모양만 다를 뿐 국화빵이나 붕어빵과 같은 풀빵의 일종으로 볼 수 있다. 국화빵이나 붕어빵은 모양만 비슷하나 호두과자의 경우에는 실제로 호두가 들어있다는 점에서 차이가 있다.

　일본 화과자의 일종인 '오반야키(大判燒き)'가 우리나라에 전

래된 것은 일제강점기인 1930년대로 알려지고 있으며, 호두과자는 1934년 '학화호도과자제과점(鶴華胡桃菓子製菓店)'에서 처음으로 생산되었다. 창업자인 조귀금(趙貴金)·심복순(沈福順) 부부는 오반야키를 모방하여 천안의 특산물인 호두를 넣은 과자를 만들었다고 한다.

상호인 학화(鶴華)는 '학(鶴)처럼 오랫동안 빛나라(華)'라는 뜻으로 지었으며, '학화호도과자'는 그 맛이 쉽게 모방할 수 없을 정도로 정성이 들어간 것이어서 당시 천안에 살던 일본인들에게도 많이 팔렸다고 한다. 특히 이름에 일본인들이 좋아하는 학이 들어가 있어 인기가 있었다고 한다. 표준어는 '호두'가 맞으나 '호도(胡桃)'라는 한자식 이름을 택하여 지금까지 사용하고 있으며, 학화호도과자 이외의 대부분의 생산업체에서는 모두 '호두과자'라는 명칭을 사용하고 있다.

학화호도과자는 8·15 해방 직후에 열차 내에서 판매 영업을 하던 철도갱생회(鐵道更生會)에 납품하게 되면서 전국적으로 알려지게 되었다. 여행 중에 가족에게 줄 마땅한 선물을 마련하지 못한 채 기차에 오른 사람들에게 학화호도과자는 구세주 같은 존재였으며, 이를 맛본 사람들에 의해 입에서 입으로 소문이 나게 되었던 것이다. 철도갱생회는 홍익회(弘益會), 한국철도유통(韓國鐵道流通)을 거쳐 지금은 코레일유통으로 변경되었다.

학화호도과자가 유명해지자 이를 모방한 회사들이 생겨나기 시작하였으며, 현재 천안 시내에만 50여개의 업체에서 호두과자를 만들고 있다. 학화호도과자의 후손들은 천안역, 천안종합터미널, 천안소방서 인근 등지에서 점포를 내고 운영 중이며, 상호는 조금씩 다르지만 모두 '학화'를 쓰고 있어서 같은 계열임을 알 수 있다.

학화호도과자는 프랜차이즈 사업도 하기 때문에 천안 이외에도 전국 각지에서 '학화' 상호를 볼 수 있다. 처음에 학화호도과자에서는 팥의 껍질을 제거하고 졸여서 만든 백앙금을 사용하였으나, 요즘은 팥의 껍질째로 만든 적앙금을 사용하는 것이 일반적이다.

유통기한이 3일 정도밖에 안되어 판매가 천안시 인근과 철도로 한정되었던 호두과자가 전국적으로 퍼지게 된 데에는 산업화와 함께 거미줄처럼 전국을 엮어준 고속도로의 영향이 컸다. 호두과자 체인점이 전국의 고속도로 휴게소에 입점하면서 대표적인 간식으로 자리 잡았다.

현재 국내 최대의 호두과자 생산업체는 작고한 민항기 대표가 1972년에 설립한 천안시 와촌동의 '대신제과'로서, 전국 휴게소에서 판매되고 있는 대부분의 호두과자는 대신제과의 제품이다. 2017년 12월부터는 편의점인 세븐일레븐에 입점하여 전국 어디에서나 쉽게 접할 수 있게 되었다.

　최근에는 대도시를 중심으로 호두과자 체인점들이 들어서기 시작하였으며, '코코호도'를 비롯하여 10여 개 프랜차이즈 브랜드가 난립하여 경쟁을 벌이고 있다. 이에 따라 소형 트럭을 개조한 간이점포에서 호두과자를 팔던 노점상들은 점차 자취를 감추어가고 있다.

36.
핫도그

    누구나 좋아하지만 특히 어린이들의 간식으로 인기 있는 핫도그는 학교 앞 분식점의 대표 메뉴이다. 오동통한 핫도그에 케첩을 잔뜩 발라 먹던 일은 1970~1980년대에 어린 시절을 보낸 어른들에게는 추억의 한 토막으로 남아있는 식품이다. 요즘도 핫도그는 길거리나 놀이공원, 고속도로 휴게소 등에서 많은 이들이 즐겨 찾는 주전부리이다.

    우리나라에서는 소시지를 막대기에 끼워서 반죽을 발라 튀겨낸 음식을 '핫도그(hotdog)'라고 부르고 있으나, 이 음식의 원래 이름은 '콘도그(corn dog)'이다. 핫도그는 가늘고 긴 형태의 소시지를 익혀서 기다란 빵 사이에 끼워 넣은 음식이다. 우리나라에서는 핫도그와 콘도그를 구분하지 않고 핫도그라고 부르고 있으며, 원래의 핫도그를 취급하는 곳이 많지 않아 핫도그라 하면 보통 콘도그를 의미한다. 콘도그를 핫도그라 부르는 것은 우리나라뿐이다.

영어 '소시지(sausage)'라는 단어의 어원은 '소금에 절인'이라는 뜻의 라틴어 '살수스(salsus)'에서 기원한 프랑스어 '소시스(saucisse)'이다. 소시지는 아주 오래된 가공식품 중 하나로 언제부터 먹기 시작하였는지는 정확히 알 수 없다. 소시지는 인류가 소금을 이용해 고기를 보존하는 방법을 알게 된 이후에 만들기 시작하였으며, 고대 이집트에서 시작된 것으로 추정된다.

문헌상 최초의 기록은 기원전 8세기경에 호메로스(Homeros)가 쓴 『오디세이아(Odysseia)』라는 대서사시의 내용 중에 "선지와 고기로 가득 채워놓은 창자 요리"라는 표현이 나오고, 이것은 우리나라의 순대와 비슷한 요리로서 소시지의 원형으로 보고 있다.

처음에 소시지는 고기의 좋은 부분을 먹을 수 없는 가난한 사람들이 골, 혀, 귀, 염통, 콩팥, 피 등의 부산물을 다져서 창자에 채워 익힌 것으로서 우리의 순대와 비슷한 음식이었다. 그리스와 로마를 거쳐 유럽으로 소시지가 전파되었으며, 14세기경에는 유럽에서 소시지는 일반적인 가공품이 되었다. 소시지가 일반화되면서 원료도 부산물에서 살점 부위로 변경되었다.

소시지의 일반적인 제조법은 원료육을 갈아서 전분, 식염 등의 부원료와 조미료, 향신료, 질산염 등의 첨가물을 가하여 잘 섞은 후에 케이싱(casing)에 채워 끓는 물에 삶거나 훈연(燻煙, smoking)하여 익히는 것이다. 원료육으로는 돼지고기, 쇠고기, 면양고기, 염소고기, 가금류의 고기 등이 사용되며, 케이싱으로 옛날에는 양의 창자를 사용하였으나 현재는 돼지의 창자나 인공 케이싱을 사용한다.

우리나라에서 처음으로 소시지가 만들어진 것은 1909년 경상북도 칠곡군 왜관읍에 있는 베네딕토회(Benedictine Order)의 왜관수도원에서 수도하던 독일인 수사(修士)들에 의해서였다. 자급자족을 원칙으로 하는 그들은 스스로 소시지를 만들었으며, 이것을 인근 주민들에게 나누어 주기도 하였다.

그것이 인기를 얻게 되면서 분도식품(芬道食品)이라는 작은 공장으로 발전하였고, 현재도 '분도소시지'를 생산하고 있다. 분도(芬道)는 베네딕토(Benedictus)의 발음을 한자식으로 표현한 것이다. 분도식품에서 생산하는 소시지의 양은 많지 않기 때문에 전국적인 판매는 하지 않는다.

국내에서 소시지가 본격적으로 생산된 것은 1967년 진주햄의 전신인 '평화상사'에 의해서였다. 그러나 당시의 제품은 돼지고기는 25%밖에 안 되고 연유이 35%이고, 약 40%이 밀가루와 색소 등 식품첨가물이 첨가된 것으로 소시지라기보다는 어묵에 가까웠다.

사실 평화상사는 1963년에 창립하여 '진주어묵'을 생산하던 어묵 회사였으며, 1950년대 일본에서 개발된 어묵을 이용한 소시지 제조기술을 도입하여 소시지를 생산하게 된 것이었다. 분홍색의 어육소시지는 이후 1980년대 초까지도 국내 소시지 시장을 주도하였으며, 그나마 경제적 여유가 있는 부유층에서나 먹을 수 있는 식품이었다.

제대로 된 소시지는 1980년에 롯데, 제일제당 등 대기업이 육가공제품 시장에 참여하면서 생산되기 시작하였다. 롯데햄의 전신인 롯데축산에서는 1980년에 '켄터키프랑크', '롯데비엔나' 등의 제품을 출시하였고, 같은 해에 CJ제일제당의 전신인 제일제당에서도 '비엔나소시지'를 출시하였다. 롯데햄은 2013년에 지금은 롯데푸드로 이름을 바꾼 롯데삼강에 흡수되었다.

핫도그에 사용되는 소시지는 가늘고 긴 형태의 소시지이다. 정식 명칭은 프랑크푸르터소시지(frankfurter sausage)이나 우리나라를 비롯하여 미국, 일본 등에서는 프랑크소시지(frank sausage)라고 줄여서 부르고 있다. 프랑크소시지는 비엔나소시지(Vienna sausage)라고도 한다.

비엔나소시지는 프랑크소시지에서 파생된 것으로 오스트리아의 수도인 비엔나(Vienna)에서 처음 상품화되었기 때문에 이런 이름이 붙었다. 원래 프랑크소시지에는 소고기만을 썼고 비엔나소시지에는 소고기와 돼지고기를 섞어서 만들었으나, 지금은 원료의 제한도 없고 제조법이나 모양이 동일하기 때문에 두 소시지의 구분이 무의미하게 되었다.

우리나라에서는 일본의 영향을 받아 15~20㎝ 정도의 긴 소시지를 프랑크소시지라고 하고 한입 크기인 4~5㎝ 정도의 작은 소시지를 비엔나소시지라고 구분하기도 한다. 작은 크기의 비엔나소시지는 독일의 식품업체 마이카(Meica)에서 처음으로 만든 어린이용 제품이었으며, 이것이 일본을 거쳐 한국으로 오면서 비엔나소시지라는 이름을 얻게 됐다. 이처럼 줄줄이 엮인 작은 소시지를 비엔나소시지라 부르는 나라는 우리나라와 일본밖에 없다.

프랑크푸르터소시지는 독일 프랑크푸르트(Frankfurt)시(市)에서 유래된 이름이며, 그 모양이 몸통이 길고 다리가 짧은 사냥개인 닥스훈트(dachshund)와 닮아서 '닥스훈트소시지'라고도 불린다. 미국에는 독일 이민자들에 의해 19세기에 전해졌다. 맥주, 감자, 빵 등과 곁들여 먹던 소시지는 1860년대에 미국의 여러 도시에서 기본 메뉴로 정착했다.

핫도그의 기원에 대해서는 여러 설이 있으나 모두 확실하지 않고, 1893년 시카고에서 개최된 '컬럼비아 엑스포(the Colombian Exposition)'에서 처음 팔기 시작하였다는 주장이 가장 많이 알려져 있다. 핫도그는 미국의 대표적인 길거리 음식으로 일반적으로 케첩이나 머스터드를 발라서 먹는다. 소시지 외에도 피클, 렐리시, 다진 양파, 토마토, 베이컨, 치즈 등 다양한 재료를 토핑으로 사용하기도 한다.

핫도그란 단어의 어원에 대해서도 여러 주장이 있으나 확실히 밝혀진 것은 없다. 일설에는 미국의 만화가인 토머스 도건(Thomas A. Dorgan)이 1900년에 닥스훈트소시지(dachshund sausage)를 판매하는 그림을 그리면서 닥스훈트의 스펠을 몰라 '핫도그(hot dog)'라고 한 것이 사람들에게 호응을 얻어 이 음식의 이름으로 굳어졌다고 한다. 그러나 뉴저지주에서 발행된《피터슨 데일리 프레스(Paterson Daily Press)》라는 신문의 1892년 12월 31일자에 이미 'hot dog'라는 말이 등장했다는 반론도 있다.

다른 설로는 닥스훈트의 스펠이 길고 어려워 그냥 도그(dog)라고 하였고, 여기에서 핫도그라는 말이 나왔다고 한다. 또는 빵 안에 소시지가 길쭉하게 나와 있는 것을 보고 개가 더워서 혀를 내밀고 있는 모습과 비슷하여 '더워하는 개'라는 의미로 핫도그라 부르게 되었다고 한다. 빵 사이에 소시지를 끼워 넣게 된 사연도 뜨거운 소시지를 잡고 먹기 쉽도록 하기 위함이었다고도 하고, 접시 등의 집기를 사용하지 않고 빨리 손님에게 제공하기 위해 고안되었다고도 한다.

우리나라에서 핫도그라 부르는 콘도그는 1920년대 미국 텍사스(Texas)에서 시작되었다고 한다. 처음에는 막대가 없었으나 요즘은 거의 모든 콘도그에 막대를 끼워서 만든다. 막대에 끼운 형태의 콘도그가 등장한 것은 1940년대이며, 누가 최초로 만들었는지는 확실히 밝혀진 것이 없다. 빵 대신에 소시지에 옥수수가루 반죽을 입혀 튀겼고, 막대에 끼워진 모습이 옥수수(corn)를 닮아서 콘도그라 부르게 되었다고 한다. 요즘은 옥수수가루 대신에 밀가루 반죽을 사용하는 것이 대부분이다.

우리나라에 핫도그가 처음 소개된 것은 6•25 전쟁 이후 주한미군을 통해서였다. 당시 미군부대에 근무하던 한국인들은 미군의 보급품인 햄, 소시지, 스팸 등을 부대 밖으로 몰래 반출하기도 하였다. 이렇게 흘러나온 소시지를 이용해 밀가루를 입혀 튀겨 먹었던 것이 국내 핫도그의 효시라고 보며, 부대찌개의 시작과 크게 다르지 않다.

우리나라에서 콘도그가 핫도그라 불리게 된 사연은 명확하게 밝혀진 것이 없다. 다만 미군에 의해 동시에 소개된 핫도그와 콘도그가 모두 소시지를 주체로 하는 음식이었기 때문에 혼동하여 구분 없이 핫도그라 부르게 된 것이 아닐까 하고 추정되고 있다.

경제적으로 어려웠던 1950~1960년대에 소시지는 귀한 음식이었기에 소시지가 들어간 핫도그는 쉽게 먹을 수 없는 간식이었다. 이에 따라 소시지가 아예 안 들어 있거나, 있어도 아주 조금 들어있는 밀가루투성이의 핫도그에 설탕가루로 범벅을 해서 판매하기도 하였다. 그래도 학교 부근에는 으레 핫도그 노점이 있었으며, 핫도그는 그 시절 학생들의 대표적인 주전부리였다.

1960년대 말에 분홍색 어육소시지가 나오면서 핫도그는 1970~1980년대에 길거리 음식으로 크게 유행을 하게 된다. 경제적으로 어려웠고 마땅한 간식거리도 부족하였던 시절에 저렴한 가격으로 한 끼 대용이 가능한 푸짐한 양의 핫도그는 큰 인기를 얻었다. 그러나 경제가 발전하고 1988년 서울올림픽을 계기로 다양한 먹거리가 소개되면서 여러 종류의 프랜차이즈 체인점이 늘어나게 됨에 따라 핫도그는 침체기를 맞이하였다.

한동안 명맥만 이어오던 핫도그가 2016년을 기점으로 크게 붐을 이루게 된다. 핫도그의 유행에는 경기불황이 지속됨에 따른 사회적 변화도 한 몫을 하였다. 소비자들은 가성비를 최우선으로 상품을 선택하는 경향을 보이게 되었고, 저렴한 가격에 품질도 좋고 든든한 포만감을 제공하는 핫도그가 다시 주목을 받게 된 것이다. 개별 점포에서 팔던 종전과는 달리 프랜차이즈 체인점 형태를 갖춘 것도 핫도그의 확산에 큰 기여를 하였다.

공정거래위원회의 자료에 따르면 2017년 5월 기준으로 핫도그 브랜드는 15개였으며, 9개 브랜드는 1년 이내에 생겨난 것이라고 하였다. 그중에서도 가장 돌풍을 일으킨 것은 '명랑시대쌀핫도그(명랑핫도그)'이다. 명랑핫도그는 2016년 9월부터 가맹사업을 시작해 6개월 만에 가맹점 560개를 돌파하였다. 명랑핫도그는 1,000원대의 저렴한 가격으로 주머니 사정이 넉넉하지 않은 젊은 층의 인기를 모았으며, 기존의 밀가루 반죽 대신에 밀가루에 쌀가루를 혼합한 반죽을 사용하여 바삭바삭한 차별화된 맛이 특징이다.

핫도그의 인기가 계속 이어져 골목 곳곳마다 다양한 핫도그 가맹점이 들어서고 있으나 우려의 목소리도 나오고 있다. 그 이유는 최근 프랜차이즈 창업 시장의 유행기간이 짧아져 수많은 아이템들이 전국적으로 선풍적인 인기를 누리다가 금방 사라져 간 전례가 있으며, 핫도그의 경우는 제조 방법이 간단하여 따라 하기 쉽고 너무 많이 생긴 브랜드와 가맹점 때문에 제 살 깎아먹기 식의 경쟁이 벌어지고 있기 때문이다.

길거리 음식으로서의 핫도그와는 별도로 1980년대 말부터 가정용 간식으로 냉동핫도그가 판매되기 시작하였다. 최근 핫도그의 인기에 편승하여 풀무원, 롯데푸드, CJ제일제당 등 대기업에서 잇달아 신제품을 내놓으면서 가정용 핫도그 시장도 연평균 약 20%의 급격한 성장하고 있다.

37.
도넛

  도넛이라 하면 요즘은 주로 커피와 함께 먹는 동그란 고리 모양의 음식을 의미하지만, 종전에는 전통시장이나 학교 앞 분식집 또는 동네빵집에서 팔던 찹쌀도너츠나 꽈배기를 생각하였다. 도넛은 모양과 식감, 만드는 방법이 다양하여 한 마디로 정의하기 어려운 음식이지만 모두에게 사랑 받는 간식거리로서 항상 우리 곁에 존재하여 왔다.

  도넛, 도너츠, 도나스, 도나쓰 등 다양한 이름으로 불리고 있으나 표준어는 도넛이다. 어원은 처음에는 밀가루 반죽에 견과류를 넣어 기름에 튀겼기 때문에 '너츠 오브 도우(nuts of dough)'라고 불리던 것이 'doughnut'이 되었다고 한다. 요즘은 발음은 같으나 표기를 짧게 한 'donut'이란 단어도 함께 쓰이고 있다. 도나스, 도나쓰 등의 이름은 'doughnut'의 일본어 표기인 'ドーナツ'의 영향을 받은 것이다.

도넛의 종류는 만드는 방법에 따라 크게 이스트를 넣어 발효시킨 것과 화학적 팽창제를 사용한 것으로 구분할 수 있다. 발효에 의해 만든 도넛은 식감이 폭신하고 속에 공간이 많이 비어있기 때문에 슈크림(choux cream)이나 잼(jam)을 채워 넣기도 한다. 이에 비해 팽창제를 넣은 도넛은 비교적 단단하고 설탕이나 달걀이 더 많이 들어가 케이크 같은 맛이 난다.

도넛은 일반적으로 밀가루에 설탕, 계란, 우유, 지방 등을 섞어서 반죽한 후 주로 둥근 고리 모양으로 만들어 기름에 튀겨서 만드나 이외에도 작은 공 모양, 사각형 모양, 막대 모양, 또는 꽈배기 모양 등 다양한 형태로 만들기도 한다. 표면에 시럽을 코팅하거나 설탕을 묻히기도 한다.

도넛의 대표적인 형태인 둥근 고리 모양은 19세기 중반 네덜란드계 미국인 한센 그레고리(Hanson Gregory)의 아이디어로 생겨났다고 하며, 1921년 뉴욕에서 아돌프 레빗(Adolph Levitt)이 도넛 만드는 기계를 고안해내면서 도넛의 다량 생산이 가능해졌다.

우리나라에 언제부터 도넛이 만들어지기 시작하였는지는 정확히 알 수 없으나 일제강점기 일본을 통해서 들어온 것으로 추정된다. 1970~1980년대에는 동네 빵집이나 전통시장 등에서 팔았으며, 당시에는 밀가루 대신에 찹쌀가루를 사용한 것이 특징이었다. 모양은 가운데에 구멍이 나있는 일반적인 도넛의 형태가 아니라 주로 둥글넓적하거나 공처럼 동그랗게 생겼다.

속에 아무 것도 없는 경우가 많지만 팥앙금이 들어가 있기도 하였다. 도넛 안에 팥을 넣은 것은 일본식 단팥빵의 영향을 받은 것으로 보인다. 꽈배기는 밀가루나 찹쌀가루를 반죽하여 엿가락처럼 가늘고 길게 늘여 두 가닥으로 꽈서 기름에 튀겨 낸 것이며 주로 겉에 설탕을 발라서 먹는다. 길거리 음식으로서의 찹쌀도넛이나 꽈배기는 지금도 여전히 잘 팔리고 있다.

1994년 SPC그룹 산하의 BR코리아사와 합작투자 형태로 던킨도너츠(Dunkin' Donuts)가 국내에 들어오면서부터 본격적인 도넛 시장이 형성되었다. 던킨도너츠는 매장 수가 세계에서 가장 많은 도넛 체인점이며, 1950년 미국의 윌리엄 로젠버그(William Rosenberg)가 설립했다. 한국에서 던킨도너츠는 처음부터 도넛 시장을 주도하였으며, 현재에도 국내 도넛 시장에서 절대 우위를 점하고 있다.

던킨도너츠는 처음에는 TV광고 등의 효과로 비싼 고급 도넛으로 인식을 심는 데 성공하였으나, 지금은 가격에서 동네 빵집과 큰 차이가 없어 고급스러운 이미지는 많이 퇴색하였다. 매장 수도 2014년의 821개를 정점으로 2015년 774개, 2016년 769개 등으로 계속해서 줄고 있으며, 매출에서도 2012년의 2,170억 원을 정점으로 줄기 시작하여 2014년 이후에는 2천억 원을 넘지 못하고 있다.

2010년까지만 해도 파리바게뜨, 배스킨라빈스와 함께 국내 3대 프랜차이즈로 꼽혔으나, 최근에는 케이크, 아이스크림, 빙수, 마카롱 등 도넛을 대체할 수 있는 디저트 종류가 다양해지고 커피전문점 등이 급속히 늘어나면서 경쟁에서 밀리고 있는 것으로 분석된다. 이에 따라 던킨도너츠에서는 기존의 도넛과 커피 외에도 샐러드, 샌드위치, 맥주 등 다양한 메뉴를 선보이며 다변화를 꾀하고 있다. 이를 반영하여 던킨도너츠는 2019년 1월부터 브랜드 명칭을 '던킨'으로 변경하였다.

던킨도너츠와 함께 전세계 도넛 시장에서 양대산맥으로 거론되는 '크리스피크림도넛(Krispy Kreme Doughnuts)'이 2004년 롯데그룹에 의해 도입되어 국내 도넛 시장도 경쟁 체제에 돌입하였다. 크리스피크림도넛은 현재는 롯데리아에서 이름을 바꾼 롯데GRS에 의해 운영되고 있다.

크리스피크림도넛은 미국에서 던킨도너츠보다 먼저인 1937년에 설립된 도넛 체인점이며, 던킨도너츠와는 다르게 매장에서 직접 도넛을 만들어 파는 것이 특징이다. 크리스피크림도넛도 최근 아이스크림을 판매하기 시작하였으며, 일부 매장은 커피전문점으로 전환하려고 하고 있다.

한때 CJ푸드빌의 '도노스튜디오(Dono Studio)', GS리테일의 '미스터도넛(Mister Donut)'까지 가세하면서 도넛 시장이 활성화되기도 하였으나, 현재 이 두 체인점은 사실상 사업을 접은 상태이다. 이처럼 도넛 시장이 쇠락하게 된 것은 다른 식품과의 경쟁에서 밀린 탓도 있으나, 웰빙에 대한 인식이 확대되면서 도넛이 건강에 나쁜 음식으로 여겨지게 된 영향도 크다.

도넛은 기본적으로 밀가루 반죽을 식용유로 튀기고 설탕이나 콘시럽으로 입히는 경우가 많아서 도넛 한 개당 칼로리는 최소 300kcal 이상으로 밥 한 공기의 칼로리와 비슷하다. 영양학적으로도 지방과 탄수화물이 과다하게 많고 섬유질이 부족하므로 고혈압, 심혈관계 질환, 당뇨병 등 성인병 환자는 피해야 할 음식으로 여겨지고 있다.

이에 따라 도넛 업계에서는 쇼트닝 대신 식물성 지방을 사용해 트랜스지방을 줄이고, 기름에 튀기는 대신 오븐에 굽는 등 소비자들의 요구에 부응하고, 주력제품 외에 소비자의 다양한 취향에 맞는 새로운 메뉴를 내놓는 등 다양한 변화를 시도하고 있다.

38.
햄버거

우리나라에 들어온 역사는 짧지만 우리의 식생활에 깊숙이 스며든 음식 중에 햄버거가 있다. 직장인들이 간단한 점심식사로 자주 이용하며, 청소년들이 즐겨 먹는 음식이기도 하다. 거의 모든 편의점에서는 항상 일정량을 비치해둘 만큼 인기 있는 품목이다.

햄버거는 미국식 자본주의를 상징하는 음식이며, 전세계 어느 곳에서나 팔리고 있는 패스트푸드이다. 영국의 경제 주간지인 《이코노미스트(the Economist)》가 제안한 '빅맥지수(Big Mac Index)'는 햄버거 판매가격을 기준으로 각국의 상대적 물가수준과 통화가치를 비교하는 지표로도 이용되고 있다.

햄버거(hamburger)는 다진 고기를 동글납작하게 만든 패티(patty)를 구워 여러 가지 채소류와 함께 빵 사이에 끼워 먹는 음식이며, 보통 콜라 등의 탄산음료나 감자튀김을 곁들여 먹는다. 두 조각의 빵 사이에 여러 가지를 끼워서 먹는다는 점에서 햄버거도 샌드위치의 일종이라고 볼 수도 있다.

동그랗고 납작한 빵(bun) 사이에 끼운다는 점에서는 햄버거와 유사하나 패티 대신에 치즈, 치킨 등 다른 소재를 넣은 것을 우리나라와 일본에서는 '버거(burger)'라고 부르기도 한다. 버거라는 단어는 우리나라와 일본에만 있는 것이며, 우리나라에서 '치킨버거'라고 부르는 것을 미국에서는 '치킨샌드위치'라고 한다.

햄버거는 미국의 음식으로 알려져 있으나 그 기원은 중앙아시아의 유목민들이 먹던 음식에서 유래한다. 초원을 찾아 이동하는 유목민들은 전통적으로 휴대하기 편하고 조리 방법이 간단한 음식을 발전시켜 왔으며, 그중 하나가 생고기 요리였다. 생고기를 말의 등과 안장 사이에 집어넣으면 이동하는 동안에 육질이 부드러워지고 여기에 소금, 후추, 양파, 파 등으로 조미를 하면 훌륭한 야외식이 되었다.

이런 유목민의 음식은 칭기즈칸의 후손들에 의한 정복전쟁을 계기로 유럽에 전해지게 되었다. 유럽인들은 몽골인을 타타르(Tartar)라고 불렀으며, 유목민의 전통 음식은 헝가리와 동유럽에 전파되어 '타타르스테이크(tartar steak)'가 되었다. 타타르스테이크는 우리의 육회와 비슷한 음식으로 생고기를 갈아 다진 양파와 날달걀을 넣고 양념한 것이다.

13~14세기 유럽에는 북해(North Sea)를 중심으로 한자동맹 (Hanseatic League)이라는 상인(商人) 연맹이 있었으며, 그 중심 도시는 독일의 함부르크(Hamburg)였다. 몽골인의 요리에서 유래된 타타르스테이크는 함부르크에도 전해졌으며, 생고기를 먹는 것에 익숙하지 않은 탓에 불에 구워먹게 되었다.

이렇게 해서 탄생한 요리가 다진 쇠고기에 양파, 빵가루, 계란 등을 섞어서 둥근 형태로 만들어 구운 '함부르크스테이크 (hamburg steak)'이다. 함부르크의 영어식 발음은 '햄버그'이며, 우리나라에서는 주로 햄버그스테이크라고 한다. 흔히 햄버거와 햄버그를 혼동하기도 하는데, 햄버그는 햄버그스테이크를 줄여서 부르는 것이다.

일반 스테이크는 살코기를 통째로 굽는 데 비해 햄버그스테이크는 질이 떨어지는 고기를 사용하기 때문에 갈아서 밀가루, 전분, 야채 등과 섞어 다시 뭉친 후 굽는 것이다. 햄버거는 햄버그스테이크를 넣은 샌드위치이며, 지명인 햄버그에 어미 'er'을 붙여 '햄버그에서 온 물건'이란 뜻이다. 고기나 생선 등을 다져서 동글납작하게 빚은 것을 패티(patty)라고 하며, 햄버그스테이크의 굽기 전 고기 뭉침이 바로 패티이다.

1848년 미국 캘리포니아에서 금광이 발견되었고, 미국인들은

물론이고 해외 이민자들도 몰려드는 '골드러시(gold rush)' 현상
이 일어났다. 발달된 항구인 함부르크를 통해 독일의 이민자들
도 이 대열에 합류하였으며, 그들과 함께 햄버그스테이크도 미
국에 상륙하게 되었다. 햄버그스테이크가 변형된 음식인 햄버
거를 언제부터 먹기 시작했는지는 명확하게 알려진 기록이 없
으며, 다음과 같은 여러 가지 설이 있다.

첫 번째 설은 찰리 나그린(Charlie Nagreen)과 관련된 것이
다. 그는 1885년 위스콘신주의 시모어에서 열린 박람회에서 처
음에는 미트볼을 팔았으나, 사람들이 불편해하자 미트볼을 납
작하게 만들어 빵 사이에 끼워 팔았다고 한다. 시모어에서는 이
를 근거로 햄버거의 본고장임을 주장하며, 매년 '햄버거 페스티
벌(Burger Fest)'과 '햄버거 먹기 대회(Burger Eating Contest)'
를 개최하고 있다.

두 번째 설은 오하이오주의 아크론에 살던 프랭크 멘체스
(Frank Menches)와 찰스 멘체스(Charles Menches) 형제와 관
련된 것이다. 그들은 1885년 뉴욕주의 햄버그시에서 열린 박람
회에서 소시지로 만든 샌드위치를 판매하였는데 재료가 떨어지
자 쇠고기로 패티를 만들어 샌드위치를 만들었고, 햄버그시의
이름을 따서 햄버거라고 하였다 한다. 햄버그시에서는 햄버거
의 본고장임을 내세우며 1985년에 햄버거 100주년 기념행사를

열었다. 또한 멘체스 형제의 고향인 아크론에서도 2005년 햄버거 탄생 120주년을 축하하는 행사를 가졌다.

세 번째는 1904년 미주리주 세인트루이스에서 열린 박람회에 텍사스주 애틴즈 출신의 플레처 데이비스(Fletcher Davis)가 밀려드는 손님을 감당할 수 없어 햄버그스테이크를 둥근 빵 두 개 사이에 끼워 판매한 것이 시초라는 것이다. 이외에도 여러 가지 주장이 있으나 명백한 증거는 없으며, 분명한 것은 오늘날 햄버거라 불리는 음식은 19세기 말에서 20세기 초에 미국의 어딘가에서 시작되어 유행되었다는 것이다.

샌드위치는 1880년대 외국에 문호를 개방하면서 우리나라에 들어온 것으로 추정되며, 햄버거가 처음 전래된 것은 1950년 6·25 전쟁 때 미군을 통해서라고 알려졌다. 전쟁 후에는 주한 미군 주둔지 인근에 햄버거 가게들이 생겨났고, 지금도 서울의 이태원이나 경기도 송탄 등에는 미국식 햄버거를 파는 집들이 남아있다.

우리나라에서 본격적으로 햄버거가 판매되기 시작한 것은 1979년에 창립된 롯데그룹의 롯데리아(Lotteria)에 의해서였다. 이후 1980년대에는 아메리카나, 달라스 등의 토종 브랜드가 생겨났으나 서울올림픽을 계기로 외국 브랜드들이 밀려들어 오면서 대부분 시장에서 밀려났다.

당시에 들어온 외국 브랜드로는 1984년의 버거킹(Burger King)과 웬디스(Wendy's), 1988년의 맥도날드(McDonald's), 1990년의 하디스(Hardee's) 등이 있었다. 여러 브랜드는 치열한 경쟁을 하였으며 그중에서 롯데리아, 맥도날드, 버거킹 등 세 회사가 시장을 주도하여 왔다.

롯데그룹은 1967년 재일교포 신격호(辛格浩)가 일본에서 세운 롯데(Lotte)를 모태로 하며, 롯데리아는 1972년 일본 도쿄에서 1호점을 개설하였다. 현재는 일본보다 우리나라의 롯데리아 점포수가 많다. 맥도날드(McDonald's)는 미국에서 1955년부터 사업을 시작하였고, 전 세계에서 가장 널리 알려진 패스트푸드 체인점이다. 버거킹은 미국에서 1954년에 창립되었으며, 맥도날드에 이어 세계 2위의 햄버거 업체이다.

1990년대 말부터 햄버거 시장에 수제(手製) 햄버거라는 새로운 바람이 불기 시작하여 2000년대에는 프리미엄 햄버거가 유행하였다. 1998년에 등장한 크라제버거(Kraze Burgers)는 수제 햄버거임을 내세워 기존의 햄버거와 차별화를 시도하였으나 기존 업체의 두꺼운 벽을 뚫지 못하고 2016년 법정관리에 들어갔다. 이에 비해 크라제버거보다 조금 앞선 1997년에 치킨과 수제 햄버거로 처음 문을 연 맘스터치(Mom's Touch)는 중저가 전략으로 방침을 바꾸어 성장을 지속하였다.

크라제버거가 불을 지핀 프리미엄 햄버거 시장은 중소 햄버거 기업들이 쇠퇴하는 결과를 낳았으나, 2010년대에 대기업의 참여로 새로운 상황을 맞이하고 있다. 2010년에 아워홈에서 버거헌터(Burger Hunter)를 시작하였고, 2011년에는 신세계푸드에서 자니로켓'(Johnny Rockets)을 오픈하였다.

2016년에는 SPC그룹에서 일명 '쉑쉑버거'로 이름난 쉐이크쉑(Shake Shack)을 개점하였다. 쉑쉑버거는 그동안 비싸다는 인식 때문에 외면 받던 소비자들의 관심을 수제 햄버거로 환기시키는 데 큰 역할을 하였다. 이에 따라 기존 햄버거 프랜차이즈들도 프리미엄 햄버거를 속속 내놓고 있는 상황이다.

2021년 7월 세계적 요리사이며 전세계적으로 40여 개의 고급 레스토랑을 운영하고 있는 고든 램지(Gordon Ramsay)가 패션기업인 진경산업과 계약을 맺고 아시아에서는 한국에 첫 매장을 열기로 하였다. 한국에 처음 매장을 내면서 선택한 메뉴는 햄버거이며, 그만큼 국내 햄버거 시장의 성장 가능성을 크게 본 것이다.

2020년의 코로나 사태로 대부분의 외식업종은 고전을 면치 못하고 있으나 햄버거의 경우는 매장수가 오히려 늘면서 시장이 성장하고 있다. 이는 햄버거가 테이크아웃을 하거나 이른바 '혼밥'을 하기에 적합하기 때문이다. 우리나라 햄버거 프랜차이즈 브랜드 수는 30개 이상이며, 소규모 전문점까지 포함하면 햄버거 점포는 적게는 5,000개에서 많게는 1만여 개에 달한 것으로 추정되고 있다.

매장수 기준으로 2019년 순위는 1,350개인 롯데리아가 1위이며, 맘스터치(1,180개), 맥도날드(420개), 써브웨이(352개), 버거킹(339개), KFC(193개), 파파이스(64개) 등의 순으로 그 뒤를 잇고 있다. 이 중에서 맘스터치, KFC, 파파이스 등은 햄버거도 판매하고 있으나 주메뉴는 치킨이다.

햄버거는 패스트푸드의 대명사로 흔히 비만의 주범이며 영양학적으로 문제가 많은 음식으로 평가받고 있다. 그러나 햄버거에 대한 비판은 다소 과장된 면이 있으며, 매스컴이나 소비자단체들에 의해 왜곡된 점이 있다. 햄버거가 건강에 좋지 않다는 인식을 심어주는 데에는 미국의 모건 스펄록(Morgan Spurlock) 감독이 2004년에 제작한 '슈퍼사이즈미(Super Size Me)'라는 다큐멘터리 형식의 영화에 의한 영향도 크다.

그는 30일 동안 하루 세 끼를 맥도날드 햄버거만을 먹으며 단시간 내에 체중 증가, 지방간, 우울증, 성기능 장애 등의 변화를 겪는 것을 보여주며 사람들에게 경각심을 불러일으켰다. 그러나 모건 스펄록 감독의 실험은 햄버거의 해로움을 증명할 수 있는 과학적 증거가 되지 못한다.

햄버거뿐만 아니라 어떤 음식, 예를 들어 우리가 항상 먹는 쌀밥이라 할지라도 다른 음식이나 반찬은 먹지 않고 그것만 계속 1개월 정도 먹는다면 신체에 영양적인 문제가 발생하는 것은 당연하다. 그는 과학자가 아니기 때문에 실험의 설계에서부터 잘못되어 있었던 것이다. 문제는 햄버거를 얼마나 많이, 얼마나 자주 먹느냐 하는 것이고, 함께 섭취하는 다른 식품에 의해 햄버거의 영양적 결점은 보완될 수 있는 것이다.

◆ 샌드위치

샌드위치(sandwich)라는 단어가 음식 이름으로 일반화된 것은 18세기이지만 빵으로 무언가를 싸서 먹는 것은 자연스러운 일로서 이와 유사한 음식을 먹기 시작한 것은 훨씬 오래전의 일이다. 인류가 발효시킨 빵을 먹기 시작한 것은 BC 2000년경에 이집트에서 시작된 것으로 추정되며, 로마 시대에는 검은 빵에 육류를 끼운 음식이 가벼운 식사대용으로 애용되었다고 한다.

샌드위치의 유래에 대해서는 "영국의 샌드위치 백작이 밤을 새워 노름할 때 식사 시간이 아까워 고안해 냈다는 데서 유래한다"는 것이 정설처럼 알려져 있으나 사실과 다르다. 유래의 주인공인 제4대 샌드위치 백작(伯爵)은 존 몬테규(John Montague)로서 그는 도박을 즐기지 않았으며, 그의 취미는 아웃도어 스포츠(outdoor sports)였다고 한다.

그는 해군대신과 국무장관을 역임한 유능한 행정관이었으며, 도박이 아니라 밥 먹을 시간도 아껴가며 한 손에 샌드위치를 들고 공무를 집행하였다고 한다. 그가 무능과 부패의 상징이 되고 도박을 좋아한 사람으로 전해지게 된 것은 그의 정치적 실패 이후 반대파에 의한 악성 루머 때문이라고 한다.

그는 1776년 미국의 독립전쟁 당시 잘못된 판단과 정책으로 인하여 전쟁에서 지고, 영국을 위기에 처하게 하였으며, 이로 인해 조롱과 비난의 대상이 되었다. 노름을 하면서 샌드위치를 주문하였다는 이야기도 당시로서는 인신공격성 정치적 풍자였던 것인데 그에 대한 비판 여론과 함께 널리 퍼지게 되었다고 한다. 샌드위치와 같은 음식도 그가 고안한 것이 아니라 당시에는 흔한 식사 방법이었을 것으로 여겨지고 있다.

인터넷에는 샌드위치(Sandwich)가 백작의 성(姓)이라거나 가문(家門)의 이름이라는 설명도 있으나 이는 잘못된 것이다. 중세 영국에서 백작의 작위를 내릴 때는 그의 거주지 이름을 따서 'OO의 백작(Earl of OO)'이라고 하였으며, 1660년에 켄트주

(County of Kent)의 영주이며 초대 샌드위치 백작이 된 에드워드 몬테규(Edward Montague)가 샌드위치에 살았기 때문에 '샌드위치 백작(Earl of Sandwich)'이라고 불리게 된 것이다.

샌드위치 백작은 대대로 몬테규(Montague) 가문에서 직위를 계승하고 있다. 처음 백작 작위를 제안 받았을 때는 샌드위치가 아닌 포츠머스(Portsmouth)를 고려했었다고 하며, 에드워드 몬테규가 포츠머스에 정착했더라면 지금 우리가 먹고 있는 음식의 이름은 '포츠머스'로 불렸을 지도 모른다.

샌드위치 백작의 일화에 대한 진위는 별도로 하더라도 만들기 쉽고 휴대하기도 편하며, 손가락에 고기 기름을 묻히지 않고 먹을 수 있어서 18세기 말 이후 영국에서 샌드위치는 중요한 점심식사 메뉴가 되었다. 유럽 대륙을 거쳐 전세계로 퍼져나가면서 샌드위치는 다양한 변형이 이루어졌다.

우리나라에서는 흔히 네모난 식빵 두 장 사이에 재료를 넣어 차갑게 먹는 샌드위치를 떠올리지만, 샌드위치 가게 등에서 즉석에서 구워주는 '핫샌드위치(hot sandwich)'도 있다. 네모난 식빵을 써서 만드는 것은 영국이나 미국의 방식이며, 프랑스나 이탈리아 등 남부유럽 국가들은 샌드위치를 만들 때 대부분 바게트(baguette)를 사용하고, 베이글(bagel)을 사용한 샌드위치도 있다.

39.
돈가스

　지금은 예전만 한 인기는 없으나 한때 돈가스는 대표적인 외식 메뉴였으며, 어린이들이 가장 먹고 싶어 하는 음식이었다. 요즘도 각종 뷔페나 단체급식에서 자주 제공되어 친숙한 음식이다. 분명히 서양식 음식이지만 한국의 서민적인 음식점인 기사식당과 분식점에서 주로 팔리고 있어 서양 음식이라는 인식이 거의 없는 음식이기도 하다.

　돈가스는 돼지고기를 소금과 후추로 간을 한 뒤 밀가루, 달걀, 빵가루를 입혀 기름에 튀긴 요리를 말하며, 사용하는 사람에 따라 돈가스, 돈까스, 돈카츠, 돈가츠, 돈가쓰, 돈까쓰, 돈카쓰 등 여러 가지 이름으로 불리고 있다. 돈가스는 일본어 'とんかつ'에서 유래된 이름으로 외래어 표기법에 따르면 '돈카쓰'가 올바른 표기이나 '돈가스'가 표준어로 되어 있으며, 실제 사용하는 빈도는 '돈까스'가 가장 많은 것이 현실이다.

일본어 ‘とんかつ’는 영어 ‘커틀릿(cutlet)’에서 유래되었으며 소, 돼지, 닭 등의 고기를 납작하게 썰거나 다져서 그 위에 빵가루를 묻혀 기름에 튀긴 요리를 말한다. 커틀릿은 프랑스어로는 ‘코틀레트(côtelette)’, 독일어로는 ‘슈니첼(schnitzel)’이라 하며, 일본어로는 ‘가쓰레쓰(カツレツ)’라고 하였다.

일본에서는 돼지고기로 만든 ‘포크커틀릿(pork cutlet)’의 ‘포크(pork)’를 한자 ‘돈(豚)’으로 바꾸어 ‘돈카쓰레쓰(豚カツレツ)’라고 하였다. 그 후 이를 줄여서 ‘돈카쓰(豚カツ)’라고 부르게 되었으며, 오늘날에는 히라가나로 ‘とんかつ’라고 표기하는 것이 일반적이다.

원래의 커틀릿은 돼지고기를 사용하지 않고 암소고기나 양고기를 사용한 요리였으며, 고기를 얇게 썰거나 뼈가 붙은 채로 빵가루를 묻혀 프라이팬 등에서 소량의 기름으로 굽거나 지지듯이 조리하였다. 서양의 경우 커틀릿을 돼지고기로 만드는 경우는 드물고, 오늘날 ‘포크커틀릿(pork cutlet)’이라고 하면 일본식의 ‘돈카쓰(とんかつ)’를 의미하는 경우가 많다.

일본에 커틀릿이 소개된 것은 19세기 말의 일이며, 문헌상 처음 등장하는 것은 1860년에 출판된 후쿠자와 유키치(福沢諭吉)의 『증정화영통어(增訂華英通語)』이다. 『증정화영통어』는 중국 청(淸)나라의 자경(子卿)이 편찬한 『화영통어(華英通語)』를 일본

어로 번역한 단어집이며, 여기에 프랑스 요리인 코틀레트가 소개되어 있다. 그 후 1872년 가나가키 로분(仮名垣魯文)이 저술한 『서양요리통(西洋料理通)』에는 '홀 콧토렛토(ホール コットレット)'라는 이름으로 소개되었다.

일본에서 코틀레트를 처음 판매한 곳은 1895년 도쿄의 긴자(銀座)에서 창업한 '렌가테이(煉瓦亭)'라는 프랑스 레스토랑이었다. 처음 판매된 코틀레트는 돼지고기보다는 소고기나 닭고기를 사용하였으며, 버터를 발라 프라이팬에 부쳐낸 다음 다시 오븐에서 굽는 식으로 손이 많이 가는 복잡한 조리법이었다. 이 요리는 프랑스 요리의 원형에 가까운 것이었으나 기름기가 많고 느끼하여 일본인 손님들에게 그다지 인기가 없었다.

이에 2대째 사장인 기타 모토지로(木田 元次郎)가 1899년에 비싼 소고기 대신에 돼지고기를 사용하고, 일본인에게 익숙한 덴푸라(天ぷら)를 응용하여 기름에 튀겨내는 방식으로 조리방법을 바꾸어 '포크카쓰레쓰(ポークカツレツ)'라는 이름으로 판매하기 시작하였다. 이렇게 탄생한 포크카쓰레쓰는 크게 호응을 얻었으며, 렌가테이 이외의 요리점에서도 취급되게 되었다.

렌가테이의 포크카쓰레쓰는 얇게 썬 돼지고기를 기름에 튀겨 낸 후, 그 위에 소스를 듬뿍 뿌려서 제공되며, 나이프와 포크를 이용하여 잘라 먹는 형태였다. 이것을 오늘날의 형태로

개선한 것은 1905년에 도쿄의 우에노(上野)에서 창업한 '폰타혼케(ぽん多本家)'라는 식당이었다. 창업자 시마다 신지로(島田信二郎)는 두꺼운 고기를 사용하고, 젓가락을 사용하는 일본인이 먹기 쉽도록 미리 칼로 썰어 접시에 담는 형식으로 변경하여, 1929년에 '가쓰레쓰(カツレツ)'라는 이름으로 판매하기 시작하였다.

일부 자료에는 시마다 신지로가 '돈카쓰(豚カツ)'라는 이름을 처음 사용하였다고 하지만, 이는 사실과 다르다. 현재에도 영업하고 있는 폰타혼케의 메뉴판에는 지금도 가쓰레쓰(カツレツ)라고 되어 있어 이런 주장이 맞지 않음을 알 수 있다. 다만 폰타혼케에서 가쓰레쓰를 판매하기 시작할 무렵에 '豚カツレツ', '豚カツ', 'とんかつ' 등의 이름이 나타나기 시작하였다. 돈카쓰(豚カツ)라는 이름을 처음 사용한 유래에 대해서는 여러 가지 주장이 있으나 모두 확실하지 않다.

돈카쓰(とんかつ)는 서양 요리인 커틀릿과 재료, 조리 방법, 먹는 방법 등에서 많은 차이가 있어 같은 음식이라고 보기 어렵고, 오히려 일본 고유의 음식이라고 보는 편이 타당하다. 마치 짜장면이 중국 음식에서 유래되었으나, 중국 음식이라기보다는 우리나라 음식이라고 여겨지는 것과 같다. 돈카쓰와 커틀릿의 차이점을 살펴보면 다음과 같다.

- 커틀릿은 소고기 또는 양고기를 주로 사용하지만, 돈카쓰는 돼지고기를 원료로 한다.
- 커틀릿은 얇게 썰거나 뼈가 붙은 채의 고기를 사용하지만, 돈카쓰는 2~3㎝ 정도의 두툼한 고기를 사용한다.
- 커틀릿은 입자가 고운 빵가루를 사용하지만, 돈카쓰는 입자가 큰 빵가루를 사용한다.
- 커틀릿은 기름을 두르고 프라이팬에서 지지는 방식으로 익히지만, 돈카쓰는 기름 속에 넣고 튀기는 방식으로 익힌다.
- 커틀릿은 고기를 통째로 내놓아 나이프와 포크로 썰어서 먹지만, 돈카쓰는 미리 썰어서 제공되어 젓가락으로 먹을 수 있다.
- 커틀릿에는 완두콩, 당근, 감자 등 삶거나 튀긴 따뜻한 야채가 곁들여지지만, 돈카쓰에는 채로 썬 신선한 양배추와 함께 밥과 미소시루(味噌汁: 일본식 된장국)가 제공된다.
- 커틀릿에는 데미글라스소스(demi-glace sauce) 계통의 소스가 사용되지만, 돈카쓰에는 우스터소스(worcester sauce) 계통의 소스가 주로 사용된다.

돈카쓰의 원료로 사용되는 돼지 등심은 고기의 질이 너무 부드럽기 때문에 서양에서는 요리의 소재로는 잘 사용되지 않고 햄이나 소시지의 원료로 사용되는 것이 일반적이다. 그러나 돈카쓰의 경우는 이 부드러움을 장점으로 살려 두꺼운 살코기를 이용한 것이 특징이다. 두꺼운 살코기를 익히기 위해 고안된 조리 방법이 저온에서 장시간 튀기는 가열 방법이다. 등심의 퍽퍽한 느낌을 보완하기 위해 입자가 큰 빵가루를 입혀 바삭바삭하게 튀겨내었다.

데미글라스소스의 '데미(demi)'는 프랑스어로 '절반(1/2)'을 나타내는 형용사이며, 데미글라스소스는 브라운스톡(brown stock)과 에스파뇰소스(Espagnoll Sauce)를 1:1로 섞은 후 그 양이 반으로 줄어들 때까지 졸여서 만든다. 우스터소스는 식초, 타마린드 추출액, 고추 추출액, 설탕, 앤초비, 향신료 등을 섞어서 숙성시켜 만든 소스로서 영국의 우스터(Worcester)시에서 처음 만들어졌다. 이 소스는 19세기 말에 일본에 전해졌으며, 영국식 우스터소스는 일본인의 입맛에 맞지 않았기 때문에 일본식으로 개량되어 일본에서 서양요리의 기본 소스로 자리 잡게 되었다.

돈가스가 한반도에 처음 들어온 것은 일제강점기 때이나, 본격적으로 알려지기 시작한 것은 경양식집이 널리 생기기 시작한 1960년대의 일이다. 경양식(輕洋食)의 사전적 의미는 '간단한 서양식 일품요리(一品料理)'이지만, 사실은 일본식으로 변형된 양식(洋食)을 의미한다. 최초의 경양식집은 1925년 서울역의 전신인 경성역의 준공과 함께 역사 내 식당으로 개업한 '그릴(GRILL)'이다. 그릴은 서울역과 연결된 롯데아울렛 4층의 이벤트홀에서 현재도 영업하고 있다.

경양식집은 포크와 나이프를 사용하여 서양식 식당임을 내세웠지만 일본의 영향을 받아 밥이 곁들여져 나오고, 심지어 단무지까지 제공되었다. 경양식집에서 팔던 돈가스, 비프가스, 함박스테이크, 오므라이스 등은 모두 서양 요리를 변형시켜 만든 일본 음식이었다. 그러나 우리나라의 경양식집에서 팔던 돈가스는 일본의 돈카쓰(とんかつ)와는 여러 면에서 차이가 있었다.

우선 두께에 있어서 일본은 두툼하였으나, 경양식집에서는 돼지고기를 고기망치로 두들겨 펴서 얇고 넓적하였다. 일본에서도 처음 돈가스가 나왔을 때는 원조인 포크커틀릿(pork cutlet)의 요리법에 따라 납작한 형태였다. 일본에서는 원형이 사라진 반면 우리나라 경양식집에서 오히려 원형이 유지되었던 것이다. 또한 경양식집에서는 절대 썰어서 나오지 않아 미리 썰어서 나오는 일본과는 차이가 있었다.

또한 일본에서는 소스를 별도로 제공하여 찍어먹도록 하거나 약간만 얹는 데 비하여, 경양식집에서는 소스를 듬뿍 끼얹어서 나오는 것도 차이점이었다. 소스의 경우 일본의 영향을 받아 우스터소스 계통의 소스를 사용하였으나, 소스의 점도나

맛은 일본에 비해 연한 편이었다. 또한 경양식집에서는 미소시루 대신에 수프가 나왔으며, 단무지와 함께 김치가 제공되었다.

1960년대부터 알려지기 시작한 돈가스는 경양식이 유행하던 1970~1980년대에 전성기를 이루게 된다. 당시에는 외식하면 돈가스를 생각할 정도로 인기가 있었으며, 서양음식의 대표로 꼽혔다. 1990년대 초까지만 하여도 어린이들이 먹고 싶어 하는 음식에 대한 설문조사에서 1위를 할 정도로 선호되었으나, 그 이후 급격히 인기가 시들게 되었으며, 경양식집도 사라지게 되었다. 경양식집은 지금은 거의 자취를 감추었지만 몇몇 남아있는 곳은 전통과 추억의 장소로 명맥을 유지하고 있다.

돈가스가 급격하게 하락한 원인은 여러 가지가 거론되고 있으며, 그중에서도 1988년 서울올림픽을 계기로 급격하게 성장한 국내 외식시장의 변화에 적절하게 대응하지 못한 것이 지적되고 있다. 햄버거, 피자, 프라이드치킨 등 새로운 외식거리가 생겨났으며, 이와 함께 경양식집 대신에 패밀리레스토랑이 유행하면서 돈가스의 설 자리가 점점 줄어들게 되었다.

이런 와중에 돈가스 시장은 신제품을 내놓지 못하고, 업소의 난립과 이에 따른 가격 경쟁으로 냉동재료를 사용하는 등 맛과 품질이 떨어지게 되어 높아진 고객의 수준에 부응하지 못하여 외식시장에서 밀려나게 되었다. 경양식집의 단골메뉴이던 돈가스나 오므라이스 등은 분식점이나 휴게소에서 취급하는 간단한 식사 메뉴로 전락하게 되었다.

한편 경양식집에서 팔던 돈가스는 택시기사들이 자주 이용하는 기사식당에서도 명맥을 이어가고 있다. 기사식당의 돈가스가 언제부터 시작됐는지에 대한 기록은 남아있지 않다. 우리나라에 택시가 도입된 것은 1920년대지만 그 수가 많지 않았고 본격적으로 영업용 택시가 많아지기 시작한 것은 1960년대이기 때문에 이 시기에 기사식당도 생겨났을 것으로 추정된다. 그러나 초창기의 기사식당에서는 찌개나 탕류에 밥을 곁들이는 것이 주력이었으며, 돈가스가 메뉴로 등장한 것은 1980년대로 추정된다.

1981년 통행금지 제도가 해제되자 12시 이후의 심야에도 영업을 하는 택시가 늘어나기 시작하였고, 간단하게 밤참을 먹는 운전기사를 위한 기사식당도 우후죽순처럼 생겨났다. 이에 따라 식당 간의 경쟁이 심해지고 새로운 메뉴를 개발하려는 노력의 일환으로 돈가스가 채택되었을 것이다. 기사식당의 돈가스는 빨리 조리할 수 있도록 더욱 얇아졌으며 밥과 국, 그리고 고추를 곁들이는 모양을 갖춰갔다.

2010년대에 들어서면서 돈가스 시장은 새로운 변화를 맞이하였다. 향수를 자극하는 복고열풍을 타고 돈가스는 추억의 메뉴로 주목 받게 되었다. 그러나 현재 국내에서 영업하고 있는 돈가스 전문점은 대부분 일본식 돈가스를 판매하고 있다. 일본의 돈가스 전문점이 국내에 체인점을 내거나 일본에서 직접 기술을 배워온 사람들이 일본식 돈가스를 판매하기도 한다.

40.
스파게티

　중국 식당이나 일본 음식점에 비해 상대적으로 덜 보편화되어 있기는 하나 2000년대 이후로 서양식 레스토랑이 증가하기 시작하였으며, 그중에서도 스파게티를 메인 요리로 하는 이탈리안 레스토랑이 눈에 띠게 증가하고 있다. 스파게티는 피자와 더불어 이탈리아를 대표하는 음식이며, 최근에는 집에서 직접 요리를 해먹는 소비자들까지 늘며 20~30대 여성뿐만 아니라 다양한 연령층이 즐기는 음식이 되었다.

　우리나라에서는 파스타(pasta)와 스파게티(spaghetti)의 차이를 구분하지 못하고 혼동하여 사용하는 사람들이 많으나, 파스타는 밀가루를 계란에 반죽하여 만든 300가지가 넘는 이탈리아식 면류 전체를 의미하며, 스파게티는 그중 하나일 뿐이다. 스파게티는 우리나라의 국수와 비슷한 면 그 자체 또는 그를 이용한 면 요리를 말한다.

파스타의 기원은 매우 오래되었으며, 정확히 언제 어디에서부터 만들기 시작하였는지는 알 수 없다. 『동방견문록』을 남긴 마르코 폴로(Marco Polo)가 1295년 이탈리아의 베네치아(Venezia)로 돌아올 때 중국으로부터 면 제조법을 가지고 왔다는 설이 있으나, 그 이전에 시칠리아(Sicilia)에서 이미 파스타를 생산하고 있었다는 것이 밝혀지면서 사실이 아닌 것으로 판명났다.

시칠리아는 지중해의 중앙부에 위치한데다 이탈리아 반도와 북아프리카 사이에 위치하고 있어 예로부터 전략적 요충지로 꼽혀 역사적으로 지배 세력이 숱하게 바뀌어온 지역이다. 800년~909년의 약 100년 동안은 이슬람 국가인 아글라브 왕조(Aghlabid dynasty)에 의한 통치를 받았고, 이 시기에 아랍인들에 의해 면 제조법이 전해졌다고 한다.

밀의 곡창지대였던 시칠리아에서는 건조 파스타의 제조 방법이 발달하였으며, 12세기경에는 인근의 여러 지역으로 수출할 정도로 대량 생산되었다고 한다. 이런 이유로 시칠리아를 파스타의 기원으로 보는 견해도 있다. 현재도 시칠리아는 이탈리아 내에서도 파스타를 가장 많이 먹는 곳으로 유명하다.

면 형태의 파스타는 아니지만 밀가루 반죽을 넓게 편 라자냐 비슷한 음식은 시칠리아의 건조 파스타보다 훨씬 먼저 있었다. 지금의 이탈리아 토스카나(Toscana)주에 해당하는 에트루리아(Etruria) 왕국의 기원전 4세기 무덤에서 밀가루 반죽을 만드는 도구가 발견되었고, 벽화에는 반죽을 미는 여성의 그림이 있어 이 시기에 이미 일상화되어 있었음을 알 수 있다. 이상과 같이 파스타의 기원에 대해서는 몇 가지 설이 있으나 아직까지 확정적으로 증명된 것은 없으며, 아주 오랜 옛날부터 먹어왔던 요리임에는 틀림이 없다.

시칠리아에서 확립된 국수 형태의 건조 파스타 제조 방법은 제노바(Genova)를 거쳐 이탈리아 중부와 북부 내륙까지 전파된 것으로 추정된다. 해상무역의 거점이었던 제노바는 파스타를 지중해 전역에 전파하는 데 큰 몫을 했다. 제노바는 16세기부터 건조 파스타를 생산, 수출하는 주요 지역이 되었으며, 1574년에는 최초로 파스타 제조업자들의 조합이 설립되기도 하였다.

시칠리아, 제노바와 함께 파스타의 발전에 큰 역할을 한 곳으로 나폴리(Napoli)가 있다. 나폴리에서는 17세기 초에 파스타 압축기가 발명되었으며, 18세기에는 토마토소스가 사용되면서 파스타 요리는 더욱 다양하고 풍부해졌다. 파스타가 크게 발달한 시칠리아, 제노바, 나폴리 등 세 지방의 공통점은 모두 바다에 인접하였다는 것이다. 건조기계가 발명되기 전까지 파스타는 긴 막대기에 걸어서 자연 건조시켰는데, 세 지방은 바다로부터 불어오는 해풍 덕분에 면을 건조시키기기에 유리하였다.

  파스타를 만들 때는 듀럼밀(durum wheat)을 사용하며, 듀럼밀은 보통의 밀에 비하여 글루텐(gluten)의 함량이 높은 경질밀로서 접착력이 강하여 파스타를 만들기에 적당하다. 듀럼밀에는 당근 등에 있는 카로티노이드(carotenoid) 색소가 많이 들어 있어서 듀럼밀로 만든 파스타는 밝은 노란색을 띠게 된다. 듀럼밀의 생육 조건은 고온·건조한 지중해성 기후에 적합하여 주로 지중해 연안에서 재배되어 왔으며, 이 때문에 이탈리아에서는 빵보다 파스타가 발달하게 된 것이다.

  1861년 이탈리아의 통일이 이루어지고 지역 간 교류가 활발해지면서 파스타는 이탈리아 전역으로 퍼져 나가 지역마다 독특한 형태로 발전하였으며, 유럽의 여러 나라에도 전파되었다. 기계가 발명되기 전까지 파스타는 사람의 힘으로만 만들어졌으며, 17세기 초 나폴리에서 파스타 압축기가 발명되었으나, 18세기 중반까지도 파스타를 만드는 데에는 수작업이 훨씬 많았다.

  산업혁명의 결과 파스타 제조기계가 개량되고, 19세기에는 파스타 공장도 설립되어 대량생산이 되면서 저렴한 가격에 널리 보급되었다. 20세기 초에는 인공건조기가 발명되어 파스타의 혼합, 반죽, 성형, 건조까지 일체의 공정이 연속적으로 이루어지는 생산방식이 확립되었다. 대표적인 파스타의 종류를 보면 다음과 같다.

- 국수형 파스타: 국수형 파스타의 대표적인 것이 스파게티이다. 스파게티란 이름은 '끈' 또는 '가는 줄'을 의미하는 이탈리아어 '스파고(spago)'에서 유래하였고, 1.8~2.0㎜ 정도 굵기의 면이다. 스파게티는 '베르미첼리(vermicelli)'라고 부르기도 하며, 굵기에 따라 3번, 5번, 7번 하는 식으로 분류하기도 한다. 스파게티와 비슷하면서 1.3~1.5㎜ 정도로 가는 것은 '스파게티니(spaghettini)'라고 하며, 2.0~2.2㎜ 정도로 굵은 것은 '스파게토니(spaghettoni)'라고 부른다.

  '카펠리니(capellini)'는 아주 가늘고 긴 파스타이며, '천사의 머리카락'이라는 의미의 '카펠리 디 안젤로(capelli d' angelo)'라는 이름으로도 불린다. 보통 둥글게 말려 있으며, 주로 육수나 콘소메(consommé)에 넣어 먹는다. '링귀네(linguine)'는 스파게티를 눌러놓은 듯한 납작한 모양의 파스타이며, '바베테(bavette)'라고도 부른다. 링귀네보다 약간 넓은 것은 '트레네테(trenette)'라고 한다.

- 구멍이 뚫린 파스타: 면의 죽심부에 구멍이 뚫린 가는 빨대 모양을 히고 있는 파스타는 '부카티니(bucatini)'라고 부른다. 지름이 1㎝ 정도로 부카티니보다 굵은 튜브 모양의 것은 '부카토니(bucatoni)'라고 하며, '지티(ziti)'

라고도 한다. 지티는 신부를 뜻하는 '지타(zita)'에서 유래되었으며, 이것은 부카토니가 결혼연회에 쓰이는 전통적인 파스타였기 때문이다.

■ 튜브 모양의 쇼트 파스타: 얇고 긴 튜브를 짧게 잘라놓은 것 같은 모양을 하고 있는 파스타이며, 대표적인 것으로 마카로니(macaroni)가 있다. 마카로니는 영어이며, 이탈리아에서는 '마케로니(maccheroni)'라고 한다. 마카로니는 대롱 모양의 쇼트 파스타이며, 보통은 한쪽 방향으로 굽어 있는 것이 일반적이다. 가장 대표적인 쇼트 파스타이기 때문에 우리나라에서는 펜네, 푸질리 등 다른 쇼트 파스타도 그냥 통틀어서 마카로니로 부르는 경우도 있다.

'펜네(penne)'는 양끝이 사선 모양으로 잘려 있는 쇼트 파스타이며, 길이나 크기, 줄무늬 유무에 따라 다양한 종류가 있다. 크기가 작은 것은 '펜니네(pennine)', 큰 것은 '펜노니(pennoni)'라고 부르며, 줄무늬가 있는 것은 '리가테(rigate)', 없는 것은 '리쉐(lisce)'라는 말이 붙는다. 줄무늬가 있는 것 중에서 사선으로 자르지 않고 반듯하게 자른 것은 '리가토니(rigatoni)'라고 부른다.

■ 독특한 모양의 쇼트 파스타: 비틀려 꼬인 모양을 하고 있으며 '후실리'라고 표기되기도 하는 '푸질리(fusilli)', 나비넥타이 모양의 '파르팔레(farfalle)', 조개 모양의 '콘킬리에(conchiglie)', 달팽이 모양의 '루마케(lumache)', 마차

바퀴 모양의 '루오타(ruota)', 귀와 같은 모양의 '오레키에테(orecchiette)' 등 여러 가지가 있다.

■ 반죽을 칼로 잘라 만드는 파스타: 얇게 민 반죽을 칼국수처럼 칼로 잘라서 너비가 2mm 정도로 가는 것은 '탈리올리니(tagliolini)'라고 하며, 너비가 5~8mm 정도로 만든 것은 '탈리아텔레(tagliatelle)'라고 한다. 계란을 넣어 노란색의 것과 시금치를 넣어 초록색인 것 두 가지 색이 섞여 있는 탈리아텔레는 '팔리아 에 피에노(paglia e fieno)'라고 한다.

탈리아텔레보다 더 넓게 잘라 폭이 2~3cm 정도 되는 것은 '파파르델레(pappardelle)'라고 하며, 보통 가장자리를 톱니 모양으로 자르기도 한다. 넓적한 판 모양의 넓은 파스타는 '라자냐(lasagna)'라고 하며, 라자냐 중에는 가장자리에 물결무늬가 있는 것도 있다.

■ 만두형 파스타: 납작하게 민 반죽을 적당한 크기로 자른 후 속을 채우고 반달형, 사각형, 삼각형 등으로 납작한 만두 모양으로 빚어 만드는 파스타로서 '라비올리(ravioli)', '판소티(pansotti)', '토르텔리(tortelli)', '토르텔리니(tortellini)', '카펠레티(cappelletti)' 등이 있다.

■ 기타 파스타: 우리나라의 수제비와 비슷한 '뇨키(gnocchi)'는 삶은 감자와 밀가루를 섞어 반죽한 후 둥글게 빚은 형태의 파스타이다. 주로 수프 등에

넣어 먹는 미니 파스타들은 '파스티네(pastine)'라고 부르며, 다양한 모양에 따라 재미있는 이름으로 불린다.

이탈리아에서는 스파게티를 식사의 첫 코스로 먹지만 우리나라에서는 코스요리가 아니라 일품요리(一品料理)로 제공되는 것이 보통이다. 우리나라에서 가장 오래된 이탈리안 레스토랑은 1967년에 문을 연 '라칸티나(La Cantina)'이다. 서울 중구 을지로의 서울시청 부근에 있는 이 식당은 지금도 영업을 하고 있다.

이탈리안 레스토랑이 본격적으로 생기기 시작한 것은 1990년대 중반부터이며, 스파게티는 치즈, 브로콜리, 토마토, 올리브유 등 건강에 좋다고 알려진 식자재들을 넣어서 만들기 때문에 건강지향적인 시대 분위기에도 맞아 매년 그 점포수가 증가하고 있다.

우리나라에 도입된 스파게티는 종주국인 이탈리아가 아니라 일본과 미국을 통해서 들어왔기 때문에 면을 충분히 삶고, 소스도 많이 뿌리는 스타일로 변형됐다. 이탈리아에서는 면을 삶을 때 가운데에 심이 있는 듯한 식감이 느껴지도록 약간 덜 익힌 상태로 하며, 이런 상태를 '알 덴테(al dente)'라고 한다. 면에 뿌리는 소스의 양도 적어 오랫동안 씹어야 삼킬 수 있다.

우리나라에서는 스파게티가 분위기 있는 고급 레스토랑에서 먹는 비싼 요리로 인식되고 있으나, 실상은 면과 소스 등의 재료 비용이 저렴하고 매우 간단하게 요리해서 먹을 수 있는 음식이어서, 서양 문화권에서는 우리가 라면을 먹듯이 매우 흔하고 서민적인 음식이다. 스파게티는 곁들이는 소스에 따라 여러 종류로 나누어지는데, 대표적으로 다음과 같은 종류가 있다.

■ 토마토 스파게티(spaghetti al pomodoro): 나폴리를 대표하는 음식으로 토마토소스를 넣어 만든 스파게티이다. '포모도르(pomodoro)'는 토마토를 의미하는 이탈리아어이다. 스파게티를 생각하면 가장 먼저 '붉은 소스와 버무려진 음식'을 생각할 정도로 토마토소스는 세계적으로 가장 많이 사용되는 스파게티소스이다.

■ 나폴리탄 스파게티(Napolitan spaghetti): 나폴리탄(Napolitan)이라는 이름이 붙어서 정통 나폴리 음식일 것이라고 생각하기 쉽지만, 사실은 일본에서 만들어진 음식이며, 이탈리아 사람들은 이런 요리를 잘 모른다고 한다. 우리나라 학교 급식에도 자주 나오는 나폴리탄 스파게티는 식용유에 볶은 스파게티 위에 양파, 버섯, 소시지, 미트볼 등이 간단한 건더기를 추가한 후 케첩을 부은 것이다.

　나폴리탄 스파게티는 미국으로 이민을 온 나폴리 지방 사람들이 토마

토 대신 토마토케첩을 사용해 요리를 한 것이 기원으로 알려져 있다. 미국에서 변형된 스파게티 요리가 태평양전쟁 종전 직후 일본으로 전해졌다. 당시 일본에 주둔하였던 미군은 단체급식으로서 삶은 스파게티에 케첩을 부어서 먹었으며, 이것을 본 일본 사람들이 일본식으로 개량한 것이 '나폴리탄 스파게티(ナポリタン スパゲッティ)'이며, 1960년대 중반에는 일본의 일반 가정집에서도 요리해 먹을 정도로 일반화되었고, 지금도 외식 메뉴로 자주 등장한다.

■ 카르보나라 스파게티(carbonara spaghetti): 외래어 표기법에 따르면 '카르보나라'가 맞지만 '까르보나라'라고 표기하는 사람이 더 많다. 전통적인 이탈리아 카르보나라 스파게티는 크림이나 우유 등은 들어가지 않고, 계란, 베이컨, 치즈 등으로 맛을 내고 후추를 뿌린 것이나, 미국에서 변형되어 크림을 넣게 되었으며, 우리나라에서는 크림을 넣은 미국식 요리가 일반적이다.

이탈리아어로 '카르보나라(carbonara)'는 '석탄 광부'라는 의미이며, 석탄을 캐던 광부들이 오랫동안 보존할 수 있도록 소금에 절인 고기와 달걀만으로 만들어 먹기 시작한 것이 카르보나라 스파게티의 시초이다. 광부들이 이 음식을 먹다가 몸에 붙어 있던 석탄가루가 접시에 떨어진 것에 착안해서 굵게 으깬 후춧가루를 뿌려먹게 되었다는 설도 있다.

■ 로제 스파게티(rose spaghetti): 크림소스와 토마토소스를 혼합하여 만든 로제소스(rose sauce)로 만든 스파게티이다. 장미를 뜻하는 'rose'는 이탈리아어로는 '로제'라고 발음되며, 로제소스는 흰색의 크림소스와 붉은색의 토마토소스를 혼합하여 장밋빛(핑크색)이 되기 때문에 이런 이름이 붙었다.

■ 알리오올리오 스파게티(spaghetti aglio e olio): 이탈리아어로 '알리오(aglio)'는 '마늘'을 의미하며, '올리오(olio)'는 '기름'을 의미한다. 마늘을 썰어 올리브유에 넣고 볶아서 올리브유에 마늘향을 배게 하여 만든 소스에 스파게티를 넣어 조리한 가장 단순한 형태의 스파게티 요리이다.

　나폴리 지방에서 기원한 것으로 가장 전형적인 파스타로 여겨진다. 페페론치노(pepperoncino), 파슬리 등의 향신료를 더할 수도 있으나 어디까지나 기본은 마늘과 올리브유이다. 소스에 별다른 재료가 들어가지 않기 때문에 질 좋은 올리브유를 사용해야 제대로 된 맛을 낼 수 있다.

■ 봉골레 스파게티(vongole spaghetti): 이탈리아어로 '봉골레(vongole)'는 '조개'라는 뜻이다. 별다른 소스를 이용하지 않고 조개와 조개 국물을 기본으로 해서 만드는 스파게티이다. 조개의 비린 맛을 없애기 위해 마늘, 화이트와인 등을 사용한다.

41.
카레

　본래 외국 음식이지만 우리의 식생활에 깊숙이 스며든 것 중에 카레가 있다. 어린이뿐만 아니라 어른들도 좋아하여 가정에서도 자주 해먹고 단체급식 메뉴로도 이용되는 대중화된 음식이 되었다. 특별한 요리 실력이 없어도 누구나 간단히 만들 수 있고, 김치 하나면 있으면 별다른 반찬이 없어도 한 끼를 해결할 수 있어서 특히 혼자 사는 사람에게 인기가 있다.

　카레는 영어 '커리(curry)'를 일본어에서 '카레(カレー)'라고 한 것을 그대로 받아들인 이름이다. 〈식품공전〉에서는 카레와 커리를 병기하고 있으나, 표준어는 카레이다. 커리의 어원에 대하여는 여러 가지 설이 있으나, 남인도의 타밀(Tamil)족 언어로 '소스'라는 뜻의 '카리(kari)'가 영국으로 전해지며 커리(curry)가 되었다는 주장이 가장 널리 인정되고 있다.

　커리는 인도에서 유래되어 영국에서 확립된 음식이지만 정작 인도에는 커리라는 이름의 요리는 없다고 한다. 외국인들이 인도의 카레요리라고 부르는 것들을 인도에서는 사그(saag), 삼발(sambal), 달(dhal), 코르마(korma) 등 각각 고유의 명칭으로 부른다.

인도의 혼합향신료인 마살라(masala)를 넣어 만든 요리를 통틀어 영국에서 커리라고 부른 것이 널리 전파되어 굳어진 것이다. 마살라는 인도의 각 가정에서 일상적이고 흔히 사용하는 식재료이며, 지역에 따라서 또는 가정마다 혼합하는 향신료가 다르기 때문에 그 종류는 수없이 많다.

열대지방인 인도는 본래 후추, 바질, 카르다몸, 시나몬 등 여러 향신료의 원산지이고, 음식의 부패를 막고 입맛을 돋우느라 고대로부터 향신료를 많이 사용하였다. 인도는 인류의 4대문명 발상지 중의 하나로서 다른 문명권과의 교류도 활발하였으며, 다른 문명권과의 무역을 통하여 향신료의 종류는 더욱 다양해지게 되고 이를 이용한 요리도 발달하게 되었다. 인도의 향신료를 이용한 요리는 포르투갈의 바스코 다 가마(Vasco da Gama)가 1497년 인도로 가는 뱃길을 개척한 이후 서양에 알려지게 되었다.

유럽에서 카레에 관한 문헌상 최초의 기록은 포르투갈의 의사이자 약초학자인 가르시아 드 오르타(Garcia de Orta)가

1563년에 저술한 인도의 약초, 향신료에 대한 책인『Colóquios dos simples e drogas da India』에 나오는 'caril'이라는 요리이다.

영국의 요리책에 카레가 언급된 것은 1747년에 발간된 한나 글라세(Hannah Glasse)의『The Art of Cookery made Plain and Easy』라는 책이다. 이 책에서는 'To make a Currey the India way'라는 타이틀로 카레 요리를 소개하고 있으며, 'curry'가 아닌 'currey'로 되어있다.

그러나 이 책에서 소개한 요리법은 "후추 30개, 쌀 1큰숟가락, 코리안더를 적당량을 볶다가 으깨서 고기에 바르고 물을 부어 끓인다"고 되어 있어 오늘날의 기준으로는 카레라고는 볼 수 없는 것이었다. 그러나 요리책에 카레를 언급할 정도로 인도의 향신료를 사용한 요리가 당시 영국인에게 널리 알려져 있었음을 알 수 있다.

영국에서 최초로 'curry'라는 단어가 등장하는 것은 1784년 《Morning Post》라는 신문에 실린 동인도에서 가져온 카레분(curry powder)에 대한 광고이다. 정확한 최초 판매 시기는 알 수 없으나 '크로스 앤드 블랙웰(Crosse & Blackwell, C&B)'이라는 영국 식품회사가 '시앤비 커리파우더(C&B curry powder)'라는 제품을 생산한 것도 이 무렵의 일이다. C&B는 가정에서 쉽게 사용할 수 있는 혼합향신료를 처음 판매한 회사로 알려져 있다.

18세기 말 영국에서 카레분에 대한 수요가 증가하였으나 인도 사람들처럼 다종다양한 향신료를 사용하는 것은 매우 어려운 일이었다. 그러나 C&B의 커리파우더가 나온 뒤에는 손쉽게 이용할 수 있게 되었으며, 커리파우더를 이용한 카레요리는 영국의 식생활에 정착하게 되었다.

영국에서 유행하기 시작한 카레는 유럽의 다른 나라에도 전파되었으며, 소스를 중요시하는 프랑스 요리의 영향을 받아 루(roux)를 사용하여 카레에 점성을 부여하는 요리법이 생겨나게 되었다. 이 때문에 카레를 카레소스(curry sauce)라고 부르기도 한다.

우리나라의 〈식품공전〉에서는 카레를 "향신료를 원료로 한 카레분 또는 이에 식품이나 식품첨가물 등을 가하여 만든 것을 말한다"고 정의하고 있으며, 식품 유형은 '카레분'과 '카레'로 나누고 있다. 카레분은 "강황, 생강, 고수, 쿠민 등의 천연향신식물을 원료로 하여 건조·분말로 가공한 것을 말한다"고 정의하고 있으며, 카레는 "카레분에 식품이나 식품첨가물 등을 가하여 만든 것(고형 또는 분말제품은 카레분 5% 이상, 액상제품은 카레분 1% 이상이어야 한다)을 말한다"고 정의하고 있다.

〈식품공전〉에서 말하는 카레분은 '순(純)카레'라고도 하며, 커리파우더(curry powder)를 말한다. 건조된 천연향신료 10종 이상을 분말로 만든 후 혼합하여 3~6개월간 숙성시킨 후 사용하거나 제품화한다. 일반 소비자가 카레분을 사용하여 직접 조리하여 먹는 것은 번거롭기 때문에 카레분, 밀가루, 식염, 설탕, 조미료 등을 식용유지에 볶아서 쉽게 조리할 수 있도록 제품화한 것이 일반적으로 말하는 카레이다.

일반카레는 분말카레와 고형카레로 구분할 수 있다. 분말카레는 그냥 물을 부으면 잘 풀리지 않기 때문에 미리 물에 개어서 사용하여야 되는데, 이런 불편을 해소하고 블록으로 되어있어 사용량을 쉽게 조절할 수 있도록 한 것이 고형카레이다. 고형카레는 분말카레에 비해 카레분의 함량이 낮고, 고형화하기 위해 상온에서 고체인 팜유 등의 식용유지 함량을 높였다.

〈식품공전〉에서 말하는 액상제품은 레토르트카레를 의미한다. 분말카레나 고형카레로 요리를 하려면 카레 외에도 양파, 감자, 당근 등의 채소와 소고기, 돼지고기, 닭고기 등의 육류를 별도로 준비하여야 하나, 레토르트카레는 이런 재료도 함께 넣어 익힌 것으로서 소비자는 단순히 데우기만 하면 바로 식용으로 할 수 있는 타입의 카레이다.

카레는 한 마디로 정의하기 어렵고 정해진 레시피도 없으며,

인도에서 사용하는 다양한 향신료의 맛을 그대로 살리기보다는 각 나라의 현실에 맞게 현지화되어 발달하였다. 카레가 일본에 전해진 것은 19세기 중후반의 일이었다. 1859년에 요코하마(橫浜)가 개항되면서 이곳에 왕래가 잦았던 서양인들에 의해 카레가 소개되었고, 일부이기는 하나 일본인에게도 서양요리의 하나로서 소비되기 시작하였다.

일본에 전해진 카레는 쌀을 주식으로 하는 일본인에 의해 '카레라이스(カレーライス)'라는 새로운 음식으로 변형되었다. 영국 커리스튜(curry stew)의 영향을 받았으나 카레라이스는 일본 고유의 요리라고 분류해도 좋을 만큼 일본적인 음식이다. 스튜에 비해 고기의 양을 줄이고 감자, 당근, 양파와 같은 채소를 많이 넣었으며, 밀가루를 사용하여 점도를 높인 카레소스를 밥 위에 얹어 먹는 요리로 바꾸었다. 지금은 일본의 남녀노소 누구나 좋아하는 가장 대중적인 음식이 되었으며 카레우동, 카레라면, 카레빵, 카레고로케 등 다양한 응용 식품도 생겨났다.

1905년 일본에서 최초로 자체 제조한 카레분이 오사카(大阪)의 야마토야(大和屋)라는 곳에서 판매되기 시작하였다. 최초의 즉석카레에 대한 기록은 1906년 《요미우리신문(読売新聞)》에 실린 도쿄의 잇칸도(一貫堂)라는 곳의 '카레라이스노타네(カレーライスのたね)'라는 제품에 대한 광고이다. 현재 일본에는 여러 카레 회사가 있으나 에스비식품(エスビー食品/S&B食品)과 하우스식품(ハウス食品) 두 회사가 시장을 지배하고 있다.

우리나라에 카레가 전해진 것은 일제강점기 때이며, 《동아일보》의 1925년 4월 8일자에는 카레라이스 요리법을 소개하는 기사가 실리기도 하였다. 1930년대의 신문기사를 보면 카레라이스가 전국적으로 보급되기는 하였으나, 당시에는 서양식 식당에서나 먹을 수 있는 고급 요리였기 때문에 일부 부유층이나 먹을 수 있었다. 1940년대에는 일본의 에스비카레, 하우스카레 등이 판매되어 일반 서민들도 카레라이스를 먹을 수 있게 되었다.

그러나 본격적으로 카레가 대중화된 것은 1969년 오뚜기의 전신인 풍림상사(豊林商社)에서 '오뚜기즉석카레'라는 분말카레를 판매하면서부터이다. 대부분의 자료에서 우리나라에서는 오뚜기가 최초로 카레를 만들기 시작하였다고 소개하고 있으나, 실은 그보다 2년 앞선 1967년에 한국에스비식품에서 카레를 생산하기 시작하였다. 한국에스비식품은 현재도 카레를 생산하고 있으나, 판매량이 많지 않기 때문에 잘 알려져 있지 않다.

오뚜기에서는 1년 뒤인 1970년에 고형카레를 출시하고, 1971년에는 순카레분도 출시하였으나, 크게 호응을 얻지 못하고 여전히 분말카레가 주종을 이루었다. 일본에서는 카레라 하면 고형카레를 생각할 만큼 고형카레가 일반적인데, 우리나라에서는 분말카레가 더 보편적이다.

분말카레가 널리 사용되는 이유에는 제조업체의 품질개선을 위한 노력도 한몫을 하였다. 기존의 분말카레는 고운 가루 형태여서 물에 넣으면 뭉쳐버려 잘 풀어지지 않는 것이 가장 큰 단점이었다. 이런 단점을 극복하기 위해 요즘은 작고 균일한 크기의 과립(顆粒) 형태로 변형하여 용해성을 개선한 제품이 판매되고 있다. 과립은 영어로는 '그래뉼(granule)'이라고 하며, 그래뉼 분말은 물에 넣으면 쉽게 풀린다.

1981년 오뚜기는 '3분카레'라는 이름으로 레토르트카레를 출시하였다. '3분카레'는 우리나라 최초의 가정간편식(HMR)으로 평가되고 있으며, 그 간편성 때문에 빠르게 성장하여 카레 시장을 재편하였으나, 아직도 분말카레는 카레 시장에서 상당한 부분을 차지하고 있다. 최근에는 카레의 종류도 다양해지고 맛에 있어서도 차별화된 신제품들이 출시되고 있으나, 우리나라의 카레 시장은 여전히 오뚜기에 의해 주도되고 있다.

2001년 영국의 공영방송사인 BBC에서 카레가 치매 예방에 좋고, 특히 주성분인 강황은 암세포 억제 효능이 있다는 연구 결과를 방송하여 카레의 건강적인 측면이 크게 부각되면서 판매량이 급증하기도 하였다. 요즘은 코로나 사태로 레토르트카

레의 판매량이 증가하기도 하였으나, 카레를 대체할 다양한
HMR제품이 등장하면서 상대적으로 카레 시장은 보합세를 보
이거나 오히려 위축되는 추세이다.

42.
케첩

　케첩(ketchup)은 과일, 채소 등을 끓여서 걸러 낸 것에 설탕, 소금, 향신료, 식초 등을 섞어서 졸인 소스이다. 토마토뿐만 아니라 모든 채소나 과일을 활용하여 만들 수 있으나, 전세계적으로 토마토로 만든 케첩이 가장 일반적이기 때문에 그냥 케첩이라고 말할 때에는 토마토케첩을 의미하는 경우가 많고, 우리나라도 예외는 아니다. 케첩, 케챂, 케찹, 케찲 등으로 다양하게 표기되고 있으나, 케첩이 표준어로 되어있다.

　오늘날 케첩은 서양의 소스로 인식되고 있으나, 사실 그 기원은 중국 남부에서 비롯되었다. 중국 남부의 푸젠성(福建省), 광둥성(广东省) 지역의 사람들은 오랜 옛날부터 생선이나 조개에 소금, 식초, 향신료 등을 넣고 발효시켜 굴소스(oyster sauce)와 비슷한 것을 만들어 조미료로 사용하였으며, 한자로는 규즙(鮭汁)이라고 하였다. '규(鮭)'는 복어나 연어를 의미하는 한자지만,

일반적으로 중국요리에서는 생선류로 만든 음식에 쓰는 한자이다. '즙(汁)'은 국물이라는 뜻이니 규즙은 '생선으로 만든 국물', 즉 액젓(魚醬, fish sauce)이라는 의미이다.

이런 식품은 동남아시아에서 보편적으로 나타나는 것으로 우리나라의 멸치액젓이나 새우젓, 태국의 남쁠라(nam pla), 베트남의 느억맘(nuoc mam), 필리핀의 파티스(patis) 등도 유사한 식품이다. 규즙은 17세기 말레이반도 및 싱가포르에 진출해 있던 동인도회사를 통하여 영국에 전해졌다.

규즙(鮭汁)의 발음은 중국표준어인 베이징어로는 '꾸이지(guīzhī)'이지만 푸젠성이나 광둥성 방언인 민남어(閩南語) 발음은 영국 무역상에게는 '케치압(Ketsiap)', '키찹(kitsiap)', '쾨챱(koechiap)' 등으로 들렸으며 이와 유사한 여러 이름으로 기록되었다.

영국으로 건너간 규즙은 동양의 신비로운 소스로 인기가 있었으나 가격이 비쌌기 때문에 영국에서 구할 수 있는 다양한 식재료로 그 맛을 재현하기 위해 노력하게 되었다. 조리법을 명확하게 몰랐기 때문에 안초비, 버섯, 호두, 굴 등을 넣어 시도하였으며, 초기에 유행한 형태는 버섯을 주재료로 한 갈색의 소스였다. 규즙과 주재료 및 제조 방법은 다르지만 공통점은 오랜 저장성과 감칠맛이었다. 현재 세계적으로 토마토케첩이 대부분이지만 지금도 영국에서는 양송이케첩(mushroom ketchup)이 많이 사용된다.

1960년대에 출판된 사전에서 이 소스의 이름은 'catchup' 또는 'ketchup'으로 기록되어 있다. 영국에서 케첩의 레시피가 적힌 최초의 기록은 1727년 런던에서 발행된 엘리자 스미스(Eliza Smith)의 『Compleat Housewife(완벽한 주부)』라는 요리책이다. 이 책에 따르면 케첩은 안초비에 클로브, 생강, 후추를 넣어 만든다고 하였다.

영국에서 시작된 케첩의 요리법은 18세기 말에 미국에 전해지게 된다. 미국에서 케첩의 요리법이 적힌 최초의 문헌은 1792년 필라델피아의 한 출판사에서 발간한 『The New Art of Cookery』라는 책이다. 이 책에는 버섯, 호두, 굴 등 8가지의 재료를 이용하여 만드는 다양한 케첩의 요리법이 나온다.

그중에는 영국에는 없던 토마토를 이용한 케첩도 있었다. 미국에서 시작된 토마토케첩은 이후 세계적으로 케첩의 대명사로 발전하게 된다. 미국에서 토마토케첩이 나오게 된 이유는 당시 가장 흔하게 구해서 사용할 수 있는 식재료가 토마토였기 때문이다.

처음으로 토마토케첩을 공장에서 대량생산한 것은 헨리 존 하인즈(Henry John Heinz)가 1876년에 설립한 'F&J Heinz

Company'라는 회사였다. 이 회사는 1888년에 사명을 'H. J. Heinz Company'라고 변경하였으며, 2015년에는 크래프트푸즈(Kraft Foods Inc., Co.)란 회사를 합병하여 크래프트하인즈 컴퍼니(The Kraft Heinz Company)가 되었다.

하인즈의 토마토케첩은 현재도 세계에서 가장 많이 팔리는 토마토케첩이다. 케첩을 영국에서는 'ketchup', 미국에서는 'catsup'이라고 주로 사용하였으나, 하인즈의 상품명인 'Tomato Ketchup'이 시장을 지배하면서 세계적으로 'ketchup'이란 표기가 일반화되었다.

일본에 케첩이 전해진 것은 19세기 말 메이지시대(明治時代) 때 일본이 서양에 문호를 개방한 이후의 일이다. 주로 미국을 통해서 전해졌기 때문에 토마토케첩이 대부분이었으며, 일본에서 최초로 토마토케첩이 생산된 것은 1903년 요코하마(横浜)의 '시미즈야(淸水屋)'라는 회사였다. 그러나 이 회사는 1935년경 생산을 중단하였다. 현재 일본에서 토마토케첩 시장을 장악하고 있는 회사는 '가고메(カゴメ)'이며, 1908년부터 제조를 시작하였다.

우리나라에 토마토케첩이 전해진 것은 일제강점기 일본을 통해서였다. 1930년대의 신문에는 일본의 회사에서 만든 토마토케첩의 광고가 실리기도 하였다. 해방과 6·25 전쟁을 겪으면서 미군에 의해 토마토케첩이 전해지기도 하였으나, 본격적으로 일반인이 소비하기 시작한 것은 1971년 오뚜기의 전신인 풍림식품공업주식회사에서 병제품인 '도마도케찹'을 생산한 이후이다.

1984년 오뚜기에서 튜브에 담긴 케첩을 생산한 이후 소비량이 크게 증가하였다. 마요네즈와 함께 각 가정에 항상 비치되어 있는 기본 조미료로 인기를 끌던 토마토케첩이었으나 2000년대 이후로는 파스타소스를 비롯한 소스류와 각종 드레싱이 출시됨에 따라 성장이 둔화되고, 점차 감소하는 경향까지 나타나고 있다.

43.
마요네즈

원래 서양 식품이던 마요네즈가 이제는 우리의 식생활에서도 빠져서는 안 될 필수품처럼 여겨지고 있다. 고소하고 새콤한 맛에 부드러움까지 가지고 있는 마요네즈는 우리의 각 가정에 항상 준비되어 있는 기본 식품이 되어 있으며, 드레싱 등 다른 소스를 만드는 베이스로도 이용되고 있다.

2021년 현재의 〈식품공전〉에 의하면 마요네즈는 '조미식품' 중 '소스류'에 속하며, "식용유지와 난황 또는 전란, 식초 또는 과즙을 주원료로 사용하거나, 이에 다른 식품 또는 식품첨가물을 가하여 유화 등의 방법으로 제조한 것을 말한다"고 정의되어 있다.

그러나 개정 전의 〈식품공전〉에 따르면 마요네즈는 '드레싱류'에 속하며, "난황 또는 전란을 사용하고 또한 식용유(식물성 식용유 65% 이상이어야 한다), 식초 또는 과즙, 난황, 난백, 단백

가수분해물, 식염, 당류, 향신료, 조미료(아미노산 등), 산미료 및 산화방지제 등의 원료를 사용한 것을 말한다"라고 정의하였다.

우리나라의 경우 마요네즈가 먼저 생산·판매되고, 그 후에 드레싱이 판매되었기 때문에 드레싱이 마요네즈의 아류(亞流) 정도로 인식되고 있으나, 실제로는 마요네즈가 드레싱의 여러 종류 중 하나이다. 마요네즈의 분류상 위치를 살펴보면, 식품 이라는 전체 집합의 일부가 소스류이며, 소스류의 일부분이 드 레싱류이고, 드레싱류 중의 하나로서 마요네즈가 존재한다.

마요네즈(mayonnaise)란 단어의 어원(語源)에 대하여는 여러 설이 있으나, 이에 대하여는 일본에서 가장 큰 마요네즈 회사인 큐피(キユーピー, QP)의 연구소장이었던 이마이 추헤이(今井忠平) 박사의 저서 『マヨネーズ・ドレッシング入門(마요네즈·드레싱 입문)』 에 잘 설명되어 있다. 그 내용을 요약하면 다음과 같다.

마요네즈는 원래 스페인 동쪽 지중해에 있는 미노르카(Min-orca)섬의 원주민들이 만들어 먹던 소스였다. 프랑스와 영국의 7년전쟁(1756년~1763년) 초기 영국이 점령하고 있던 미노르카 섬을 함락시킨 프랑스의 리슈리외(Richelieu) 공자(公爵)이 전 쟁에 승리한 후 귀국하여 만찬회 자리에서 원주민한테 배운 소 스를 'Salsa de Mahon(마온의 소스)'이라는 이름으로 손님들에게 제공하였고, 이 소스는 'sauce mahonnaise'라는 이름으로 프랑스 전역으로 퍼져나가게 되었다.

프랑스어 및 스페인어에서 자음 'h'는 발음하지 않는 묵음이 어서 'mahonnaise'는 '마호네즈'가 아니라 '마오네즈'로 발음된 다. 프랑스어에서 '-aise'는 여성형 접미어로서 수식하는 명사인 소스(sauce)가 여성명사이기 때문에 여성형을 취하고 있다. 영 어로는 '-ish', '-ic' 또는 '-ese'에 해당하고, 지명 뒤에 붙어서 '~ 풍(風)의', '~식(式)의'라는 의미를 나타낸다. 즉, '소스 마오네즈 (sauce mahonnaise)'는 '마온풍의 소스'라는 의미이다. 마온 (Mahon)은 미노르카섬의 중심 항구의 이름이다.

프랑스에서 유행하기 시작한 '마오네즈'는 유럽 전역으로 전파 되었으며, 19세기 중반에는 발음의 편의상 '마요네즈(mayon-naise)'라고 변경되었다. 마요네즈는 원래 형용사이므로 '마요네 즈소스(mayonnaise sauce)'라고 하는 것이 올바른 표현이겠으 나, 오늘날에는 '소스'를 생략하고 그냥 '마요네즈'를 명사처럼 사 용하는 것이 일반적이다.

18세기 프랑스에서 시작하여 유럽의 각 나라로 전파된 마요 네즈는 유럽에서 건너온 이민자들에 의해 미국에도 전해지게 되었으며, 마요네즈가 상업적으로 판매되기 시작한 것은 미국이 처음이었다. 독일계 이민자인 리차드 헬먼(Richard Hell-mann)은 1905년 뉴욕에서 자신이 운영하는 식료품점에서 부인이 만든 마요네즈를 포장해서 팔았다. 이것이 잘 팔리게 되자 헬먼은 1912년에 공장을 설립하고 'Hellman's Blue Ribbon May-onnaise'란 브랜드로 마요네즈를 대량 생산하기 시작하였다.

이 공장은 1932년에 베스트푸드(Best Foods)에 인수되었으며, 베스트푸드는 록키산맥 서쪽에서는 '베스트푸드'라는 브랜드로 판매하고, 동쪽에서는 헬먼의 이름을 유지하여 '헬먼(Hellmann)'이라는 브랜드로 판매하는 정책을 취하였다. 지금도 미국은 세계적으로 마요네즈 생산량이 가장 많은 나라이며, 세계적으로 가장 유명한 브랜드는 '베스트푸드'이다. 일본은 1925년에 현 큐피주식회사(キユーピー株式会社)의 전신인 식품공업주식회사(食品工業株式会社)에 의해 최초로 마요네즈가 생산되었다.

우리나라에 마요네즈가 전래된 것은 정확한 기록은 없으나 다른 서양 식품들과 마찬가지로 19세기 말에서 20세기 초에 선교사나 외교관 등을 통하여 소개되었을 것으로 짐작된다. 일제 강점기에는 일본에서 생산된 마요네즈가 일부 유통되었을 것으로 짐작되나 이를 소비한 사람은 소수의 제한된 계층이었다. 해방과 6·25 전쟁을 겪으면서 미군부대를 통하여 마요네즈가 일부 유통되기도 하였으나 우리나라에서 마요네즈가 본격적으로 소비되기 시작한 것은 1970년대 이후의 일이다.

우리나라에서는 1972년 오뚜기의 전신인 풍림식품공업주식회사에 의해 최초로 '마요네즈'라는 이름으로 생산되었다. 그 이후 1973년 서울식품의 '소머리표마요네즈'를 비롯하여 연합식품의 '튜립마요네즈', 태양실업의 '거인표마요네즈', 해태식품의 '마요크림' 등이 잇달아 출시되었다. 그러나 이때까지는 아직 마요네즈가 소비자들의 주목을 받지 못하였으며 일부 소수 계층에서만 소비되는 제품이었다. 이에 따라 튜립마요네즈, 거인표마요네즈, 마요크림 등의 제품은 바로 시장에서 사라졌다.

1980년대에 들어서면서 마요네즈의 소비량이 증가하여 성장기를 맞이하게 되었다. 여기에는 '베스트푸드마요네즈'로 잘 알려진 세계적 다국적기업인 미국 'CPC International'이 국내 대표적인 조미료 업체인 미원과 합작한 한국크노르에서 1981년에 '리본표 크노르마요네즈'를 출시한 것도 결정적인 기여를 하였다. 이에 오뚜기는 기존의 '후레시마요네즈' 외에 '골드마요네즈'를 출시하여 대응하였으며, 오뚜기와 한국크노르의 시장 경쟁과 홍보 활동을 통하여 마요네즈가 일반 소비자에게 더욱 알려지게 되는 계기가 되었다.

1980년에 롯데삼강에서 '리얼마요네즈'를 출시하였고, 1987년에는 서울식품과 미국의 대형 식품회사인 하인즈(Heinz)가 합작하여 만든 서울하인즈에서 '하인즈마요네즈'를 출시하였으나 경쟁에서 밀려 시장에서 사라지게 되었다. 1984년에는 종전의 유리병 제품 외에 튜브용기 제품이 출시되어 사용의 편의성을 부여하였다. 이에 따라 사용 후 도시락 반찬용 김치나 소금, 설탕, 볶은 깨 등을 담아두는 용도로 1970년대 후반부터 1980년대 중반까지 애용되던 유리병 제품은 점차 시장에서 사라졌다.

1990년대 들어와서도 마요네즈의 성장과 경쟁은 계속되었다. 1994년에는 참치제품으로 유명한 동원산업이 '센스마요네즈'를 출시하였고, 1995년에는 식용유 생산 업체인 동방유량과 다국적기업인 유니레버(Unilever)가 합작한 해표유니레버에서도 마요네즈를 출시하였으나, 얼마 못 가서 두 회사 모두 생산을 중단하였다.

시장경쟁에서 밀린 CPC인터내셔널은 1996년 미원과의 합작관계를 청산하고 한국 시장에서 철수하였다. 이로써 한국은 세계적으로 가장 널리 알려진 '베스트푸드 마요네즈'가 토종기업과의 경쟁에서 밀려 정착하지 못한 예외적인 나라가 되었다. CPC인터내셔널과 헤어진 미원은 1997년 대상으로 사명을 변경하였고, 독자적으로 '청정원마요네즈'를 출시하였다. 그 이후 국내 마요네즈 소비자 시장은 오뚜기와 대상이 약 8:2의 비율로 나누어 갖는 체제가 유지되고 있다.

2000년대에 들어서면서 마요네즈는 성숙기에 도달하였다. 마요네즈 소비량은 완만한 성장 또는 정체를 보이고 있으며 1000 아일랜드드레싱, 오리엔탈드레싱, 타타르소스, 참깨드레싱, 콜슬로드레싱, 허니머스타드 등 다양한 드레싱 제품이 마요네즈를 대체하여 가고 있다. 앞으로 마요네즈는 공장이나 식당 등에서 업무용으로 사용하는 비중이 증가하는 한편 일반 소비자 시장에서는 다른 드레싱에게 점차 자리를 비켜주게 될 것으로 전망된다.

◆ 드레싱

드레싱은 서양식 양념인 소스의 일종이며, 주로 샐러드용으로 사용된다. 드레싱은 그 종류만큼이나 만드는 방법과 재료가 다양하다. 언제부터 이런 소스를 이용하게 되었는지는 알 수 없으나, 기원전의 그리스•로마시대에도 생야채에 소금 등의 양념을 뿌려 먹었다고 하니 매우 오래전의 일임을 짐작하게 한다.

영국 옥스퍼드대학교 출판부에서 18세기 초에 출간한

『Oxford Advanced Learner's Dictionary(옥스포드영영사전)』에 '드레싱(dressing)'이란 명칭이 나오므로, 그 이전에 샐러드용 소스에 드레싱이란 단어를 사용하기 시작한 것으로 추정된다. 드레싱에는 수많은 종류가 있으나, '식물성식용유 및 식초를 주원료로 하며, 유화(乳化)를 응용한다'는 공통점이 있어서 다른 소스류와 구분된다.

"샐러드의 맛은 드레싱이 좌우한다"고 할 만큼, 그냥 먹기에는 맛이 부족한 생야채 등의 소재를 맛있게 먹을 수 있도록 도와주는 역할을 하는 것이 드레싱이다. 드레싱이란 '옷을 입다' 또는 '치장 한다'는 뜻의 영어 동사 '드레스(dress)'에서 파생된 말로서 '야채를 감싼다' 또는 '음식을 장식한다'라는 의미이다. 외출 전에 옷을 차려 입어야만 외출 준비가 끝나듯이 드레싱을 첨가하여야 비로소 샐러드가 완성되는 것이다.

현재의 〈식품공전〉에 따르면 마요네즈와 드레싱은 모두 '조미식품' 중 '소스류'에 속하며, 마요네즈는 별도의 유형이 있으나 드레싱은 별도의 유형이 없이 '소스'의 일종으로 분류되고 있다. 개정 전의 〈식품공전〉에 의하면 마요네즈와 드레싱의 규격에서 차이는 주지방 함량이었으며, 마요네즈는 65% 이상인데 비하여 드레싱은 10% 이상이었다.

우리나라에서 마요네즈 이외의 드레싱이 처음 생산된 것은

1976년 5월 오뚜기의 '사라다드레싱'이었으나 소비자의 호응을 얻지 못하고 바로 생산이 중단되었다. 1984년에 오뚜기, 롯데삼강, 미원 등에서 사우전드아일랜드드레싱, 프렌치드레싱, 타타르소스 등을 출시하였으며, 그 후에도 여러 드레싱류가 생산되었으나 1990년대까지도 마요네즈 이외의 드레싱은 그 판매량이 미미하였다. 2000년대에 들어서면서 마요네즈가 성숙기에 도달하여 소비량이 완만한 성장 또는 정체를 보이며 다양한 드레싱 제품이 마요네즈를 대체하여 가고 있다.

상온제품 중심으로 판매되던 드레싱 시장은 2004년 CJ제일제당에서 웰빙 분위기에 맞추어 냉장제품인 '프레시안' 브랜드의 제품들을 출시하면서 차별화 하였으며, 현재는 수입제품을 포함하여 여러 회사에서 다양한 드레싱류를 판매하고 있어 그 종류를 열거하기 힘들 정도이다. 지금까지 마요네즈를 비롯한 드레싱류는 주로 야채나 과일의 샐러드용으로 사용되어 왔으나, 종류의 다양화와 함께 용도에서도 샐러드에 국한되지 않고 그 영역을 넓혀가고 있다.

드레싱은 형태에 따라 크게 유화형(乳化型) 드레싱과 분리액상(分離液狀) 드레싱으로 구분되며, 유화형 드레싱은 다시 반고체상(半固體狀) 드레싱과 유화액상(乳化液狀) 드레싱으로 구분된다. 일본의 JAS규격에 따르면 반도체상 드레싱은 점도가

30Pa·s 이상이고, 유화액상 드레싱은 30Pa·s 미만으로 구분하고 있다. 일반적으로는 숟가락으로 떠야 할 정도로 점도가 있는 것(spoonable)은 반고체상 드레싱, 용기를 기울이면 쉽게 흘러내리는 것(flowable)은 유화액상 드레싱으로 생각하면 된다.

분리액상 드레싱은 식용유 등의 유상부(油相部)와 식초, 조미액 등의 수상부(水相部)가 분리되어 층을 이루고 있는 형태의 드레싱으로서, 사용 직전에 가볍게 흔들면 쉽게 유화될 수 있도록 제조된 것이다. 기존의 유화형 드레싱과는 달리 소비자가 직접 제품을 완성하게 하여 재미와 함께 스스로 요리한 것과 같은 자부심을 느끼도록 한 것이 마케팅 포인트였으며, 한때 유행하였으나 지금은 드레싱 시장에서 큰 비중을 차지하고 있지는 않다.

드레싱의 종류는 헤아릴 수 없을 만큼 많으나, 대표적으로 다음과 같은 것이 있다.

■ 샐러드드레싱(salad dressing): 드레싱은 대부분 샐러드용이라고 할 수 있으나, '샐러드드레싱'이라고 칭할 때에는 좁은 의미로 사용된다. 샐러드드레싱은 마요네즈와 외관이 비슷하며 용도도 거의 유사하나, 식물선식용유 함량이 낮고 전분을 사용하여 점도를 유지한다는 점에서 마요네즈와 구분된다.

처음에는 마요네즈의 유사품으로 원가절감의 목적으로 개발되었으나 맛이 마요네즈에 비하여 떨어지는 단점이 있어 호응을 받지 못하였다. 오늘날에는 맛에서도 많은 개선이 있었고 마요네즈에 비해 저칼로리라는 장점이 있어 다이어트에 신경 쓰는 소비자에게 좋은 반응을 얻고 있다.

우리나라의 경우 2018년부터 적용된 〈식품공전〉의 기준에 따르면 마요네즈와 샐러드드레싱의 구분이 사라졌으며, 종전에 드레싱으로 분류되었던 오뚜기의 '1/2 하프마요'라는 제품도 이제는 마요네즈로 분류하고 있다.(현재는 제품명도 '칼로리를 줄인 마요네스'로 변경되었음) 이 제품이 출시될 당시에는 조지방이 65% 이상이어야 '마요네즈'라고 할 수 있었으며, 이 규격에 미치지 못하였으므로 제품명을 '하프마요'라고 하게 된 것이었다.

■ 사우전드아일랜드드레싱(thousand island dressing): 토마토 유래의 붉은 색깔과 오이피클의 씹히는 맛이 특징인 드레싱이다. 우리나라 사람들에게 가장 친숙한 드레싱이며, 현재 드레싱 중에서 가장 판매량이 많은 제품이다. 가정에서는 마요네즈와 케첩을 적당한 비율로 섞고, 오이피클을 비롯한 부재료를 기호에 따라 적절히 첨가하면 간단히 만들 수 있다.

'1,000개의 섬'이라는 이름이 붙게 된 것은 미국과 캐나다의 경계에 있는 세인트로렌스강(Saint Lawrence river) 위에 떠있는 1,000개 이상의 섬으로 이루어진 휴양지의 명칭인 '사우전드아일랜드(Thousand Islands)'에서 따왔다는 설과 드레싱에 박혀있는 오이 조각이 마치 강에 떠있는

1,000개의 섬과 같다 하여 그렇게 불리게 되었다는 설이 있다. 어느 설을 따르던 1910년경에 사우전드아일랜드 지역에서 처음으로 개발되어 전파되었다는 것은 공통되는 내용이다.

■ 프렌치드레싱(French dressing): '프랑스식(French)'이란 이름이 붙어 있으나 정작 프랑스에는 이런 이름의 드레싱이 없다고 한다. 우리나라에 '한국식 김치'라는 이름의 김치가 없는 것과 마찬가지이다. 이와 유사하게 이탈리안드레싱, 러시안드레싱, 차이니즈드레싱 등과 같이 나라 이름이 붙은 드레싱들도 정작 그 나라에는 없고 다른 나라에서 개발되어 그런 이름이 붙은 것들이다.

프렌치드레싱은 우리의 김치만큼이나 종류가 많아 분리액상의 것도 있고, 유화액상의 것도 있으며, 색깔도 흰색, 붉은색 등 다양하다. 난황 대신에 검류로 유화시키며, 점도가 낮아 잘 흐르는 특징이 있다. 식용유와 식초를 주원료로 하여 식염과 후추 등으로 맛을 낸다. 고형물이 거의 없고 식초의 산뜻한 맛이 강하며, 야채샐러드나 생선요리에 사용된다.

■ 타타르소스(tartar sauce): '타타르(tartar)'는 '지옥'이라는 의미를 갖는 '타르타로스(tartarus)'에서 유래된 것으로, 12세기 서반 원전에 나서 유럽인에게 공포와 두려움을 안겨준 몽골계 유목민족을 지칭하던 것이었다. 이들 몽골계 유목민족은 말안장에 생고기를 넣고 다니다가 식사 때가 되면

생고기를 잘게 썰어 소금, 후추, 양파, 파 등으로 양념하여 먹었다고 한다.

몽골의 정복전쟁과 함께 이들의 이런 전통요리도 세계 각국에 영향을 주었으며, 햄버거나 우리나라의 육회도 여기서 유래되었다. 타타르소스 역시 몽골계 유목민족의 양념법을 응용하여 프랑스에서 개발한 드레싱이다. 타타르소스는 분류상 드레싱에 속하기는 하나 다른 드레싱류와는 달리 샐러드보다는 스테이크나 생선요리에 주로 사용된다. 가정에서 타타르소스를 만들 때에는 마요네즈에 오이피클, 후추, 양파 등을 섞어주면 된다.

■ 논오일드레싱(non-oil dressing): '논오일(non-oil)'이란 말 그대로 기름이 없거나 극소량만 사용하고 간장을 주원료로 하는 샐러드용 소스이다. 이것은 간장의 맛에 익숙한 소비자를 겨냥하여 일본에서 생산되기 시작한 것으로서, 드레싱과 마찬가지로 야채샐러드가 주용도이므로 이런 이름을 붙인 것이다.

논오일드레싱은 기름의 함량이 제로(0)에 가깝다는 것을 장점으로 선전하고 있으나, 대신 간장 유래의 나트륨 함량이 매우 높아 반드시 영양학적으로 바람직하다고 말할 수는 없다. 현재 판매되고 있는 논오일드레싱은 대부분 일본에서 수입된 제품이며, 드레싱 시장에서 차지하는 비중은 매우 적다.

44.
샐러드

샐러드는 다른 나라에서 전해져 온 식품이지만 우리의 식생활에 깊숙이 자리 잡았다. 서양식 레스토랑뿐만 아니라 한국식 음식점이나 일본식 횟집 등에서도 거의 빠지지 않고 샐러드가 제공되고 있으며, 일반 가정의 식탁에도 자주 오르고 있다. 다이어트 식품으로 가장 먼저 떠오르는 것이 샐러드이며, 각 가정과 직장으로 샐러드를 배달시켜 주는 업체들도 등장하고 있다.

샐러드란 말은 라틴어로 '소금'이라는 의미를 갖는 '살(sal)'에서 유래된 것이다. 기원전 그리스·로마시대에는 생야채에 소금을 뿌리거나 야채를 소금에 절여서 먹었다고 하며, 샐러드(salad)란 '소금에 절였다(salted)'는 뜻에서 나온 말이다. 처음에는 단순히 소금에 절여 먹던 것에서 점차 맛을 내기 위하여 식용유, 식초, 각종 향신료 등을 이용하는 요리법이 개발되었다. 샐러드에 사용되는 소스를 드레싱이라고 한다.

야채나 과일을 주재료로 하고 드레싱으로 맛을 내는 것이 샐러드의 기본이지만, 때로는 가니시(garnish)라고 하여 고명처럼 뿌려서 시각적인 아름다움이나 맛을 부여하기도 한다. 가니시로는 땅콩, 호두 등의 견과류를 사용하는 것이 보통이며, 색깔이 화려한 채소류가 장식으로 쓰이기도 한다. 최근에는 샐러드의 주재료도 야채나 과일 위주에서 벗어나 육류, 해산물, 파스타 등 모든 식품이라고 해도 좋을 만큼 다양해졌다.

우리나라에서 샐러드를 먹기 시작한 것은 1972년 마요네즈가 생산되면서부터이다. 그러나 1970년대까지도 보릿고개 또는 춘궁기(春窮期)라는 말이 유행할 정도로 식량 사정이 좋지 않았으므로 샐러드는 일부 부유층이나 즐기는 고급 음식이었다. 1980년대로 들어서면서 어느 정도 굶주림을 면하게 되고 프렌치드레싱, 1000아일랜드드레싱 등의 드레싱류가 생산되면서 샐러드의 소비도 증가하기 시작하였다. 2000년대에 들어서면서 건강이 사회적 이슈가 되면서 샐러드는 식탁의 주인공으로 부상하였다.

소비가 증가함에 따라 그동안 기타 제품으로 취급되어 별도의 기준이나 규격도 없던 샐러드가 〈식품공전〉의 규제 안으로 편입되었다. 2008년 2월부터 별도의 조리과정 없이 그대로 또는 단순 조리과정을 거쳐 섭취할 수 있는 '즉석섭취·편의식품류'가 신설되었다.

여기에는 더 이상의 가열·조리과정 없이 그대로 섭취할 수 있는 김밥, 햄버거, 선식 등의 '즉석섭취식품'과 단순 가열 등의 조리과정을 거쳐 섭취할 수 있는 국, 탕, 스프 등의 '즉석조리식품' 및 농·임산물을 세척, 박피, 절단 등의 가공공정을 거치거나 이에 단순히 식품 또는 식품첨가물을 가하여 그대로 섭취할 수 있도록 한 샐러드, 새싹채소 등의 '신선편의식품'이 포함되었다.

샐러드의 최대 장점은 맛있고 누구나 손쉽게 만들 수 있다는 점이다. 전통적으로 샐러드의 주재료로 사용되어 왔던 각종 야채와 과일 외에도 육류, 생선, 가공식품 등 어떤 식품이나 그에 맞는 적절한 드레싱을 첨가하기만 하면 요리가 완성된다. 특히 계절마다 나오는 제철 야채나 과일을 맛있고 간편하게 즐길 수 있다는 것은 샐러드의 또 다른 장점이다. 점차 서구화하는 식생활과 가공식품 위주의 식사로 인하여 부족하기 쉬운 식이섬유나 비타민 등의 영양소를 보충하는 데는 샐러드만 한 식품이 없을 것이다.

샐러드는 열을 가하지 않고 요리를 완성함으로써 영양소의 파괴가 거의 없으며, 야채나 과일의 싱싱함을 그대로 유지하여 식욕을 돋우는 효과도 있다. 이 때문에 예전부터 샐러드는 메인 요리 앞에 제공되는 애피타이저(appetizer)나 반찬인 사이드 디쉬(side dish)로 이용되었다.

그러나 오늘날에는 모든 종류의 식품이 샐러드의 소재로 이용되며, 신선한 과채류 외에도 열을 가하여 익힌 것이거나 가공식품을 이용한 샐러드도 일반화되었다. 이에 따라 샐러드는 단순한 애피타이저나 사이드디쉬가 아닌 한 끼의 식사로도 손색이 없는 메인 요리로도 이용되고 있다.

패밀리레스토랑 등에서 요즘 인기를 얻고 있는 샐러드는 대부분 쇠고기, 닭고기 등의 육류와 여러 가지 야채를 곁들여 드레싱으로 맛을 낸 것들로서 영양을 골고루 섭취할 수 있는 데다 한 끼 식사로도 충분하여 젊은이들이 선호하는 점심 메뉴로 자리 잡았다.

날씬한 몸매를 유지하려는 젊은 여성들의 전유물로만 여겨지던 샐러드가 이제는 다양한 재료와 드레싱의 개발로 점차 중년 남성은 물론 온 가족이 즐기는 식사로 떠오르고 있다. 샐러드는 그 자체로도 훌륭한 식품이지만 요즘은 샌드위치나 김밥의 속 재료, 피자의 토핑 등으로 이용 범위를 넓혀가고 있다.

만드는 방법이 간단하기 때문에 가정이나 소규모 식당에서도 누구나 손쉽게 준비할 수 있지만, 대규모 식당이거나 수많은 점포를 운영하는 체인점이라면 유통기한의 제약이라는 어려움에

직면하게 된다. 신선샐러드의 유통기한은 길어야 2~3일 정도이고 보통은 몇 시간 이내로 매우 짧다.

마요네즈나 드레싱은 자체 내의 식초 성분에 의한 살균력이 있어 식중독균이 번식하기 어려우나, 샐러드의 경우는 마요네즈나 드레싱의 식초 성분이 희석되어 살균력을 잃게 되며, 대부분의 샐러드에서는 식중독균이 증식하게 된다. 따라서 신선편의식품으로 분류되는 샐러드는 식중독의 위험이 높으며, 유통기한이 짧을 수밖에 없다.

이러한 어려움을 극복한 것이 저온살균 샐러드로서 냉장에서 보통 1개월 정도의 유통기한을 갖는다. 이와 같은 장기보존 샐러드는 기존의 야채나 과일 위주의 신선한 샐러드와 구분되며, 식품유형도 기존의 샐러드가 신선편의식품인데 비하여 즉석섭취식품으로 분류된다.

이런 장기보존 샐러드는 1995년 5월 엠디에스코리아에서 생산한 '마카로니사라다'와 '포테이토사라다'가 최초이며, 대부분의 패밀리레스토랑이나 뷔페전문점에서 사용하고 있다. 장기보존 샐러드는 완전 포장된 제품이므로 인터넷을 통한 온라인판매도 가능하게 되었으며, 규격화된 공장 제품이므로 전국에 흩어져 있는 각 매장에서 전문 요리사가 없어도 동일한 품질의 제품을 고객에게 제공할 수 있다.

웰빙(well-being)이란 용어가 유행했던 2000년대에는 샐러드가 웰빙식품으로 인식되면서 웰빙과는 거리가 있어 보이는 패스트푸드 업계까지 '웰빙버거', '웰빙샐러드' 등을 출시하는 등 웰빙이라는 단어가 무분별하게 상업적으로 이용되기도 하였다. 사실 샐러드를 흔히 다이어트 식품이라고 생각하지만 어떤 식품 소재를 사용하고 어떤 드레싱을 얼마만큼 첨가하느냐에 따라 그 칼로리는 천차만별이 되며, 웰빙이 기업의 마케팅 전략에 따라 상업적으로 이용된 면이 없지 않았다.

그러나 고기나 생선 등 육류를 주식으로 하는 서양의 식생활에서 채소나 과일 등의 식물성 식품은 식이섬유를 비롯하여 비타민과 미네랄을 보충하여 영양의 불균형에서 오는 질병을 예방하여 주는 중요한 역할을 하였으며, 이런 역사적 배경이 오늘날 샐러드가 건강식품으로 주목받게 된 계기가 되었던 것처럼 위와 같은 비판에도 불구하고 샐러드의 웰빙식품으로서의 가치는 여전하다.

웰빙식품이 필요한 영양을 공급하고 부족한 영양의 균형을 맞추어 줄 수 있는 것이라고 한다면, 어떠한 식품도 소재로 이용할 수 있어 원하는 영양소를 함유하는 식품을 맛있고 손쉽게 만들 수 있는 샐러드야말로 진정한 웰빙식품이라 할 것이다. 이런 의미에서는 우리의 전통식품인 비빔밥과 유사한 면이 있다.